教育部人文社会科学基金青年项目"美德的统一性问题研究"（15YJC720012）研究成果。

美德的统一性
一种有限辩护

THE UNITY OF THE VIRTUES:
A LIMITED DEFENCE

黎良华 著

中国社会科学出版社

图书在版编目（CIP）数据

美德的统一性：一种有限辩护 / 黎良华著 . —北京：中国社会科学出版社，2018.6

ISBN 978-7-5203-2379-6

Ⅰ.①美… Ⅱ.①黎… Ⅲ.①伦理学—研究 Ⅳ.①B82

中国版本图书馆 CIP 数据核字（2018）第 076151 号

出 版 人	赵剑英
责任编辑	徐沐熙
责任校对	庞雪玉
责任印制	戴　宽

出　　版	中国社会科学出版社
社　　址	北京鼓楼西大街甲 158 号
邮　　编	100720
网　　址	http://www.csspw.cn
发 行 部	010-84083685
门 市 部	010-84029450
经　　销	新华书店及其他书店

印刷装订	北京君升印刷有限公司
版　　次	2018 年 6 月第 1 版
印　　次	2018 年 6 月第 1 次印刷

开　　本	710×1000　1/16
印　　张	15.75
插　　页	2
字　　数	245 千字
定　　价	66.00 元

凡购买中国社会科学出版社图书，如有质量问题请与本社营销中心联系调换
电话：010-84083683
版权所有　侵权必究

目　录

第一章　美德的统一性问题概说及当代研究概况 ……………（1）
　第一节　美德的统一性问题概说 ……………………………（1）
　第二节　美德统一性问题的当代研究概况 …………………（8）
　　一　国内研究现状 ……………………………………………（9）
　　二　国外研究现状 ……………………………………………（11）
　　三　美德统一性问题的当代研究所存在的局限及启示 ……（18）

第二章　美德统一性问题研究的历史追溯 ……………………（24）
　第一节　西方传统哲人在美德统一性问题上的探究 ………（24）
　　一　苏格拉底的美德统一性学说 ……………………………（24）
　　二　从个体美德到公民美德：柏拉图在美德统一性
　　　　问题上的矛盾立场 ………………………………………（37）
　　三　亚里士多德与美德统一性学说的经典样式 ……………（43）
　　四　斯多亚学派与阿奎那的美德统一性学说 ………………（52）
　第二节　传统儒学视域下的美德统一性问题——以
　　　　孔子思想为例 ……………………………………………（66）

第三章　美德的碎片化学说及其根源与困境 …………………（73）
　第一节　美德的旁落与附庸化：从基督教的道德律法
　　　　主义到规则伦理的滥觞 …………………………………（74）
　　一　美德中心地位的发难——斯多亚学派 …………………（75）
　　二　基督教的道德律法主义 …………………………………（77）

三　规则伦理的滥觞：美德碎片化学说的根源之一 …………（82）
　第二节　原子化的自我观与整体目的论的丧失 ……………（89）
　　一　道德根源的变迁：从古代到现代 …………………（90）
　　二　极端的自我观与生活的部门化理解：美德
　　　　碎片化学说的根源之二 …………………………（95）
　第三节　情境主义对美德伦理学的挑战 ……………………（99）
　　一　作为品质特性理解的美德及其基本特征 …………（100）
　　二　情境主义对美德概念实在性及其相关特征的
　　　　否定：美德碎片化学说的根源之三 ……………（108）
　第四节　失去统一性的美德困局 ……………………………（115）

第四章　美德统一性论证的几个准备问题与不同维度 ………（123）
　第一节　美德统一性论证的几个准备问题 …………………（123）
　　一　完全美德与自然美德的分辨问题 …………………（123）
　　二　美德是否可不正当使用的问题 ……………………（133）
　　三　美德间的相容性问题 ………………………………（141）
　　四　美德的可公度性问题 ………………………………（147）
　第二节　美德统一性论证的不同维度 ………………………（153）
　　一　美德的内在构成要素及其相互作用：美德间
　　　　某种统一之必然 …………………………………（153）
　　二　完善的人格：美德统一性的存在形态 ……………（171）
　　三　幸福追求：美德统一性的目标指向 ………………（176）
　第三节　强式美德统一论的"妄"与"虚" ……………………（185）

第五章　一种弱式美德统一论的提出及辩护 …………………（190）
　第一节　从美德的依赖性与美德的分类到一种弱式
　　　　　美德统一论的提出 ………………………………（192）
　第二节　非美德品质与美德之基本关系探究 ………………（200）
　　一　自制品质与美德之基本关系 ………………………（200）
　　二　不自制品质与美德之基本关系 ……………………（205）
　　三　恶的品质与美德之基本关系 ………………………（209）

第三节　道德个性与美德统一性的阈限 ………………（215）

第六章　美德统一性学说之现实关切 ……………………（219）
　　第一节　美德的统一性与日常道德生活 ………………（219）
　　第二节　美德的统一性与美德教育 ……………………（222）
　　第三节　美德的统一性与人的自由全面发展 …………（226）

参考文献 …………………………………………………………（236）
　　中文文献 …………………………………………………（236）
　　英文文献 …………………………………………………（241）

第 一 章

美德的统一性问题概说及当代研究概况

第一节 美德的统一性问题概说

从美德伦理研究的角度来看，美德的统一性问题无疑是一个非常棘手的问题。之所以这样说，是因为这一问题对于美德伦理来说既无法避而不谈，同时又可能使自身面临一种非常尴尬的局面。具体而言，一方面，对于美德伦理来说，美德的统一性问题无疑是一个必须涉及的问题。如果美德不是只有一种，那么各种美德之间到底是何种关系？美德对于既定的行为主体来说，是否如超市货柜上排放的商品那样任人自取，抑或是彼此之间具有某种相互关联的性质，由此使得人对某一美德的真正拥有需以其他美德在某种程度的共同在场？如果美德之间是可以自由地分离存在的话，那么当行为主体出于某一特定美德的行为与其他美德的行为要求之间发生冲突时，如何解决处于冲突中美德间的优先性问题对于美德伦理来说似乎就是一道无解之题了；更为严重的是，如果美德间是可以自由地分离存在的话，那么我们似乎就可以说一个穷凶极恶之人也可以拥有某种（些）美德，或者说一个好人也会拥有某种（些）十分恶劣的品质，这似乎既与我们的日常道德直觉不相符合，同时对道德本身来说显然也有莫大的打击。另一方面，如果主张美德之间形成的是如古代哲学家所说的那种紧密相连的整体关系，人拥有任一美德的同时也意味着对所有其他美德的拥有，如此又会得出人们在美德问题上是一种"全有或全无"（all-or-nothing）式拥有的论断，这样的论断恰如有学者所

2　美德的统一性：一种有限辩护

言,"不仅与现代人的一般意见相左,即便在古代一般人看来也是难以接受的"①。也就是说,如果主张美德之间是如铁板一块似地粘连在一块,那么就会得出世上之人无人可真正拥有美德这一令美德伦理研究者颇为尴尬的结论,因为从日常生活经验来看,人们相信将所有美德集于一身既无必要,也无可能。正是由于这样的原因,近现代以来,"美德统一性学说遭到了大多数人的嘲笑抑或忽视"②,显得既"令人厌恶",又"荒诞不经"③。

既然美德的统一性问题对于美德伦理来说不能避而不谈,而传统的探讨方式所得出的美德统一性学说④又显得难以令人接受,那么我们自然会想到这样的一个问题:究竟是美德的统一性问题本身荒谬而不值一提,还是对这一问题的特定探讨所得出的某种形式的美德统一性学说存在极大问题?为了回答这样的疑问,我们有必要对所谓美德的统一性问题及其相关概念做一必要的阐释。

美德的统一性问题研究首先牵涉的是"美德"这一概念的使用与界说问题。从当前国内伦理学界的相关讨论来看,欲对美德这一概念有一个比较准确的把握,则首先需要讨论一下"美德"一词在用法上是否恰当的问题。应该承认,将"virtue ethics"看作是一种可与"义务论"和"功利论"鼎足而立的规范伦理学流派,首先是西方伦理研究者的理论努力之结果。由此来看,我们这里所说的"美德"首先要明确它应是西方"virtue ethics"中的"virtue"一词的中文翻译,也就是,我们所说的"美德",实际上可理解为对英文"virtue"或"virtues"⑤一词的翻译。

---

① Bonnie Kent, "Moral Growth and the Unity of the Virtues", in David Carr and Jan Streutel (eds.). Virtue Ethics and Moral Education, London: Routledge, 1999, p. 113.

② Gary Watson, "Virtues in Excess", Philosophical Studies, 1984, 46 (1), p. 57.

③ Peter Geach, The Virtues, New York: Cambridge University Press, 1969, p. 164.

④ 由美德的统一性问题研究所得出的理论主张,我们称之为美德的统一性学说;不同的美德统一性学说所对应的美德统一性关系主张往往有一定差异,由此而得出不同形式的美德统一论。不难看出,美德的统一性问题研究、美德的统一性学说和美德的统一论三者在内涵上呈现一种内涵递减式的关系。

⑤ 由于中文词语本身没有单、复数之别,为方便讨论,本文所涉及的"美德"可意谓"诸美德"(virtues)、"单一美德"(virtue)或大写的"Virtue"(其所指为美德整体或美德自身),这些都需依据上下文的具体语境来判断。

在当今国内伦理学界，除了将"virtue"译为"美德"之外，还有学者或学人将之译为"德性"①，也有学者或学人把它翻译为"德行"或"良品"，当然也有学者干脆将之译为"德"。在各种不同翻译中，以"美德"和"德性"这两种译法最为常见，且彼此间还常常涉及哪种译法更为恰当的争论，因此可将这两种译法作为对立性的观点来展开进一步讨论。概括地来看，在对"virtue"一词的翻译问题上，有关"美德"和"德性"两种译法的主要争论可归结为如下三种对立的主张或观点：其一，不仅主张"德性"要比"美德"这一用词更为恰当，而且认为两者间实际上为本质不同的概念——"德性"是个中性概念，可对应于"道德品质"，德性包含了好的品质（美德）和坏的品质（恶），而"美德"则是超越了德性（或一般道德）的"德"，内涵要比"德性"小，认为美德存在于德性之中，但并不是所有德性都可以称之为美德。② 其二，认为"美德"的用词虽没有根本性的错误，但它不如"德性"一词那样贴切，原因有：一是认为"美"的修饰词有柔弱之意，不符合英文"virtue"或其希腊词"arete"③ 本身所蕴含的男子气概的意味；二是认为"美德"实际上是对"德性"附上一个本没有的赞美词，它并非是一个严格的学术概念；三是认为如果将"virtue"译为"美德"，则需要将其对立词"vice"译为"恶德"，但后者不合乎中文的使用习惯，因为"德"在中文语境下是一个褒义词，我们说"美德"可以，但不可说"恶德"，因此"德性"要比"美德"一词更好。④ 其三，赞成"美德"和"德性"两种译法都没有错，但更倾向于"美德"这一用词，原因是认为"德性"

---

① 应该看到，中国传统伦理术语本有"德性"一词，因此，也有一些论者认为"德性"是"virtue"的对应词而非翻译，与之相应，"virtue ethics"即可理解为德性伦理学，儒家伦理可看作是德性伦理学在中国传统中的主要存在形态。这一理解所存在的最大问题是：传统的"德性"与"virtue"之间并非是严格的对应关系，两者在内涵与外延上似乎都存在一定的差别。

② 参见1. 唐代兴：《道德与美德辨析》，《伦理学研究》2010 年第 1 期；2. 王国银：《德性伦理研究》，吉林人民出版社 2006 年版；3. 寇东亮：《德性概念的三重内涵》，《理论与现代化》2006 年第 6 期。

③ 为方便输入，本书所有的希腊文均采用拉丁拼法。

④ 参见1. 高国希：《德性的结构》，《道德与文明》2008 年第 3 期；2. 麦金泰尔：《伦理学简史》，商务印书馆 2003 年版，译者前言；3. 江畅：《德性论》，人民出版社 2011 年版。

概念偏重于心性内修的完满，而"美德"概念则兼具内修与外达。① 此外，也有学者在"美德"或"德性"两个用词上没有做刻意的分辨，有时在某学者的同一论著里甚至可发现将"美德"与"德性"交替地使用。②

在我们看来，就作为对"virtue"一词的翻译或作为一种特定的品质特性（character trait）的对应术语来说，"美德"或"德性"这两种说法都不能说全错或全对，但我们更倾向于"美德"这一用词，因而我们赞同前述关于"virtue"一词的翻译的第三种观点而反对第一种观点，对于第二种观点我们则持一种保留与同情的态度。我们之所以反对第一种观点，其主要原因有三：第一，如果将"德性"作为"virtue"的对应词，则无论从何种角度来理解，"德性"一词都不可能说是一个中性的概念，与"德性"对立的并不是"非德性"，而是"无德性"，因此"德性"不只是"道德品质"，准确地说它是"好的道德品质"③，这样的理解不仅更加契合"virtue"一词的原初含义，也与中国传统哲人对"德性"一词的诠释更为相符；第二，如果将"德性"理解为"好的道德品质"，而将"美德"理解为比"德性"更高的"优秀的道德品质"或"高尚的道德品质"，那么这种"好"与"更加好"的分辨标准又是什么？我们认为这不仅没有必要，而且还可能给问题讨论增加无谓的困难；第三，有论者提出要从普遍性与特殊性的角度来区分"美德"与"德性"这两个概念，认为"德性"具有普遍性的特质，基本上可得到不同时代人们的认可，而"美德"则是一个特定时代、特定人群（特别是统治集团）所倡导的特定道德规范之内化，这一看法的最大问题是其所理解的"美德"与美德伦理学家对"美德"一词的解说存在较大的出入。此外，我们倾向于"美德"而不是"德性"的用法还有这样的两个考虑：一是"德

---

① 参见万俊人《寻求普世伦理》，北京大学出版社2009年版。
② 参见张传有《伦理学引论》，人民出版社2006年版。
③ 有论者将"德性"理解为中性的"品质"，然而在行文不远处，我们即发现该论者不得不将"德性"定义为"良好的品质"，如此便陷入了自相矛盾之中（参见王国银：《德性伦理研究》，吉林人民出版社2006年版，第8—18页）。严格来说，我们的研究对象如果是一种中性品质的话，那么这样的研究可能是心理学研究或品质学研究抑或其他学科的研究，但却不能算作严格的伦理学研究。

性"在中国传统哲学的理解中是一个偏重于内修的概念,① 这与"virtue"的内修兼外达似乎有所不同;二是在语言使用习惯上,"美德"不仅比"德性"要更为常见,且"德性"有时还会被人们当作一种贬义词来使用,比如当有人说"瞧你这副德性"②,即是对某个人的行为或品质做出负面的评价或至少不是赞扬。

与此相应,与"virtue"相对立的"vice",我们将之译为"恶的品质"而不是"恶德""恶性"或"恶行",原因在于"恶的品质"这个概念似能较为明白地告诉人们其所指称的是道德上"邪恶的"或"有害的"品质,而"恶德""恶性"或"恶行"都可能存在某种不足或模糊之处。"恶德"的主要问题有二:一是"德"在中文表达中往往是褒义性的,因而"恶德"某种意义上是个自相矛盾的概念;二是"德"本身是个含混概念,由此造成"恶德"在含义上难以避免具有某种模糊性,比如,它既可指"恶的道德品质",也可指"恶的道德规范"。"恶性"虽然也可以指称道德上"不好的"或"有害的"品质,但"恶性"的问题是其含义可能超出了单纯的道德领域,泛指一切"不好"或"有害"的属性,如我们说"恶性循环""恶性肿瘤"等。"恶行"的问题是它可能侧重指称人的具有不良道德属性的行为而不是人的内在品质。然而我们也要看到,作为道德上"邪恶的"或"有害的"品质的指称概念,"恶的品质""恶德""恶性"或"恶行"实际上都不太符合中国人的语言使用习惯,原因在于对一个人的品质做出负面的评价时,我们常常是直接对这个人的总体道德人格做出评价,而不是仅针对其所具有的某一品质进行评价,比如,当我们评价一个具有不良道德品质的人时,我们常常说这是一个"坏人"或这是一个"恶人"。因此,将"vice"译为"恶"兴许是更为恰当的选择。由于这样的原因,有时为讨论方便之故,我们也会将"恶的品质"简称为"恶"。这样看来,我们将"vice"译为"恶的品质"在

---

① 陈来:《古代德行伦理与早期儒家伦理学的特点——兼论孔子与亚里士多德伦理学的异同》,《河北学刊》2002年第6期,第32页。

② 这样说并非主张学术探究需向日常世俗妥协,而是认为学术用词如果不考虑其日常溢出效应,则可能容易导致人们对该用词的曲解或误解,如宋儒朱熹的"人欲"这一概念,本意是指超出一定规定的、不合理的欲求,但很难避免世人将之等同于"人之欲"来理解,如此给人们对朱熹相应学说的恰当理解造成不少的困难。

某种程度上可以说是一种在多种选择中择优的做法,相比于"恶德""恶性"或"恶行"它具有一定的优势,但也并非意味着这一概念本身没有任何缺陷或问题。① 总而言之,在我们看来,在笼统的意义上,"美德"(virtue)这一概念指的是道德上"好的"或"值得称赞的"品质,而"恶的品质"或"恶"(vice)这一概念指的则是道德上为"邪恶的"或"有害的"品质。

如我们所提到,"美德的统一性问题研究"所指向的是关于美德间处于怎样一种相互关系状态这一问题的探讨,如此来看,"美德的统一性"这一说法本身是否恰当似乎同样也需要做出某种解释;此外,我们对美德的统一性之有限辩护意欲达到何种目的,在展开正式讨论之前也有必要做出交代。首先要说明的是,"美德的统一性"这一概念是来自对英文"the unity of the virtues"的翻译。从词义上来看,"unity"一词主要有如下两个层面的含义:一是指单一、统一、统一体及整体之意;二是指和谐、协调、一致以及相互关联之意。从第一个层面的含义来看,"unity"有意指系统中各要素组成一种统一性整体之意;从第二个层面的含义来看,"unity"有意指系统中各要素之间形成一种相互关联、协调一致的关系性质之意。由于"unity"本身的多义性,有论者提出"美德的统一性"这样的说法宣示的是一种过于强硬的立场,主张的是仅存在一种整体性的单一美德——美德整体或美德自身(Virtue),实质上主张的是"美德的同一性"(the identity of virtue),因此,应该要在"美德的统一性"与"美德的相互性"(the reciprocity of virtues)或"美德的关联性"(the connection of virtues)之间做出必要的分辨,前者代表的是苏格拉底或一些斯多亚派学者的立场,后两者则代表亚里士多德和阿奎那在此问题上的态度。② 也就是说,在有些学者看来,由于"美德的统一性"这一概念在美德间关系问题上似乎宣示的是一种过于强硬的立场,因此,应该替之以较为温和的"美德的相互性"或"美德的关联性"这样的概念。

---

① 比如"恶的品质"显然难以与"美德"一词形成一种对称性的概念关系,因此这一用词至少存在不够精简的问题。

② Cf. 1. T. H. Irwin, "Disunity in the Aristotelian Virtues", Oxford Studies in Ancient Philosophy, Supplementary Volume, 1988, pp. 61-78; 2. Jean Porter, "Virtue and Sin: The Connection of the Virtues and the Case of the Flawed Saint", the Journal of Religion, 1995, 75 (4), pp. 521-522.

在美德间相互关系的立场问题上，我们承认苏格拉底与亚里士多德之间存在较大的差异，但我们仍沿用"美德的统一性"这一更为常见的说法（the more common tag），① 虽然在某种意义上我们更倾向于将"美德的统一性""美德的相互性"或"美德的关联性"当作可互换使用的概念。我们之所以继续沿用"美德的统一性"这一概念，理由在于：首先，不管苏格拉底、亚里士多德或者说阿奎那最终推出的是何种形式的美德统一论，然他们所探讨的问题却并无实质的不同——实际上所指向的都是讨论表面上纷繁复杂的各种美德相互间到底是怎样的一种相互关系的性质，某种意义上可以说，他们之间的差异主要是所得结论的不同，而非问题指向上的差异。其次，正如罗莎琳·赫斯特豪斯（Rosalind Hursthouse）所说，"美德的统一性学说可以呈现出令人吃惊的多种形式"②。应该说，我们的美德间关系问题探讨所可能推出的具体论断不可能与亚里士多德所得出的论断完全一致，当然更不可能与苏格拉底所得出的论断完全一致，然而我们也要看到，我们的探讨与苏格拉底、亚里士多德或阿奎那的探讨在本质上应该说并没有太大的不同，不同的只是所得出的具体论断间有差异而已。从以上讨论来看，"美德的统一性"这一概念的一个最大优势在于它蕴含了我们的探讨所具有的相应历史渊源及可利用的思想资源，而其他两个概念似乎在这方面有相应的欠缺。当然，为了避免"美德的统一性"这一概念的多义性所可能带来的某种误读，这里需要交代一下我们所说的"美德的统一性"所包含的核心意蕴：第一，与"美德的统一性"这一概念相关的问题探究指向的是美德之间具有怎样的相互关联性质以及在何种意义上某一美德的真正拥有离不开其他美德的在场，这是该概念所指向的主要理论旨趣及探求内容；第二，"美德的统一性"还蕴含了美德间相互关联并向着一种统一的整体性关系趋靠之意，在特定的条件下，不排除某一理想道德人物具有相应的全部美德的可能，这是这一概念的理想指向部分。

最后要强调的是，由于我们的探究并不只是一种形而上的探究，而

---

① Cf. Shane Drefcinski, A Defense of Aristotle's Doctrine of the Unity of the Virtues, Doctoral Thesis of University of Minnesota, 1996, p. 1.

② Rosalind Hursthouse, On Virtue Ethics, New York: Oxford University Press, 1999, p. 153.

是既有形上探究的内容，同时又有经验事实的考虑，因此这样的探究就涉及所取得的讨论成果之确然性问题。我们知道，国内学界一度由于受到科学主义或者是对"科学"一词的顶礼膜拜之影响，认为伦理学领域的探究也应该具有技术性科学探究一样的"真"，主张非此就无以成为"真正的伦理学"或"科学的伦理学"。实际上，作为一种以人的行为活动与心理活动为主要研究对象的实践哲学，伦理学研究①显然需要考虑到其所取得理论成果的确然性问题。伦理学的研究具有某种概然性的特征，这一点其实早已为亚里士多德所认识到，"所以当谈论这类题材（指人的实践问题——引者）并且从如此不确定的前提出发来谈论它们时，我们只能大致地、粗略地说明真；当我们的题材与前提基本为真时，我们就只能得出基本为真的结论"②。亚里士多德强调，伦理学的研究不可能等同于纯逻辑的推演，所以并不具有绝对的确然性，"只要求一个数学家提出一个大致的说法，与要求一位修辞学家做出严格的证明同样地不合理"③。因此我们需要强调的是，作为人特定品质特性的美德及其相互间关系问题的探讨，我们所进行的探究本身或所可能得出的论断当然也避免不了概然性的问题，因此我们的讨论目标是谨慎或谦逊的——我们并不企求得出一种为所有人都赞同的"科学性"结论（当然这也许本来就是不可能的），我们只是希望通过美德统一性的探讨与辩护，如能在美德的本质与结构、美德与美德之间的关系以及美德与其他非美德品质间的关系等问题上取得进一步的理解与把握，则我们的目标就可以说是实现了。

第二节　美德统一性问题的当代研究概况

美德统一性问题的当代研究，指的是20世纪50年代美德伦理复兴运

---

① 这里所说的"伦理学"指的是规范伦理学。除规范伦理学外，伦理学还包括不涉及规范、仅以道德语言分析为研究对象的元伦理学，有的学者认为元伦理学的研究不能算作严格的伦理学研究。

② ［古希腊］亚里士多德：《尼各马可伦理学》，廖申白译，商务印书馆2003年版，第7页。

③ 同上。

动以来伦理学界在美德的统一性问题上所展开的讨论。当代社会无论是社会结构、生活方式、人的社会角色与定位等都是古代社会所难以比拟的，美德的统一性这一在古代（至少是在哲学家那里）看似必然的论断，在当代则似乎构成了对人们道德常识的一个鲜明的挑衅，由此而引发的讨论更是相当激烈。我们有必要对美德统一性问题的当代研究概况进行梳理，以从中寻求可利用的思想资源或可借鉴的经验教训。应该看到，有关美德统一性问题的当代探究，国内的研究在各个方面均落后于国外研究。我们首先介绍一下国内研究者对美德的统一性问题所展开的讨论，然后再讨论国外学者对这一问题的基本研究成果。

一 国内研究现状

总体上来看，国内学者在美德统一性问题上的探讨主要是一种史学层面的讨论，因此不仅缺乏相应的研究专著，而且即便是相关的论文成果也并不多见。

一些国内学人注意到了古希腊哲人在美德统一性问题上的相关探讨，并且认为这一问题讨论与当时社会的特定结构具有极为紧密的关系。汤剑波在《追寻美德的统一——古希腊德性统一性问题》一文中认为，"从荷马史诗、苏格拉底、柏拉图到亚里士多德，有着对德性统一性追求的不同路径"，他认为，美德的统一性问题与希腊哲人对美德概念本身的理解有紧密关联，"正是功能性德性的提出，造成了古希腊德性统一性问题"，主张美德统一性观念的现实根源是当时等级制度化的社会结构。[1] 无独有偶，冯昊天、杜华伟在《古希腊德性统一的意蕴》这篇文章里也提出类似的看法，认为古希腊的美德统一性学说可从这样两个向度得以理解：一是哲学家的理论努力；二是等级化的社会现实。认为如果撇开等级化的社会秩序，美德的统一性将无从谈起。[2] 而张光华的《论德性的统一性》一文中则从西方古代哲学家至当代学者所主张的美德统一性学说出发，将已有的美德统一性学说归类为不同的形式——苏格拉底的

---

[1] 汤剑波：《追寻美德的统一——古希腊德性统一性问题》，《伦理学研究》2006 年第 4 期，第 59—62 页。

[2] 冯昊天、杜华伟：《古希腊德性统一性的意蕴》，《甘肃联合大学学报》2009 年第 4 期。

"单一德性统一性"思想、柏拉图和亚里士多德的"多元德性统一性"思想以及赫斯特豪斯的"弱多元德性统一性"思想。[①] 张光华的相关讨论具有较为显著的历史视野，其相应分类有助于国内学界认识到美德统一性学说实际上可具有不同的表现形式。

赵永刚在《道德榜样背后的两个伦理学理论问题——美德的统一性与连贯性》一文中则从道德榜样与美德统一性间的关系探讨了美德的统一性问题。赵永刚认为人们对道德榜样的质疑牵涉两个伦理学理论问题，一个是美德的统一性问题，另一个是美德的连贯性问题。在他看来，亚里士多德式的美德统一性观点似乎与我们的日常经验直觉格格不入，在讨论了苏珊·沃尔夫（Susan Wolf）、尼拉·巴德沃（Neera Badhwar）的弱式美德统一性学说后，赵永刚认为美德的统一性应该是某种部分的统一性，"这种部分的统一性有两种表现形式：（1）某一或某些个体可能具有所有的美德；（2）绝大部分人可能拥有某些具有相关性的美德，而不拥有另外一些具有相关性的美德"[②]。赵永刚在美德统一性问题上的相关观点实际上可看作对尼拉·巴德沃的"有限的美德统一性"（the limited unity of virtues）的一种变体或改造。

江畅的《德性论》可以说是国内学界在美德伦理研究领域中不多见的较为系统的专著。在书中，江畅从这样几个方面论及了美德的统一性问题：一是认为道德智慧是联结各种美德的中枢，"德性的统一性首先在于德性都以道德智慧为基础，所有德性都是道德智慧的体现"[③]；二是主张美德的根源在于人生存得更好，其目标是人的幸福；三是认为"各种德性之间存在着相互依存、相互联系、相互作用的关系"[④]，因而美德之间具有共生共荣、相互强化与相互促进的关系。

杨国荣在美德的统一性问题上的相关讨论显然也值得关注。在《伦理与存在——道德哲学研究》一书中，杨国荣认为，"从人的存在这一维度看，德性并不仅仅表现为互不相关的品质或德目，它们所表征的，同

[①] 张光华：《论德性的统一性》，《江汉论坛》2008年第9期。
[②] 赵永刚：《道德榜样背后的两个伦理学理论问题——美德的统一性与连贯性》，《北京交通大学学报》2010年第3期，第93—97页。
[③] 江畅：《德性论》，人民出版社2011年版，第37页。
[④] 同上书，第38页。

时也是整个的人。德性的具体表现形式是多种多样的,但作为存在的具体形态,德性又展现为同一道德主体的相关规定。德性的这种统一性往往以人格为其存在形态"①。不仅如此,杨国荣还提到美德自身的内在结构的问题,"作为人存在的精神形式,德性在意向、情感等方面展现为确然的定势,同时又蕴含了理性的思辩、认知的能力及道德认知的内容,从而形成了一种相互关联的结构"②。由此来看,杨国荣实际上已经注意到了对美德自身结构的考察与美德的统一性间的关系问题,并且指出了前者对于后者所具有的意义,"作为德性的构成,情意、理性等都包含着确定的道德内容,所谓行善的意向、知善的能力以及对善的情感认同等等,都表现为一种以善的追求为内容的精神趋向"③。应该看到,如果我们认真地对待美德的内在结构及其构成要素的问题,那么我们就必然会由各构成要素所具有的特性及其相互关系的考察,而考虑到美德之间到底具有怎样的相互关系性质的问题。

此外,其他对美德问题抱有兴趣或对美德伦理持同情性理解的国内学者也意识到美德伦理的深入研究离不开对美德之间处于何种关系这一问题的探讨,但遗憾的是这些学者没能够对这样的洞识进行更为深入的讨论。④

二 国外研究现状

前面曾提到,在美德的统一性研究问题上,国内研究要落后于国外的相关研究。可以这样认为,美德统一性问题的当代研究主要是在西方学术背景中展开的。当代西方学者在美德统一性问题上的研究可概括为以下几个方面。

第一,对美德统一性学说的历史呈现样式的探究与厘清。西方学者在美德统一性问题上的研究是以苏格拉底美德统一性学说的探究为发端的,格里高利·弗拉斯托斯(Geregory Vlastos)的《〈普罗泰戈拉篇〉中

---

① 杨国荣:《伦理与存在——道德哲学研究》,华东师范大学出版社 2009 年版,第 149 页。
② 同上书,第 16 页。
③ 同上书,第 16—17 页。
④ 参见 1. 张传有:《伦理学引论》,人民出版社 2006 年版;2. 万俊人:《关于美德伦理研究的几个理论问题》,《道德与文明》2008 年第 3 期。

的美德统一性》(*The Unity of the Virtues in the Protagoras*) 引起了西方学者在美德统一性问题上的广泛讨论。文章中弗拉斯托斯主张苏格拉底认为每一美德都有其特有的定义,由互不相同的知识所构成;将各种美德整合在一起的纽带是智慧(wisdom),智慧不仅是美德之为美德的必要条件,也是美德之为美德的充分条件,通过智慧的作用,任何一个真正拥有任一美德的人都必将拥有所有的其他美德。弗拉斯托斯认为,从美德与美德之间的关系这一角度来看,各种美德之间就好像以"互为条件"的方式而共存,任一美德的存在不能脱离开其他美德的在场,因此他的理解方案又可称之为"互为条件说"(biconditionality thesis)。特里·班纳(Terry Penner)在《美德的统一性》(*The Unity of Virtue*)一文中则提出了与弗拉斯托斯不同的理解方案。班纳认为苏格拉底不会接受各种美德是一整体美德的各不同部分这一说法,主张苏格拉底赞同的是各种美德名称实际上所对应的是一个独一无二的统一体(entity),即一种称之为"善与恶的知识"的特定种类的"知识",因而表面上互不相同的各种美德实际上具有相同的定义,美德间的统一性因而被理解为美德间的"同一性"(identity)。针对"同一论"可能导致各美德的具体例证(instances)相互混同进而难以将某一美德与另一美德分辨开来的责难,托马斯·布雷克豪斯和尼古拉斯·斯密斯(Thomas C. Brickhouse and Nicholas D. Smith)提出了美德本身虽然为"一",但各美德所具有的能力(powers)却是互不相同的,因此具有共同定义的各种美德之间可依赖于自身所具有的特定能力而彼此分辨开来,如此,就可以将苏格拉底所说的美德理解为"一"的同时又可承认存在着各种不同的"具体美德"。[1]道格拉斯·克雷姆(Douglas Kremer)也正是基于这样的思路,在苏格拉底的美德统一论的理解问题上主张一种介于弗拉斯托斯与班纳之间的中间性理解模式。[2] 总的来说,在苏格拉底的美德统一性学说的研究问题上,弗拉斯托斯的贡献主要在其开创性方面,而就具体影响而言,班纳

---

[1] Thomas C. Brickhouse and Nicholas D. Smith, "Socrates and the Unity of the Virtues", the Journal of Ethics, 1997, 1 (4).

[2] Douglas Kremer, "the Unity of Virtue: Towards a Middle Ground Between Identity and Inseparability in Socratic Virtue", Arché, 2009, 3 (1).

所提供的理解模式似乎得到了更多论者的认同。当然，从实际情形来看，应该说无论是弗拉斯托斯还是班纳，他们所提供的理解模式都有其特定的问题，在后面的讨论中我们还会再回到这一问题。

由于柏拉图的美德理论自身具有的一种二元论倾向，导致其在美德的统一性问题上陷入某种矛盾的态度，所以当代学者对传统美德统一性学说的讨论往往较少谈及柏拉图的观点。然而，特里·班纳认为，如果我们以《斐多篇》中关于思辨美德（philosophic virtues）与大众美德（demotic virtues）间的分辨为基础，将《国家篇》里所提到的"美德"理解为大众美德，那么我们就可以推断，柏拉图主张各种思辨美德之间是相互统一的。[①] 当然，班纳的观点虽可以为我们探讨柏拉图的美德统一性学说提供某种启示，但其相应处理是否恰当则似乎值得商榷。我们在第二章的相关讨论中会较为详细地谈及柏拉图在美德统一性问题上的矛盾立场及其缘由。

与苏格拉底和柏拉图的纯粹理性主义不同，亚里士多德在理性主义的哲学慎思中融入了经验性的考虑，因而亚氏在许多问题上更多的似乎是对前两者的某种综合，具体到美德的统一性问题上，其所提出的美德统一性学说相较而言也具有更多的合理因素。伊丽莎白·特尔弗（Elizabeth Telfer）在《〈尼各马可伦理学〉中道德美德的统一性》（The Unity of the Moral Virtues in Aristotle's Nicomachean Ethics）一文中，将亚里士多德对美德统一性的论证概括为：一个人不能在缺失其他美德的情况下能够拥有任何一种真正的美德，因为（一）如果他拥有真正的美德，他将拥有实践智慧；（二）如果他拥有实践智慧，他将拥有所有的道德美德。但特尔弗认为，亚里士多德从实践智慧的角度推断美德间的相互统一是难以成立的，因为如此会导致某种还原论的弊病，即这样会导致将所有的道德美德降格为实践智慧的不同呈现而已。为此，特尔弗提出了"目的确保之论证"（the Security of the End Argument）以取代亚氏的"实践智慧的论证"，其具体论证也分为两个部分：（一）任何一种道德美德都需要关于正确目的的观念；（二）只有拥有所有的道德美德，我们关于正

[①] Terry Penner, "Socrates and the early dialogues"，载理查德·克劳德编《剑桥哲学研究指针——柏拉图》（英文版），生活·读书·新知三联书店2006年版。

确目的的观念才是有保障的。因此，任何单独存在的美德都是缺乏安全的，美德的拥有由此需要体现出统一性的特征。① 特尔弗的论证有助于我们认识到美德统一性的论证不应仅着眼于实践智慧这一因素，观念性因素在美德统一性论证中也应有其地位，但特尔弗所提供的模式可以说仍是一种单一维度的论证模式。

珍妮·波特（Jean Porter）则对阿奎那的美德统一性学说展开讨论。在《美德的统一性与善的模糊性：再论阿奎那的美德理论》(*The Unity of the Virtues and the Ambiguity of Goodness: A Reappraisal of Aquinas's Theory of the Virtues*) 一文中，波特认为，阿奎那的美德统一性学说应被理解为有关何为有德者之特定行事方式的所具特性的心理解释，因此，在阿奎那看来，从道德心理的角度来看，真正的节制行为可以说也是正义的行为，而真正的正义行为可以说也是明智的行为。② 而在其另一篇文章《美德与罪：美德的关联性与有缺陷的圣贤》(*Virtues and Sin: The Connection of the Virtues and the Case of the Flawed Saint*) 中，波特对阿奎那的美德统一性学说进行了进一步阐述，在她看来，阿奎那所谈论的实际上并非是较为强硬的"美德的统一性"，而是相对温和的"美德的关联性"（the connection of the virtues）。波特认为阿奎那的"美德的关联性学说"在理论解释力方面比希腊哲学家的"美德统一性学说"具有更大的优势，当然和现代社会中我们对美德间关系问题的兴趣也更为契合。③

第二，对美德统一性学说的拒斥或辩护。由于在很长一段时间里，美德的统一性问题研究实际上都是以传统美德统一性学说的面目呈现，人们往往将传统美德统一性学说等同于美德的统一性学说本身，由此带来了这样的一个问题：至少是从表面上来看，美德的统一性学说似乎与人的道德常识存在极大的出入。由于这样的原因，美德的统一性学说在近现代以来遭到很多论者的质疑或拒斥。伯纳德·威廉斯在《伦理学与

---

① Elizabeth Telfer, "The Unity of the Moral Virtues in Aristotle's 'Nicomachean Ethics'", Proceedings of the Aristotelian Society, New Series, 1989, pp. 35–48.

② Jean Porter, "The Unity of the Virtues and the Ambiguity of Goodness: A Reappraisal of Aquinas's Theory of the Virtues", The Journal of Religious Ethics, 1993, 21 (1), pp. 137–163.

③ Jean Porter, "Virtue and Sin: The Connection of the Virtues and the Case of the Flawed Saint", The Journal of Religion, 1995, 75 (4), pp. 521–539.

哲学的限度》(Ethics and the Limits of Philosophy) 一书中提到，一个人拥有某一美德而可能缺乏其他的美德，这在我们今天看来是极为正常的事情，这一观点显然隐含了对美德统一性学说的某种质疑。在《道德实在论与道德困境》(Moral Realism and Moral Dilemma) 一文中，菲利帕·弗特 (Philippa Foot) 以美德间可能存在的相互冲突为由拒斥了传统的美德统一性学说，在她看来，"美德之间不可能形成如亚里士多德和阿奎那所说的那种统一性，某些美德之间实际上是相互冲突的：即如果一个人拥有了某一美德，他就不可能获得特定的其他美德"①。与弗特看法相类似的还有欧文·弗兰纳根 (Owen Flanagan) 等人。欧文·弗兰纳根在《道德人格的多样性》(Varieties of Moral Personality) 一书中认为，一个人要么为拥有所有美德的有德者、要么为在美德拥有上一无所有的恶棍，这样的观点是一种难以前后连贯 (incoherent) 的说法，因为在生活中我们经常可发现一个人可能是仁慈但怯懦、勇敢却不节制或正义而怯懦的。邦妮·肯特 (Bonnie Kent) 在《道德成长与美德的统一性》(Moral Growth and the Unity of the Virtues) 一文中发出这样的感叹，"哲学家们一起宣称各种美德之间为相互统一的时代已一去不复返了"，文中肯特总结了学者们对亚里士多德的美德统一性学说的四种批评意见，并做出了一定的回应。② 亚历山大·布罗迪 (Alexander Broadie) 在《邓·司各脱与美德的统一性》(Duns Scotus and the Unity of Virtues) 中考察了邓·司各脱的自由意志学说对美德统一性观念的潜在挑战，文章中布罗迪认为司各脱的自由意志学说虽并不直接导向美德的碎片化学说，但无疑为这样的理解指明了方向。理查德·克劳德 (Richard Kraut) 在批评亚里士多德的美德统一性学说时说道，从最好的角度来看，该学说与人的道德直觉格格不入；从最坏的角度来看，该学说是"既奇怪而又荒谬"，"属于一种下得过于匆忙向结论"③。而戈帕尔·斯里尼瓦森 (Gopal Sreenivasan)

---

① Philippa Foot, "Moral Realism and Moral Dilemma", Journal of Philosophy, 1983, 80 (7), pp. 396 – 397.

② Bonnie Kent, "Moral Growth and the Unity of Virtues", in David Carr and Jan Steutel (eds.), Virtue Ethics and Moral Education, Routledge, 1999, pp. 113 – 128.

③ Richard Kraut, "Comments on 'Disunity in the Aristotelian Virtues' by T. H. Irwin", Oxford Studies in Ancient Philosophy, Supplementary Volume, 1998, p. 83.

在《论美德的不统一性》(Disunity of Virtue)一文中,从捍卫美德伦理的角度出发,认为如果承认美德之间并不具有统一性的特征,这样就能更好地反驳情境主义对美德伦理所提出的各种挑战。然而斯里尼瓦森也坦承,美德统一性学说虽从总体上来看是错误的,但其中也包含有值得保留的合理因素。

其他一些学者则认为美德的统一性学说不仅具有诱人的合理因素,而且也并非如其表面那样看来是不可接受的。这些学者要么致力于对美德的统一性学说进行辩护,要么对传统的美德统一性学说进行改造以使其具有更大的现实解释力。约翰·库柏(John M. Cooper)的长篇论文《美德的统一性》(The Unity of Virtue)对苏格拉底和斯多亚学派的美德统一性学说进行了相应的厘清与探究,文中库柏实际上为一种强式的美德统一论作出了同情性的辩护。

然而,由于苏格拉底的美德统一性学说过于远离人们的日常道德经验,所以一些有兴趣于美德统一性问题研究的学者往往倾向于探讨亚里士多德的美德统一性学说。谢恩·德雷夫辛斯基(Shane Drefcinski)在其博士论文《对亚里士多德美德统一性学说的辩护》(A Defense of Aristotle's Doctrine of the Unity of the Virtues)中对亚氏的美德统一性学说进行了较为全面的讨论与辩护,虽然德雷夫辛斯基对亚里士多德美德统一性学说所遭受的多种批评意见进行了针对性的回应,但他的辩护主要依赖的仍然是亚里士多德的实践智慧(phronesis)这一概念。而苏珊·沃尔夫(Susan Wolf)在《道德心理学与美德的统一性》(Moral Psychology and the Unity of Virtues)一文中,认为虽然如亚里士多德等所主张的强式美德统一性学说具有较大的局限性,但一种弱式的美德统一性学说是可以得到辩护的,因为每一种美德在本质上都包含了知识,具体来说是评价性的知识,这一知识本质上是整体性的,并且具有跨领域作用的性质,因而,美德之间在根本上是统一的,当然是一种弱式的统一。可以看出,苏珊·沃尔夫对美德统一性学说的辩护在某种程度上可以看作是苏格拉底与亚里士多德相关理论的一种综合。

第三,美德间关系的深入探讨及不同形式的美德统一性学说的提出。一些学者则不仅仅满足于对传统美德统一性学说的探究与辩护,而力图超越于单纯的史学探究而进一步推进美德统一性问题的当代研究。罗伦斯·贝克（Lawrence C. Becker）在《美德间的统一、一致与冲突》（Unity, Coincidence, and Conflict in the Virtues）一文中认为，不同形式的美德统一学说实际上都需要面对这样的一个问题：如何解决不同美德之间在动机层面所可能存在的冲突？贝克认为，要使这一问题得到合理解决，相冲突的美德之间就需要有一种处于更高阶的美德以做出相应的调节，以此类推，处于低阶作用地位的美德就都需要受到处于高阶作用地位美德的调节，如此，各种美德在贝克那里被认为所形成的是一种金字塔式的层级关系，贝克最终推出一种序列等级式的美德统一性学说——即认为美德之间是以一种序列等级式的关系方式联结为一个整体，处于这个序列等级最高端的是实践智慧这一美德。

尼拉·贝德沃在《论美德的有限统一性》（The Limited Unity of Virtue）一文中为一种美德的有限统一说提供了辩护。在贝德沃看来，美德的有限统一性学说要比美德的统一性学说、美德的不相容性学说与美德的碎片化学说更接近真理。之所以认为美德间的统一是一种"有限的统一"，贝德沃的立论基础是"生活领域"（realms）这一概念。也就是说，在贝德沃看来，美德在同一生活领域中是相互统一的，在同一生活领域里，一个人具有任何一种美德将意味着她同时也拥有其他的所有美德；但贝德沃认为美德的统一性特征并不具有跨生活领域的性质，也就是说，在不同的生活领域里美德之间并不具有相互统一的特征，一个人在某一生活领域拥有美德，而在另一生活领域里她却很可能并不拥有美德（当然不拥有美德在贝德沃那里并不等于承认可以沾染上恶的品质）。不难看出，贝德沃的有限统一性学说的目的是要试图调节美德统一性学说与现实道德经验间的某种抵牾，但贝德沃的有限统一论也有其问题，其中最大的问题是：如何才能区分不同的"生活领域"？人在不同"生活领域"中的观念认知与行为意向难道是相互隔离的吗？与之不同，加里·沃特森（Gary Watson）与罗莎琳·赫斯特豪斯虽也都倾向于一种有限的美德统一性学说，但却又力图避免将这种"有限"与所谓的生活领域相挂钩，其总体目的是既要消除强式美德统一论所可能具有的某些困难，同时又要避免在美德的统一性问题讨论中陷入难以解决的纠纷。在沃特森看来，美德间的统一应是一种"弱式"的统一，这种所谓的弱式美德统一论可表述为："如果你拥有任何一种美德，你将对与其他美德相关的考虑

(considerations) 具有一定的敏感性——即在某种意义上，你将'在一定程度上'拥有所有的道德美德"①。赫斯特豪斯在美德统一性问题上的立场与加里·沃特森较为接近，她直言道，我们认识到美德之间确实具有某种形式的统一性特征，但美德间的这种统一并非如希腊哲学家所说的那种强式的统一，而是如加里·沃特森所主张的弱式的统一。② 与之相应，赫斯特豪斯指出美德的统一性学说实际上具有不同形式的具体呈现，因此美德的统一性学说并不能等同于希腊哲人所主张的强式美德统一性学说，她提醒我们，在美德的统一性问题研究上，当代美德伦理研究者应对之进行更为深入的考察。赫斯特豪斯关于存在不同形式的美德统一性学说的观点得到了戈帕尔·斯林瓦森的赞同，在斯林瓦森看来，我们不仅可发现存在不同形式的美德统一性学说，即便是就传统美德统一性学说而言，实际上其具体呈现也并非是单一性的，"在古代伦理学那里，所流行的绝非仅仅是一种形式的美德统一性学说"③。赫斯特豪斯和斯林瓦森的观点有助于提醒我们不要将美德的统一性问题研究本身与某种特定形式的美德统一性学说相混淆，或者说他们的观点有助于我们认识到美德的统一性问题研究某种意义上可以说是一个具有开放性特征的讨论课题。

三 美德统一性问题的当代研究所存在的局限及启示

前面说到，在美德统一性问题的研究上，国外学界要领先于国内，国内学界的研究某种意义上可视为对国外相关研究的介绍或总结，因此决定了两者所存在的局限实际上具有诸多类同之处，由此，我们可以将两者所存在的局限或问题合并起来进行讨论，统称为"美德统一性问题的当代研究所存在的局限"，而通过对这一"局限"的探讨，从中我们可以取得在美德统一性问题研究上的某些启示。

第一个问题是已有的研究过于偏重对美德统一性问题的历史呈现样

---

① Gary Watson, "Virtues in Excess", Philosophical Studies, 1984, 46 (1), p. 60.
② Rosalind Hursthouse, On Virtue Ethics, New York: Oxford University Press, 1999, pp. 153 – 156.
③ Gopal Sreenivasan, "Disunity of Virtues", Journal of Ethics, 2009, 13 (2 – 3), p. 197.

式的探究与厘清。许多当代学者注意到了美德的统一性学说在（西方）古代伦理思想中的独特地位及其迷人之处。特别是由于苏格拉底的美德统一性立场具有不容忽视的模糊性甚或是自相矛盾的地方，因此对其所赞同的美德统一论的探讨在一段时期里成了有兴趣于美德统一性问题研究的众多论者的主要讨论内容，正如先前所提到的，格利高里·弗拉斯托斯与特里·班纳提出了互竞性的解读方案并产生重要影响。目前为止，西方学界关于美德统一性问题的大部分研究成果可以说是以苏格拉底、亚里士多德或阿奎那的美德统一性学说之探究为主体，即美德统一性问题的当代研究很大程度上是一种史学层面的探究与厘清。国内相关研究在这一方面上的问题当然要更为突出，且所取得的理论成果也更为有限，研究所达到的深度也有待提高。正如我们前面所提到的，美德统一性这一概念本身具有两个层面的意蕴：一是指各美德之间具有某程度上的相互关联性质以及某一美德的恰当拥有或作用发挥离不开其他美德的在场；二是指各种美德相互关联并有着向一种统一的整体性状态趋靠之意。这样来看，美德的统一性问题可以说是一个具有普遍性研究意义而不仅是具有史学性探究价值的问题，也就是说美德的统一性问题不应仅停留在史学层面的探究与厘清。如果美德不是只有一种，那么各种美德之间到底又是怎样的一种关系呢？可以认为，当代美德伦理的进一步发展与完善显然需要我们在美德统一性问题上的深入推进。

　　第二个问题是已有研究在美德统一性的论证问题上过度倚重于亚里士多德式的实践智慧这一概念。我们知道，亚里士多德所说的实践智慧不仅是"百科全书式的"（encyclopedic, T. H. Irwin），且还是整体而不可分割的。正如我们所提到的，在亚里士多德那里，其关于美德间统一的论证可表述为：一个人要拥有（真正的）美德需要拥有实践智慧；而拥有了实践智慧的人将拥有所有（真正的）美德。由此可见，在亚里士多德那里实践智慧是美德拥有的充分且必要条件，也就是说，在亚氏那里，一种"百科全书"、整体式的实践智慧保证了美德之间形成了一种密不可分的关系。问题在于：第一，如果说这一"实践智慧"是如亚氏所说的独立于道德美德之外而又作用于道德美德的理智美德，那么不难发现，亚氏的"实践智慧"和苏格拉底所说的"知识"或"智慧"实际上并没有太大的不同，以这样的"实践智慧"作为美德间相互统一的论证基础，显然难以被看作为一种合理的论证，因为这样的论证完全依赖于对"实践智慧"这一概念所持有的特定理解，我们可以将这样的论证称之为一种"概念性论证"，因为这样的论证显然仅具有某种概念逻辑上的意义而缺乏现实的经验价值；第二，假如我们将亚氏的"实践智慧"做某种现代处理——即将其理解为一种理智因素而非一种形上意义的道德智慧，那么这样又会带来另一问题，即作为理智因素理解的"实践智慧"实际上只是美德的构成要素之一而不是其全部，"美德是一种在相关方面感受、欲望、慎思、选择及行动得好的特定意向（characteristic readiness）"[1]，如此，我们在美德统一性的论证中如果仅着眼于实践智慧这一单独因素，似乎又难以避免陷入所谓的论证不足的问题，即仅依赖于实践智慧这一单独（理智）因素似乎并不足以推导出美德间相互统一的论断。在我们看来，在美德的统一性论证这一问题上，我们当然需要重视实践智慧在美德统一性论证中的重要作用，但同时也要警惕将实践智慧在美德中的作用无限放大，由此在美德统一性论证问题上陷入传统上所谓的"概念性论证"的老路。我们认为，以实践智慧这一单独因素来论证美德间的相互统一，这属于一种单一维度的论证模式，而要实现美德统一性论证问题上的某种突破，需要由先前的单一维度的论证转向一种多维度的论证。

第三个问题是已有研究往往将美德统一性的承载主体——人，理解为一个抽象的人。美德是人的品质特性，因此考察美德的统一性问题最终要考虑到现实之人的具体生活与实践。应该看到，人是一种有限的存在物，人的生命是有限的，人所可能选择的生活也是有限的，一个人不可能穷尽所有可能的生活，更不可能在所有可能的生活类型中都出类拔萃。先前许多论者对美德统一性的论证或辩护实际上遵循的是亚里士多德的路子，没有注意到美德主体本身（即有德者）的生活所具有的有限性。斯图亚特·汉普夏尔（Stuart Hampshire）利用法国存在主义哲学家萨特的自由选择例子表明，不同的生活类型（life styles）适合于培养不同类型的美德，比如，一个"二战"时的法国人如选择加入抵抗运动，他就更可能养成忠诚与献身这样的美德，但如果他选择留守在家，那么他

---

[1] Gary Watson, "Virtues in Excess", Philosophical Studies, 1984, 46 (1), pp. 58–59.

就更有可能养成慈爱、奉献这样的美德。① 因为不同的生活类型会凸显或需要相应的特定美德，因此生活于不同生活类型中的人除了具有一些普遍性质的一般美德②之外，他还可能养成与自身生活类型相应的特定美德，或凸显对某些特定美德的拥有程度，也就是说，一个人选择了某一特定类型的生活，他就更有可能养成与之相应的特定美德及其他一般美德，或者说更加凸显对某些特定美德的拥有，由此我们认为，美德的统一性问题研究显然需要考虑到现实之人所可能具有的某种局限，需要考虑到现实之人在美德拥有问题上的差异性问题，即美德的统一性问题研究需要与人的道德个性问题协调起来。应该说，有些学者在谈论美德的统一性问题时注意到了"生活领域"对于美德的统一性所给予的某种限制，③ 但鲜有学者将之上升到生活类型这样的视角，由此在美德的统一性问题研究中往往没有考虑到人所具有的道德个性的问题，这显然是不合理的。应该说，美德的作用显然具有跨（生活）领域性的特征，但却难以摆脱人自身所选择的生活类型所给予的限制，这就好像宇宙中的一切难以逃脱这个宇宙一样。

第四个问题是在美德的统一性问题探究中，不少论者所考虑的仅仅是美德间所处的关系问题，从各美德包含了共有的核心性作用的理智因素（实践智慧）而推论出某种形式的美德统一性学说，问题是这样的论证严格来说只能推出美德之间具有某种统一的可能，而不足以推出美德之间到底具有何种程度的统一性关系。应该看到，除非我们赞同一种如西方传统哲人所主张的强式美德统一论，否则我们在考察美德间的相互关系问题时就需要考虑美德与其他非美德品质（如自制、不自制、恶）之间到底是何种关系的问题，因为如果美德间并非是铁板一块的整体关系，那么有德者的总体品质结构中除了美德的构成因素之外，就必定也

---

① Stuart Hampshire, Two Theories of Morality, Oxford: Oxford University Press, 1977, 转引自 Gary Watson, "Virtues in Excess", Philosophical Studies, 1984, 46 (1), p. 64.

② 应该看到，并非所有美德都受限于人的具体生活类型，有些美德（特别是主要美德，如正义、节制、勇敢等）是不同生活类型都需要的，我们将这些美德称之为具有普遍性质的一般美德，以与和生活类型紧密相关的特定美德区别开来。

③ Cf. 1. Neera Badhwar, "The Limited Unity of Virtue", Noûs, 1996, 30 (6); Cf. 2. Richard Kraut, "Comments on 'Disunity in the Aristotelian Virtues' by T. H. Irwin", Oxford Studies in Ancient Philosophy, Supplementary Volume, 1988.

存在着一些非美德品质。自制品质与美德能否共存于同一道德人格？不自制品质与美德之间又是怎样的相互关系？一个人具有任何一种真正的恶品质是否会破坏其所可能拥有的所有美德？我们认为，如果承认美德间是一种弱式的统一性关系，那么，美德的统一性问题研究就不能仅仅考虑各种美德相互间的关系性质，显然还需考虑美德与其他非美德品质间的关系问题。

这里需要概略地谈谈在美德的统一性论证问题上我们所采取的基本论证路径：

首先，从对美德自身结构及其构成要素的分析着手，讨论美德间所具有的相互依存、相互促进与相互作用的关系，这一维度的美德统一性论证我们称之为"美德统一性的微观论证"。对美德结构的分析无疑离不开对美德概念的准确把握，我们要避免像某些现代哲学家（特别是规则伦理学家）那样对美德概念进行某种狭窄化的处理；[1] 而对美德结构的探讨又必然会促使我们关注到完全的有美德者这一理想人格设定。[2] 不仅如此，美德结构的分析又逻辑地导向真正美德与自然美德之间的分辨问题。就美德自身的结构而言，我们认为它包含了为善的价值指向、相应的情感附着以及知善的能力这三大构成要素，[3] 即美德的构成要素主要有观念、情感与理智这三大方面的要素，这些要素不仅具有跨领域性作用的性质，而且彼此之间还具有一种紧密的有机关系，因而美德结构及其构成要素的讨论关联着美德统一性的具体论证。

其次，美德统一性以行为主体自身的人格为其存在状态，或者说行为主体自身的人格是美德统一性的现实载体。人格是一个与自我、同一性大致相当的概念，表征的是一个人的总体性精神风貌。人格由多种因素所构成，其中道德品质是其中最为关键的因素，一个人的人格状态可以说往往取决于其自身所具道德品质的基本状况。人格美主要意指的是人道德属性上的美，是一个人具有整体性的美德品质所体现出来的道德

---

[1] Julia Annas, The Morality of Happiness, New York: Oxford University Press, 1993, p.48.
[2] Ibid., p.83.
[3] 杨国荣：《伦理与存在——道德哲学研究》，华东师范大学出版社2009年版，第152—154页。

美。与之相关的是，人在追求自身人格美的过程中必然需要不断关注自身品质状态的修养与提升，从这样的角度来看，人格美的追求与养成美德为同一过程的不同体现。由此，人格美的追求推动了人在美德境界上的修养，客观地促使人所具有的美德走向一种统一的状态。这一维度的美德统一性论证我们称之为"美德统一性的中观论证"。

再次，作为人品质特性的美德具有目的论的特征，它的终极指向是人的幸福。美德与幸福之间具有某种必然的关联，而幸福的追求对于人来说具有一种直觉上的自明性。幸福的追求对行为主体在美德养成上的意义一是有助于人们要关注美德的养成，二是有助于敦促主体不断完善自身的美德。[①] 因此，幸福可以说是美德的总体指向与动力保证，换言之，对幸福的追求必然会引领人们走向尽可能完善的美德境界，促使行为主体向一种完满的道德状态迈越。这一维度的美德统一性论证我们称之为"美德统一性的宏观论证"。

当然，以上微观、中观、宏观三个维度的论证只能证明美德之间具有某种统一的必然与倾向，而仅凭这样的讨论显然还难以使我们确切地把握美德之间到底具有的是何种形式的统一性关系。即在具体的美德统一论考察中，我们还须考虑美德与其他非美德品质之间的相互关系问题，同时也要考虑美德统一性问题的其他影响因素。需要再次提及的是，恰如亚里士多德所提醒我们的，伦理学的研究在某种意义上是一种概然性的研究，其所得到的结论也只能是概然性的真，伦理学研究允许存在例外情形以及难以确定的某种模糊。因此，我们的目的不是要得出一种可为人们所普遍认可的美德统一论主张，我们的目的毋宁是：通过美德统一性问题的探究，以实现对美德的本质与结构、美德与美德间的相互关系以及美德与其他非美德品质间的相互关系等问题的进一步认知与把握。

[①] 江畅：《德性论》，人民出版社2011年版，第269—271页。

第 二 章

美德统一性问题研究的历史追溯

第一节 西方传统哲人在美德统一性问题上的探究

前面曾提到,传统哲学家在美德统一性问题上的探讨往往得出的是一种与人们日常道德经验相距甚远的美德统一论。但我们不仅会问:传统哲人为什么会持有如此强式的美德统一论立场?他们的美德统一性学说是否只是"试着闭着眼睛解释世界"(伏尔泰语)的一种表现,或者是这样的探讨虽然不符合人们的常识性见解但却具有某种合理的内核?恰如约翰·库柏(John M. Cooper)所说:"为什么古希腊哲学家会认为美德之间是统一的呢?相反大多数现代的道德论者并不持有这样见解,但却又不为自己的质疑给出任何的合理性解释——就好像美德的统一性学说根本不值得认真考虑是道德生活的一个基本事实一样。更细致地考察希腊哲学家的美德统一性学说能否为今天的道德思考提供有用的东西,还是我们不得不将之作为一种对道德生活的不可挽回的陈腐思考而予以抛弃?"[1] 由此来看,追溯传统哲学家在美德统一性问题上的相关研究,显然是当代美德统一性问题研究所需要的。

一 苏格拉底的美德统一性学说

应该看到,美德统一性学说与希腊人的"全面式发展"的整体性

---

[1] John M. Cooper, "The Unity of Virtue", Social Philosophy and Policy, 1998, 15 (1), p. 233.

观念①、有机统一的宇宙目的论②以及神话传说中英雄的无所不能③等都有莫大的关系，但这一学说的明确提出则无疑要归功于苏格拉底。西方学者对苏格拉底关于美德统一性问题的探讨首先提到的是其在《普罗泰戈拉篇》里与智者普罗泰戈拉所展开的一场论辩，其中与美德统一性问题关系最为紧密的讨论是这样的一段对话：

苏（即苏格拉底）：你说宙斯把正义和尊重同胞这些品质赐予人，还在你的谈话中多次提到正义、自制、虔诚以及其他品德合起来形成一种美德。我想问的就是这一点，希望你能更加精确地加以说明。美德是一个整体，并以正义、自制、虔诚为其组成部分，还是这些名称全都是同一事物的不同名称？我想知道的就是这一点。

普（即普罗泰戈拉）：好吧，这很容易解答。美德是一，你问的其他性质都是它的组成部分。

苏：你的意思是它们像一张脸的组成部分那样，好像嘴、鼻、眼、耳，或者像一块金子的组成部分那样，各部分之间除了大小之外没有什么差别？

普：我应当说的是第一种方式，也就是说它们像一张脸的各个组成部分一样与一个整体相关。

苏：那么人们如何分有美德的这些部分，是某些人拥有这个部分，而另一些人拥有那个部分，或者是某部分人必定也拥有全部美德？

---

① 基托认为，希腊人的"万物一体"思想促进他们形成了全面式发展的观念，这既体现于他们的个人生活观中，也体现于他们的政治安排等方面（［英］基托：《希腊人》，徐卫翔、黄韬译，上海人民出版社1998年版）。而依迪丝·汉密尔顿则指出，希腊人的整体性观念还影响到了他们的思维方式与艺术创作风格（［美］汉密尔顿：《希腊精神》，葛海滨译，华夏出版社2008年版，第275—277页）。

② "天人合一"的观念并非为中国传统所独有，希腊人同样持有与此类似的观念，在他们看来，宇宙是一个有机的目的性组织，人类社会只是其中的一个组成部分（虽然是其中的主要组成部分），一切事物都在这一有机系统中有其特定的地位和作用（1.［加］查尔斯·泰勒：《现代性之隐忧》，程炼译，中央编译出版社2001年版；2.［加］查尔斯·泰勒：《自我的根源：现代自我的形成》，韩震等译，译林出版社2001年版）。

③ 《奥德赛》中的主人公奥德修斯据说不仅作战勇敢、多智多谋，而且在生活劳动技能方面据说竟也不输于他人。

普：一点不错。有许多人是勇敢的，但却是不正义的，而另一些人是正义的，但却是不聪明的。①

如果从苏格拉底谈话的一般理解来看（即所持观点往往与对话者为相对立），那么容易推断出苏格拉底此处对话所赞同的是一种"单一美德的统一性"（the unity of virtue）立场，② 如果这样的解读是对的话，那么苏格拉底的立场与亚里士多德所持有的所谓的"诸美德的统一性"（the unity of virtues）就存在一定的差异。应该承认，主张苏格拉底所提出的是一种更为强硬的美德统一论在西方学界来看应该说是一个普遍的共识，问题是一旦涉及苏格拉底所持有的是何种形式的美德统一论，则情况又有所不同。约翰·库柏认为，苏格拉底版的美德统一性学说实际上主张并不存在多样性的美德，"只存在一种单一性的以不同形式而呈现的美德的统一性状态"，这样的学说"更适合标以'单一美德的统一性'之名"③。问题是，关于苏格拉底所主张的是何种形式的美德统一论并非是一个没有争议的定论；相反，自20世纪70年代以来，围绕着苏格拉底持有的是何种形式的美德统一论，西方学术界展开了一场规模不小、至今仍有影响的讨论。这场讨论所产生的影响较大的理解模式是以格里高利·弗拉斯托斯为一方的所谓"互为条件说"（biconditionality thesis）和以特里·班纳为代表的所谓"同一说"（identity view）。然而，不管是弗拉斯托斯的"互为条件说"还是班纳的"同一说"都有其自身的特定问题，而且它们与苏格拉底在不同对话篇中的立场也不尽一致，以至于丹尼尔·德弗卢（Daniel T. Devereux）认为苏格拉底在何种形式的美德统一论这一问题上是否有一连贯性立场是值得商榷的，因此他提出了所谓"不连贯说"（inconsistent view）。我们的看法是，一种介于"互为条件

---

① 《普罗泰戈拉篇》，329c – 329e，相关译文参考了王晓朝翻译的《柏拉图全集》（第一卷），人民出版社2002年版。顺便提及的是：329c – 329e 为后人整理柏拉图的文献时的统一页码编，下同。

② 这样的看法在国内应该说是比较普遍的看法，参见张光华《论德性的统一性》，《江汉论坛》2008年第9期；国外学者如约翰·库柏和特里·班纳等人也持类似意见，但他们在该问题上的探讨要为详细。

③ John M. Cooper, "The Unity of Virtue", Social Philosophy and Policy, 1998, 15 (1), p. 234.

说"与"同一说"之间的中间性理解模式，不仅可以使得苏格拉底在美德统一性问题上有一连贯性的立场，而且该理解模式还可避免"互为条件说"与"同一说"所具有的相应弊病，因而能更好地体现苏格拉底的美德统一性学说所具有的合理意蕴。下面进入对苏格拉底的美德统一性学说的探讨。

首先，我们探讨一下弗拉斯托斯的"互为条件说"。应该说，早在安斯库姆（G. E. M. Anscombe）发表《现代道德哲学》（*Modern Moral Philosophy*）一文之前，就已有泰勒（A. E. Taylor）等人对苏格拉底的美德统一性学说进行了探讨，但首先认识到苏格拉底在这一问题上具有不容否认的模糊性甚或是自相矛盾的是弗拉斯托斯，也正是由于他的这一贡献，引起当代学者在该问题上的广泛讨论。学者们一致赞同的是，与苏格拉底的美德统一性学说直接相关的《拉凯斯篇》《普罗泰戈拉篇》（以下简称《普篇》）、《欧绪弗洛篇》等柏拉图的早期对话，其所表达的相关观点基本上可以看作苏格拉底本人在此问题上的看法。在弗拉斯托斯看来，仔细品味苏格拉底与普罗泰戈拉关于美德整体与各具体美德之间是何种关系的初次交锋（《普篇》，329c – 330b）以及稍后的继续探讨（349b – d），可以发现苏格拉底实际上采用了三种不同的解释方案（formulae），弗拉斯托斯分别称之为"统一说"（the unity thesis）、"相似说"（the similarity thesis）与"互为条件说"。弗拉斯托斯认为，这三种解释方案是普罗泰戈拉将之看作对苏格拉底的美德统一性学说的互补性表达，所以并非在逻辑上互不相干的东西。[①] 但如果对苏格拉底的美德统一性学说的理解可以归结为不同的解释方案，那么究竟哪一种方案与苏格拉底的立场更为接近呢？

弗拉斯托斯认为，在所得到的三种解释方案中，"统一说"与"相似说"都有其难以令人满意的地方。就"统一说"而言，其问题在于主张苏格拉底所说的正义、虔敬、节制、勇敢和智慧这五种美德为同一事物的不同名称、具有同一种本质或功能，因而彼此间是相互等同的。弗拉斯托斯认为这样的看法与苏格拉底在《欧绪弗洛篇》中的说法存在明显

---

① Gregory Vlastos, "The Unity of the Virtues in the Protagoras", the Review of Metaphysics, 1972, 25（3）, pp. 417 – 418.

冲突，因为在《欧绪弗洛篇》中苏格拉底主张虔敬是一种基本的型，可作为判别某一行为是否为虔敬行为的标准（standard），而对其他四种美德来说这一看法也同样适用。与之相关，如果将所提到的五种美德看作是在定义上毫无差别的话，那么势必会导致它们无法作为不同美德行为的判别标准，由此我们无法将某一特定行为看作这一美德或另一美德的例证。① 弗拉斯托斯紧接着认为，"相似说"的问题与"统一说"的问题有类似之处，因为如果从表面上来理解苏格拉底将各种美德与美德整体之间的关系比作为金子的各个部分与整块金子之间的关系（《普罗泰戈拉篇》，329d）的话，由此认为各种美德所具有的所有特征（all their qualities）都是相同的——它们都是在特征上毫无差别的品性，那么就会消除各种美德自身所具有的独特特征，导致无法将各种美德当作可识别的不同道德品性，从而我们也无法把某一特定行为认作这一美德或另一美德的例证。② 弗拉斯托斯认为，不同的美德作为不同的道德品性，这是一个我们料想苏格拉底会像其他任何人那样乐于承认的事实。③ 不难看出，弗拉斯托斯对所谓的"统一说"与"相似说"的否定，实际上是对后来班纳等人所倡导的"同一说"④ 的否定，前者可以看作是后者不同侧面的体现。

弗拉斯托斯接下来对"互为条件说"进行考察。弗拉斯托斯认为，在《普罗泰戈拉篇》中，普罗泰戈拉明白地表示一个人可以拥有美德的一个部分而不必拥有美德的另一部分，而苏格拉底则选择了与之不同的立场，认为一个拥有任一美德的人必定也拥有所有的其他美德（《普罗泰戈拉篇》，329e）。在弗拉斯托斯看来，苏格拉底在这里并非是在陈述各种美德之间恰巧共同在场这一事实，而是意在表明：任何美德之间都具

---

① Gregory Vlastos, "The Unity of the Virtues in the Protagoras", the Review of Metaphysics, 1972, 25 (3), pp. 418 – 421.

② Ibid., pp. 418 – 424.

③ Ibid., pp. 423 – 424.

④ 须指出的是，"同一说"或与此相类似的观点在班纳之前就已存在，只不过这一观点在他那里才得到较为充分的论证与辩护。概括地说，弗拉斯托斯的"统一说"说的是各种美德"统一"于相同的本质或功能，而"相似说"说的是各种美德所具有的各种特征都是"相似的"，这两种说法都倾向于认为各种美德实际上是同一本质的不同呈现，因而可看作"同一说"的不同侧面的呈现。

有一种确定的关联（definitional connection），而之所以如此，是因为在苏格拉底那里，所有的道德美德都是智慧的种（species）；反之，智慧则可看作为各种道德美德的属，这样就意味着一个人要是节制的、勇敢的、正义的或虔敬的，首先必须是明智的，原因在于智慧是拥有任一美德的充分必要条件。① 由于智慧是美德拥有的充要条件，因此为了拥有任何一种美德一个人就需要首先拥有智慧，而拥有了智慧一个人当然也就拥有了所有美德；反之，缺失了任何一种美德就意味着一个人没有取得实践智慧，因此也就意味着这个人没能拥有任何的其他美德。这样，从美德与美德之间的关系来看，它们就好像是以一种"互为条件"的方式而相互共存，"互为条件说"之名也由此而得。在弗拉斯托斯看来，将各种美德看作一整体美德的"各个部分"是标准的苏格拉底的学说，因此承认每一美德概念具有相应的独立性是苏格拉底与普罗泰戈拉所共有的讨论前提。② 与之相应，虽然所提到的三种解释方案其目的都意在表达苏格拉底的美德统一性学说，但由于前两种解释方案（即所谓的"统一说"与"相似说"）都可能引申出与弗拉斯托斯所预设的"前提"相冲突的结论，因此，弗拉斯托斯认为只有"互为条件说"才是苏格拉底的美德统一性学说的准确表达。"互为条件"虽认为所有道德美德都难以离开"智慧"的作用，但它并非是说美德之间是"相互等同"的关系，其所主张的是任何一种美德的存在都以其他美德的共同在场为条件，但各种美德具有自身相应的不同特征，这是"互为条件说"与所提到的其他两种解释方案之间的最大差别。由于"统一说"与"相似说"这两种解释方案导致了一些恼人的特征（offensive features），弗拉斯托斯认为有必要以"互为条件说"为基准，对它们进行"重新解释"。③

应该看出，弗拉斯托斯的"互为条件说"具有以下两个方面的主要特点及相应问题。其一，较少关注对苏格拉底的某些言论以字面上的理解，而注重以消除其中的一些看似难以接受的特征为目的，因此难以避

---

① Gregory Vlastos, "The Unity of the Virtues in the Protagoras", the Review of Metaphysics, 1972, 25 (3), pp. 424 – 425.

② Ibid., p. 418.

③ Ibid., pp. 415 – 444.

免给人留下某种主观的先入之见的嫌疑。如前面所提到,弗拉斯托斯认为将各种美德看作一整体美德的"各个部分"是标准的苏格拉底学说。然而,正如有学者所指出,在《普罗泰戈拉篇》中,苏格拉底使普罗泰戈拉明白其观点之错误恰恰是在于认为"这些不同美德名称不是同一事物的不同名称,而是不同的单独事物的名称"[①]。但如果在苏格拉底那里各种美德名称指向的是同一种美德,那么弗拉斯托斯所认定的"前提"无疑就是成问题的了。其二,在弗拉斯托斯看来,作为整体的美德自身并不蕴含什么实质性的内容,它只不过是一个具有某种解释作用的抽象名词。但是,如果美德整体或美德自身仅被理解为一个具有解释作用的抽象名词,那么它与苏格拉底所明确表示的美德自身是一种"事物"(a thing)(《普篇》,329d;330d)、是贯穿于各种美德中的基本性质(《美诺篇》,72c;74a),这样的说法就存在不相一致的地方。

由于弗拉斯托斯的"互为条件说"存在着以上提到的问题,因此尽管不少学者承认其在探究苏格拉底的美德统一性学说中的开创性作用,但却鲜有学者一以贯之地忠实于其所开辟的理解模式,相反班纳所倡导的相竞性理解模式得到更多学者的追随。

概括地说,在班纳看来,苏格拉底主张的是各种美德形成了一种更强意义上的统一体,即各种美德实际上是同一种事物,美德的"统一性"在班纳那里被理解为美德间的"同一性"。

在《美德的统一性》(the Unity of Virtue)这篇与弗拉斯托斯的开创性文献具有针对性意义的文章里,班纳一开始便对弗拉斯托斯的"互为条件说"进行了批评。在班纳看来,"互为条件说"的诸多问题实际上都源自于弗拉斯托斯在"什么是勇敢""什么是正义"等诸如此类问题的理解上出现了偏差。班纳认为,当苏格拉底问什么是"勇敢"时,他所寻求的并非为某种逻辑上的分析,而是某种完全不同的东西——一种使勇敢成为"勇敢"的实质性理论。[②] 更具体来说,当他问什么是"勇敢"

[①] Thomas C. Brickhouse and Nicholas D. Smith, "Socrates and the Unity of the Virtues", the Journal of Ethics, 1997, 1 (4), p. 315.

[②] Terry Penner, "The Unity of Virtue", the Philosophical Review, 1973, 82 (1), pp. 38 – 42.

时，班纳认为，苏格拉底此时所追问的不是勇敢美德这一概念的含义（meaning），而是使勇敢的行为之所以被称为"勇敢"的心理状态（psychological state）或灵魂状态（the state of the soul）是什么。然而，如果苏格拉底关于"什么是 X（X 指代任一具体美德——引者）"的问题是如班纳所理解的那样是一个实质性问题（substantial question）而非一个概念性问题（conceptual question），那么，是否各种美德所对应的是同一种灵魂状态，因而各种美德行为实际上只是由同一种灵魂状态所产生的？抑或是，各种美德所对应的是相互不同的灵魂状态，因而不同的美德行为是由各不相同的灵魂状态所产生的呢？班纳不仅以相当肯定的态度倾向于前者，而且认为弗拉斯托斯将苏格拉底的"什么是 X"问题理解为一种概念性问题无法令人满意，因为它难以与苏格拉底主张正义、虔敬等美德分别是一种"事物"这一观点相协调。① 虽然班纳认为依据所发生环境的不同，我们可以在行为层面将各种不同美德分辨开来，但就美德自身而言，他认为各种美德实际上只是同一种美德，即在实质层面上美德只是"一"———一种单一性的灵魂状态，这种单一性的灵魂状态可为一种所谓的善与恶的知识所表述，也可将之称为美德自身或美德整体。

班纳"同一说"的主要特点也有两个方面。其一，强调这一理解模式所具有的诸多字面上的优势，即相比于"互为条件说"而言，它所给出的理解不仅显得更为简单、直接，而且不必像前者那样需要将苏格拉底的许多言论看作纯粹的辩论策略。② 其二，比较注意所得出的理解与苏格拉底的其他论断之间的协调，而较少顾及其所推出的理解是否与一般常识相符。

然而在我们看来，尽管班纳的"同一说"相比于弗拉斯托斯的"互为条件说"具有一定的优势，但其缺陷也是比较明显的。首先，"同一说"所引申出的观点与人们的常识观念存在强烈的冲突，其中最大的冲突就在于它蕴含着将不同美德的例证（instances）相互混同，进而抹除了某一美德作为判别某一行为是否为该美德行为的标准，这无论对苏格拉

---

① Terry Penner, "The Unity of Virtue", the Philosophical Review, 1973, 82 (1), p. 60.

② Douglas Kremm, "The Unity of Virtue: Toward a Middle Ground Between Identity and Inseparability in Socratic Virtue", Arché, 2009, 3, p. 19.

底时代的一般民众还是对当代的我们来说都显得难以接受。虽然班纳可以这样回应：也许苏格拉底并非是从我们日常生活的视角来谈论美德的，且苏格拉底也从未承诺一般大众可以被真正冠以"有德者"之名。然而问题是，似乎苏格拉底也承认不同美德有不同的行为表现，在其许多论辩中无疑将特定的行为理所当然地看作与不同美德相应的例证。[1] 其次，正如有学者所指出的，在《欧绪弗洛篇》中探讨虔敬与正义之间是何种关系时，苏格拉底明确地主张虔敬只是正义的一个部分。[2] 如果虔敬是正义的一个部分，那么虔敬就不可能与正义相等同。这样，班纳的"同一说"所主张的各具体美德之间实际上为毫无差别这一观点看来与苏格拉底在其他对话篇中的立场也难以如其所宣称的那样能够很好地相互协调。此外，虽然班纳一再强调在理解苏格拉底的某种学说时，要注意对该学说的理解与他的其他论断之间相协调起来，然而，如果各美德在本质上只是班纳所说的"善与恶的知识"，那么它与苏格拉底的另一论断"美德并不可教"（《普篇》，361a；《美诺篇》，94e；99b）之间似乎也有矛盾之处。换言之，如果苏格拉底所说的"美德即知识"是如班纳所理解的一种关于所有善与恶的对象知识[3]，那么苏格拉底就没有理由否认美德是可教的。但此处有一个更为迫切的问题需要我们予以回应：既然在美德统一性问题上苏格拉底在不同对话中的说法似乎并不一致，那么我们不禁会问：他在该问题上是否有一连贯性的立场呢？

为此之故，我们需要谈论一下德弗卢的"不连贯说"。前面我们提

---

[1] Douglas Kremm, "The Unity of Virtue: Toward a Middle Ground Between Identity and Inseparability in Socratic Virtue", Arché, 2009, 3, p. 24.

[2] Thomas C. Brickhouse and Nicholas D. Smith, "Socrates and the Unity of the Virtues", the Journal of Ethics, 1997, 1 (4), pp. 316–317.

[3] 从现代西方哲学的视角来看，知识分为命题知识、对象知识和技能知识三种，对象知识可归结为命题知识。技能知识不同于命题知识，它实际上指的是一种能力而非对事物的判断。虽然班纳在提到"美德自身是关于所有善与恶的知识"时并没有明确指出此处所说的"知识"为一种对象知识或命题知识，但班纳显然是在此意义上使用该词的，因为美德自身只有同为一种对象知识或命题知识时，才能保证在其与不同环境发生作用时，虽然所产生的具体行为（即德行）存在差异，但各美德自身仍可以说是彼此相同的。但如果班纳所说的"知识"将技能知识也涵括在内，就无法保证美德自身与不同环境发生作用时，其所呈现的各具体美德仍保持毫无差别，因为不同的环境会强化或凸显某相应技能的作用，从而引发各具体美德彼此之间产生了某种实质性的差异，应该说这是班纳的"同一说"所无法接受的。

到，在对苏格拉底的美德统一性学说的理解问题上，除了弗拉斯托斯和班纳的两种相互对立的理解模式外，实际上还存在着影响力相对较弱的第三种理解模式，即丹尼尔·德弗卢的"不连贯说"，这一理解模式最为关键的地方在于主张苏格拉底在美德统一性问题上并没有一种连贯性的立场。实际上，德弗卢的理解在某种程度上并非为新鲜事物，因为在此之前麦金太尔就发表过类似的看法，他说，"苏格拉底一方面提出一些冒失的、明显自相矛盾的论点，同时在表述这些论点时留下了大量模棱两可和不确定的地方"[1]。虽然麦金太尔此处并没有明确针对苏格拉底的美德统一性学说，但不难想象麦氏会将其评论同样指向这一学说。当然，麦金太尔在该问题上并没有像德弗卢那样深入相关文本进行更为细致而具体的分析。

德弗卢认为，虽然在《普罗泰戈拉篇》中，苏格拉底的立场更加倾向于"同一说"的理解，但他在《拉凯斯篇》中的相关说法却是"同一说"所无法解释的，因为在《拉凯斯篇》中苏格拉底明显地把智慧等同于美德整体，而其他美德都是这一整体美德的各个部分，因此苏格拉底在美德统一性问题上并没有一个连贯性的立场，而之所以会出现如此的情况，德弗卢认为是在《拉凯斯篇》中，柏拉图偏离了苏格拉底与普罗泰戈拉两人的争辩，以寻求一种更加连贯性的学说。[2] 德弗卢认为，在美德统一性问题上，《普罗泰戈拉篇》与《拉凯斯篇》两者之间存在着不可否认的冲突，因而所有在早期对话篇中谋求一种一致而连贯的美德统一性学说的努力注定是徒劳无功的。有趣的是，德弗卢认为，他的这一理解模式还得到了苏格拉底的另一位学生色诺芬的相关言论的佐证，因为在色诺芬的《回忆录》(Menorabilia)中，苏格拉底有些地方被描写成赞同各种美德是"一"，但在另外一些地方他又给人留下主张各种美德具有不同定义的印象。[3]

德弗卢的理解模式的一个关键问题是，并没有确凿的证据表明《拉

---

[1] ［美］麦金太尔：《伦理学简史》，龚群译，商务印书馆2003年版，第52页。

[2] Daniel T. Devereux, "The Unity of the Virtues in Plato's Protagras and Laches", the Philosophical Review, 1992, 101 (4), pp. 786–788.

[3] Ibid., pp. 788–789.

凯斯篇》的写成晚于《普罗泰戈拉篇》；相反，一般的柏拉图研究者均认为前者的写成要早于后者，或至少是在同一时期写成的。另一方面，主张苏格拉底在任一问题上存在不连贯立场的说法，都可能会导致其诸多言论沦为纯粹的辩论策略的后果，这与其辩证法的问题探究精神似乎并不一致。因此，在苏格拉底的美德统一性学说的理解问题上，我们的看法与弗拉斯托斯和班纳的观点在某个方面可以说是一致的，即承认苏格拉底在此问题上有一连贯性的立场。当然，承认苏格拉底在某一问题上有一连贯性立场，并不等于认同他能够将自己的观点进行很好的表达或清晰的论证。

通过前面的讨论可知，问题并非是苏格拉底的美德统一性学说有没有一种连贯性的立场，而是这一立场到底是怎样的。实际上，透过前述弗拉斯托斯与班纳的理论对峙，我们可以问这样的一个问题：苏格拉底之所以主张美德为一种统一整体，究竟是源于其对各具体美德之间相互关系的探讨，还是源于其对一种完全善生活（fully good life）的某种单一性基础的叩问？如果答案是前者，那么弗拉斯托斯所得出的理解模式就应该是合理的，苏格拉底所说的美德间的统一就是各具体美德之间的统一，而不必认定一种单一性的本体论意义上的灵魂状态或美德自身。如果答案是后者，则我们完全有理由相信苏格拉底所说的美德的统一实际上说的是美德在根本上是"一"，各种具体美德都是它的不同呈现。当然，主张美德实际上为"一"并不等于完全赞同班纳的"同一说"，质言之，承认美德本身为"一"与主张各具体美德之间毫无差别并无必然联系，恰如我国传统理学家都承认"天理"只是一个，但并不妨碍他们主张由这一"天理"所分殊而来的"百理""万理"之间存在差异。

约翰·库柏认为，在对话中苏格拉底之所以被唤起提出美德的统一性问题，是因为普罗泰戈拉明显地一开始就接纳了这一观点：存在一种年轻人因受到教育而拥有的单一性状态——卓越（aretê），而这也正是他本人企图教授给他们的东西，只不过在问及这一状态时，他转而将之作为一种复数事物来谈。[1] 我们认为，普罗泰戈拉是否也认同存在一种令各

---

[1] John M. Cooper, "The Unity of Virtue", Social Philosophy and Policy, 1998, 15(1), p. 237.

种善事物之所以被称之为"善"的单一性状态值得进一步商榷，但苏格拉底持有或赞同这样的观点则应是确定无疑的。苏格拉底曾多次强调善人无人能害，唯一受到伤害的可能方式就是自己作恶（《申辩篇》，30d；《克里同篇》，49d－e；54c－d），因此他提醒哲学家们不应关心自己的身体，而应尽可能将注意力转向自己的灵魂（《斐多篇》，64e）。这样看来，苏格拉底所孜孜以求的"美德的一般性质"（《美诺篇》77a）无疑就是灵魂的某种特定状态。因此，当前我们的任务就是如何将承认美德作为一种单一性状态与承认存在各种可相互分辨的具体美德这两者之间协调起来。

通过上述讨论我们知道，如果主张苏格拉底所说的"美德即知识"的"知识"是一种对象知识，那么这一学说与苏格拉底的另一学说"美德并不可教"之间就似乎存在某种紧张关系。如果美德只是一种关于善与恶的对象知识，那么不管其如何复杂与奥妙，苏格拉底至少在逻辑上就无法否认这一知识是可教的。这样，假定苏格拉底所说的"美德即知识"与"美德并不可教"都为真①，那么其所说的"美德即知识"的"知识"就绝不是指一种对象知识，或准确地说不仅仅是指一种对象知识。而我们认为，正是从对苏格拉底的"美德即知识"的重新解读中，我们可得出一种介于"互为条件说"与"同一说"之间的中间性理解模式。质言之，通过对"美德即知识"的重新解读，我们可以既将苏格拉底所说的美德理解为一种单一性灵魂状态，同时又可以承认其所说的美德在具体层面上存在实质的差异。

实际上，麦金太尔曾指出，在苏格拉底那里"构成美德的知识不仅是相信如此这般的事情是事实，而且也是一种认识相应区别的能力和一

---

① 有学者认为，虽然苏格拉底曾说过"美德是一种智慧"，但他却并没有确认"美德即知识"这一命题，而"美德即知识"也没能准确地表达苏格拉底关于美德与知识间关系的立场（陈真：《苏格拉底真的认为"美德即知识"吗?》，《伦理学研究》2006 年第 4 期，第 47—52 页）。如果说将苏格拉底的"美德即知识"中的"知识"理解为一种对象知识或命题知识［在一般（特别是国内）的哲学教科书中这样的理解似乎并不罕见］，我们同意该学者的看法。然而，在柏拉图的对话篇中（如《拉凯斯篇》）我们不难发现，苏格拉底常常是将知识与智慧当作可互换使用的概念。因此，问题并非苏格拉底是否确认"美德即知识"这一命题，而是他所谈论的"知识"并非我们通常所理解的对象知识或命题知识。

切行动的能力"①。因此,"知识"在苏格拉底那里实际上是一个非常含混的概念,它应该既包含通常所说的对象知识与命题知识,同时也包含了所谓的技能知识,即依据所获得的对象知识或命题知识而行动的技能与能力。这样,苏格拉底所说的"美德即知识"就不仅仅意味着美德自身只是一种关于所有善与恶的"对象知识",而且意味着它还是一种依据所获得的善与恶知识而相应行动的技能和能力。技能和能力属于事物所拥有的特长或优点,具有先天性的因素,同时又与后天的努力密不可分,所以并不能仅仅依靠逻辑的推理而传授,这样苏格拉底虽然主张"美德即知识",但同时完全可以否认它是可教的。

因此在我们看来,作为在灵魂层面上的美德自身或美德整体,它是一种善与恶的知识以及依据此知识而进行辨别和行动的技能和能力,两者为一体两面的关系,拥有前者意味着必然拥有后者:如果一个人声称只拥有善的知识而缺乏相应行动的技能和能力,那么在苏格拉底看来,那是由于他并不真正地拥有这样的知识。善与恶的知识及相应行动的技能和能力的总和状态即所谓的"智慧",从这个意义上来说,苏格拉底有时又笼统地将"知识"说成是"智慧"。由于在美德自身或美德整体那里的技能和能力实际上还处于一种未分化的含混状态,因此可以说是"全有",也可以说是"全无"(黑格尔哲学意义上的),更确切地说,处于含混状态中的技能和能力如还处于一种未激发状态的情况下,只是一种潜在而非现实因素。这样,当作为美德自身或美德整体的"知识"(即善与恶的知识及相应行动的技能和能力)与各种环境发生作用而展开为各种具体美德时,由于不同环境所需要的技能和能力必然存在某种差异,因此,不同环境所强化或凸显的处于含混状态中的相应技能和能力也必然会存在差异,如此,所展开来的各具体美德就相应地具有了相互不同的能力或力量,因而彼此间可以分辨开来。比如,当作为美德整体的"知识"与危险环境发生作用时,危险环境强化或凸显的是这种"知识"中的忍耐的技能和能力,因此这种"知识"在此情况下所呈现出来的具体美德是勇敢,它显然不同于在需要对诸神的要求给予关注的情况下所呈现出来的虔敬美德,两者虽源自于同一种"知识",但它们却具有不同

---

① [美] 麦金太尔:《伦理学简史》,龚群译,商务印书馆 2003 年版,第 50 页。

的能力或力量，并由此使得这两种具体美德之间有了某种实质上的差别。当然由于各具体美德为同一种"知识"所呈现，因此某一美德除了首先关注其自身领域的相应要求之外，同时对与其他美德相关领域的要求也必然需要给予一定程度的恰当关注，这样看来，我们所说的各具体美德所具有的能力或力量之不同只是相对而言的，不同美德所具有的能力或力量难免会出现相互重叠的情况，甚至某一美德所具有的能力或力量可以被另一美德所具有的能力或力量所涵括，因此某一美德（如虔敬）在苏格拉底那里有时又可以被看作另一美德（如正义）的一个部分。

综上所言，在苏格拉底的美德统一性学说的理解问题上，我们的观点承认美德在本质上是"一"——一种拥有善与恶的知识及据此而相应行动的技能和能力的单一性灵魂状态，但本质上为"一"的美德自身却又可以展现为各种具有不同实质内容的具体美德。换言之，一方面，我们赞同在苏格拉底那里美德自身或美德整体是"一"，在此点上我们的观点与"互为条件说"有别而与"同一说"相同，因为"互为条件说"否认美德自身是一种单一的灵魂状态；另一方面，我们又认为由这同一种灵魂状态所呈现出来的各具体美德是"多"，彼此间具有不同的能力或力量而可相互分辨开来，在此点上我们的观点则与"互为条件说"有共同之处而与"同一说"相异，因为"同一说"只承认各具体美德在行为层面存在差异，而我们的观点则认为各具体美德之间不仅在行为层面可相互分辨开来，且它们自身也由于具有相应不同的能力或力量而彼此间具有实质性的不同内容。这样，我们就得出了一种介于弗拉斯托斯的"互为条件说"与班纳的"同一说"之间的中间性理解模式。从前面的讨论中可知，我们的这一中间性理解模式既克服了"互为条件说"与"同一说"所具有的相应缺陷，同时又保留了其中的合理成分，因此在理解苏格拉底的美德统一性学说这一问题上，我们的理解模式所具有的优势是显而易见的，其与苏格拉底的其他论断之间也显得更为协调，在此不再赘述。

二 从个体美德到公民美德：柏拉图在美德统一性问题上的矛盾立场

在讨论柏拉图在美德统一性问题上的立场之前，我们有必要交代一下如何将柏拉图自己的思想主张与其老师苏格拉底的思想主张相分辨开来的问题。我们知道,柏拉图为了表达对其老师的怀念与敬重,在其所撰写的对话录中对话的主角或至少是谈话主持人几乎都被冠以"苏格拉底"之名,且我们还知道,即便如《申辩篇》这种似乎纯粹是纪实性的对话,它也并非是柏拉图在现场"速记"下来的东西,而是若干年后柏拉图根据自己的回忆写成的。这样就给后人造成了一定的困难,即究竟哪些对话是柏拉图比较忠实地反映了苏格拉底的思想,而哪些对话又只是他借"苏格拉底"之口来陈述自己的哲学见解而已呢?有鉴于此,早从15—16世纪开始,西方学术界就对柏拉图的对话进行编纂、校订与注释,并依据不同对话中所讨论的内容、采取的写作文风等方面的差异将柏拉图对话从写作时间维度上划分为三个不同时期:早期对话(主要著作有《申辩篇》《拉凯斯篇》《普罗泰戈拉篇》等)、中期对话(主要著作有《斐多篇》《美诺篇》《国家篇》之前三部分等)、后期对话(主要著作有《国家篇》之第四部分、《蒂迈欧篇》《法篇》等)。① 学界公认的是:柏拉图的早期对话他是基本上比较忠实地记录了苏格拉底的思想主张,或者说写作这些对话时柏拉图自己尚处于苏格拉底哲学思想的强大影响之下,这一时期的对话又被称之为"苏格拉底的对话"(Socratic dialogues);中后期对话基本上是柏拉图试图创立或已经创立了自身思想体系的作品,虽然这时对话主角可能还是所谓的"苏格拉底",但这种情形下的"苏格拉底"只不过是他的思想代言人而已。

相比于苏格拉底,柏拉图在美德统一性问题上的立场似乎要更难处理。有论者认为,柏拉图在美德间的关系问题上与其老师苏格拉底有别而与其弟子亚里士多德站在基本相同的立场,主张的是一种"多元德性的统一性";② 还有论者认为,在柏拉图那里,公正(或正义)是各种美德统一的关键,"德性的统一性表现在正义之中"③。我们认为,柏拉图的美德统一性学说有其复杂的一面,因此简单地将柏拉图与亚里士多德在

---

① 参见1. [古希腊]柏拉图:《柏拉图全集》,王晓朝译,人民出版社2002年版,中译者导言;2. Richard Kraut, "Introduction to the Study of Plato",载于理查德·克劳德编:《剑桥哲学研究指针——柏拉图》(英文版),生活·读书·新知三联书店2006年版,第4—6页。
② 张光华:《论德性的统一性》,《江汉论坛》2008年第9期,第41—42页。
③ 参见1. 汤剑波:《追寻美德的统一——古希腊德性统一性问题》,《伦理学研究》2006年第4期,第61页;2. 张光华:《论德性的统一性》,《江汉论坛》2008年第9期,第42页。

美德的统一性问题上的看法相等同是可商榷的,因为在柏拉图那里,他不仅讨论了个体的美德问题,而且还讨论了城邦的美德问题,个体与城邦虽具有同构的关系,但各种美德之间的关系在两者那里却有着较大的差别。由于在柏拉图那里存在着两种不同形式的美德理论(即个体美德理论与城邦美德理论),所以我们有必要分别从他的两种美德理论中探讨其在美德统一性问题上的看法。首先让我们讨论一下在柏拉图那里,各种美德在个体身上到底是如何相互统一的。

在柏拉图看来,当灵魂进入人的肉体而被肉体捕获后,就被分割为理智、激情和欲望三个部分。欲望是一种对生殖、营养、占有的冲动,牵引着人的向下运动,其相应美德是节制,占有人的腰部以下;激情是对名誉和权力的冲动,可以听命于理智但也可能为欲望所降服,地位高于欲望,其相应美德是勇敢,占有人的胸腔部分;理智用以思考与推理,可以对真理进行直接的观照,其对应美德是智慧,坐镇于人的头部。柏拉图认为,正如给一尊塑像涂上彩色要依据其不同部位的要求进行上色方可以成为一尊美丽的塑像一样,城邦中的各部分成员以及灵魂中的各个部分只有各安其分、相互协调才可能成为一个好的城邦或好的个人。[①]换句话说,在柏拉图看来,灵魂中的各个部分各安其分——理智部分发挥领导作用,激情部分协助理智的统领,欲望部分服从理智的指导——这样的灵魂就获得了一种和谐的状态,这种情形下的个人在柏拉图看来就获得了正义的美德。那么,我们能否可以说在柏拉图那里,正义美德是维系其他各种美德统一的关键?答案显然是否定的。因为在柏拉图那里,个人的正义是个人拥有智慧、勇敢和节制所达致的和谐状态的体现,而并不是说通过正义美德的拥有,一个人就可以拥有了智慧、勇敢和节制这三种美德。

在我们看来,在柏拉图那里,智慧仍然是个体所拥有的各种美德的关键,勇敢、节制或正义都是基于智慧才可能得以存在,没有智慧的引领,一个人不可能是勇敢与节制的,进而也不可能是正义的。由此我们认为,至少是在个体美德领域,柏拉图依然遵循了苏格拉底所开创的路

[①] [古希腊]柏拉图:《理想国》,郭斌和、张竹明译,商务印书馆1986年版,第133—134、167—173页。

线，即强调了智慧在各种美德中的核心作用，当然在此基础上他对苏格拉底的相关学说进行了一定的修正。在柏拉图那里，各种美德在本质上都与智慧有着紧密的关联，个人美德统一于智慧，或者说一个智慧的人即是一个在美德拥有方面极为全面的人，这样的人对其低级情欲的控制与汹涌澎湃的激情的引领已臻至理想的境地，因而其灵魂就达到一种健康或正义的状态，在这个意义上，美德的人与正义的人合二为一。如此来看，在柏拉图那里与其说正义是各种美德相统一的关键，毋宁说正义是各种统一美德在场所形成的某种状态。由此，我们认为在柏拉图的个体美德领域，智慧的拥有是各种美德统一的基础，而正义则是统一的美德所形成的某种状态。

问题是，当论及城邦的美德问题时，柏拉图的思想似乎有某种逻辑上的跳跃或至少是不连贯的地方。从柏拉图的灵魂观来看，个体美德的完全状态即是拥有灵魂各相应部分的美德及其相互协调而形成的正义美德，由此逻辑地看，柏拉图似乎应该主张城邦中的不同阶层公民要成为一个真正的有德者，也应该拥有在个体美德领域所提到的各种美德。然而，柏拉图强烈的政治导向使得他背离了这一哲学逻辑，具体来说，是柏拉图的等级观念使得他背弃了其在个体美德领域中的类似主张。在柏拉图看来，城邦的成员构成与灵魂的不同部分具有某种对应关系，与之相应，不同阶层的公民被认为具有相应不同的美德，正如有学者所说，柏拉图认为"军士阶层拥有勇敢而较低的阶层（指生产者）拥有节制，这两个阶层都没能拥有智慧——这是一种属于理智阶层的美德"[①]。也就是说，在理想城邦领域，柏拉图所设想的是不同阶层的公民具有与自身阶层相应的特定美德，因此在城邦领域，各不同等级公民在美德拥有上的差异主要不是来自于美德拥有程度上的不同，而是源于各阶层公民所拥有的美德在种类上的差异。因此在柏拉图那里，不同阶层的公民拥有相应不同的美德，美德在柏拉图所设想的理想城邦里并没有体现出一种统一的状态，而是体现为不同阶层的公民拥有自身特定美德的分离性状态。也就是说，在城邦美德领域，柏拉图背离了苏格拉底的美德统一论

[①] Terry Penner, "Socrates and the early dialogues"，载于理查德·克劳德编：《剑桥哲学指针——柏拉图》（英文版），生活·读书·新知三联书店2006年版，第127页。

主张，提出了一种美德的阶层专有的美德拥有论。

　　此外，在讨论城邦美德的问题上，柏拉图对美德统一性学说的背离还反映在他暗示了部分公民的美德拥有存在被动的可能，这一点已为麦金太尔所觉察到，"根据柏拉图自己的观点，美德不是外加于人的，它或者为少数人的理智所理解，或者无美德可言，大多数人表面上的服从取代了美德。但是这并不意味着柏拉图不相信从外强加美德，毋宁说，他的信仰里所包含的混乱使他不清楚这就是他所相信的"①。在我们看来，在《国家篇》（或译《理想国》）中，柏拉图反复强调了对处于较低阶层（主要是生产者阶层）的公民进行道德教化的重要性，并且不惜编造一个"高贵的谎言"② 以使底层公民安于自身所在的位置并听命于统治者的教化与训令。在这里，柏拉图实际上暗示了对底层公民进行道德教化与思想改造的合理性。如果领导阶层对其他阶层公民的美德养成具有可操纵的权力，那么柏拉图实际上就否认了其他阶层公民特别是处于社会底层的生产者具有智慧美德的可能。总的来看，阶层的固化和严格的社会分工使得柏拉图认为任何一个阶层都既无可能也无必要将所有美德集于一身，即在城邦领域，柏拉图主张的是不同阶层具有相应不同的美德，这显然是一种美德的阶层专有论而非美德的统一论。

　　在美德的统一性问题上，柏拉图在个体美德与城邦美德之间为什么会存在如此大的差异呢？答案恐怕就隐藏在柏拉图言下的个体与公民之间的某种二元分离之中。从其哲学思想不难看出柏拉图是一个二元论者，正如有学者指出，"从《高尔吉亚篇》起，柏拉图的美德伦理学就一直是严格的二元论伦理学"③。应该看到，柏拉图的二元论实际上贯穿于其思想的始终，其中最为著名的即是其灵魂与肉体二分的观念，但柏拉图的二元论思想却并不限于灵魂与肉体的二分，实际上还拓展至其对个体与

---

　　① ［美］麦金太尔：《伦理学简史》，龚群译，商务印书馆2003年版，第91页。
　　② "高贵的谎言"是柏拉图借用腓尼基人的传说改造而来的，大意是要在其设想的城邦里流传这样的信念：人们彼此间虽为兄弟姐妹，但神对不同的人加入了不同等级的金属，统治者身上加入的是黄金，军士阶层加入的是银子，而生产阶层加入的则是铁和铜这样的贱金属。柏拉图认为，这种信念即便不能使统治者相信的话，至少应该使城邦中的其他人相信。当然，柏拉图否认这样的等级可经由血统而得以延续（参见［古希腊］柏拉图：《理想国》，郭斌和、张竹明译，商务印书馆1986年版，第127—129页）。
　　③ 田海平：《论柏拉图的美德伦理学》，《东南大学学报》1999年第3期，第15页。

公民的不同处理。一方面，在柏拉图那里，善的理念或善本身是现实中一切善的本体，其他的善只不过是对这一最高善的分有或模仿，一切存在都不同程度地分有善，只有复归于善本身才能获得自身真实的存在；与之相关，对人类个体来说，唯有通过灵魂的转向、经由理智对善本身的直接观照才能"瞥见"这一真正的实在，这是人获得其真实存在的必由之路。因此，对于每个个体来说，都存在听命于自身所具有的理智而走向善本身的可能，这可以说是柏拉图提供给人们的一种有别于宗教的独特形式的终极关怀。从这样的角度来看，柏拉图承诺了每一个理性的个体都有取得最高善或完全的美德境界的可能，这是柏拉图在个体美德领域坚持苏格拉底的美德统一性学说的主要原因。另一方面，正如我们所知道的，柏拉图不仅是一位哲学家，同时也是一位对现实问题有着浓厚兴趣的政治家与社会活动家。人们不会忘记，柏拉图为了实现自己的政治理想，曾三赴西西里岛的叙拉古，对年轻的叙拉古王子进行针对性的哲学教育，以图自己的治国理念借助于这位未来统治者而得到实际的施行，可惜不仅没有成功，柏拉图本人还差点因此而被贩卖为奴。这样看来，柏拉图绝非只是一介书生，他还具有十分现实的政治关怀，"理想的正义国家则是柏拉图美德伦理学的现实关怀"[1]。依据其独特的灵魂观，柏拉图认为城邦的公民结构与个人身上的灵魂结构应该具有某种严格的对应关系，正如一个良好的个体其灵魂的其他部分应听命于理智部分的引领一样，一个合格的城邦也应该由具有智慧的哲学王来治理，由具有勇敢美德的军士阶层进行协助，而大多数的普通公民由于忙于营生往往眼光短浅且常常欲壑难填，因此需要节制。与之相关的是，在城邦美德领域，柏拉图持有的是一种不同阶层公民具有不同种类美德的思想，这显然不同于其在个体美德领域中的相应看法。我们认为，柏拉图在城邦美德与个体美德之间的不对称立场恰恰反映了他对人性的理解已远没有苏格拉底那样的乐观，或者说，这本来就是他对当时雅典大多数平民公民的失望所致。[2]

---

[1] 田海平：《论柏拉图的美德伦理学》，《东南大学学报》1999年第3期，第16页。
[2] 我们知道，至少就柏拉图看来是如此，苏格拉底的死本来就是雅典平民公民的无知或眼光短浅所造成的。

总而言之，在美德的统一性问题上，柏拉图在个体美德与城邦美德两者之间存在着某种矛盾性的立场，个中缘由就在于其二元论所带来的对个体美德与城邦美德的不同处理。可以认为，在个体美德领域，柏拉图没有离开苏格拉底所开创的思想路线，但在城邦美德领域，柏拉图所提供的图像显然不同于其老师，具有自身浓厚的思想特征。因此，许多当代学者在对美德统一性问题的历史追溯中，往往对柏拉图在该问题上的相关观点保持沉默。当然，当代学者对柏拉图的美德统一性学说往往较少论及的另一原因还在于：相比于柏拉图，亚里士多德在美德统一性问题上的相关看法似乎更具有探究的价值。应该看到，亚里士多德的美德统一性学说是在苏格拉底与柏拉图已有基础上的进一步推进，应该说具有更大的合理因素与探究价值。一般认为，在亚里士多德那里，美德的统一性学说取得了其经典的样式。

三 亚里士多德与美德统一性学说的经典样式

从某种意义上可以说，亚里士多德是伦理学这门学科的真正创建者，这不仅是因为"伦理学"一词本身就源于亚里士多德，也不仅是因为伦理学史上第一本系统性著作（即《尼各马可伦理学》[①]）恰是出于亚里士多德之手，其中最为重要的原因是伦理学这一学科所涉及的基本概念与基本问题在亚氏那里得到了初步的探讨。亚里士多德的伦理学研究可以说是对苏格拉底和柏拉图相应探讨的一种深化与拓展，作为人（灵魂方面）卓越性体现的美德无疑也是亚里士多德重点考察的对象。美德的统一性学说虽然是苏格拉底首先提出来的，但为这一学说提供一定理论辩护并使其具有更为完备形态的却是亚里士多德。现代一般论者对苏格拉底的美德统一性学说往往持一种批评态度，但对亚里士多德的美德统一性学说却表达了更多的敬意与同情，认为其中蕴含了更多的合理成分或普遍性因素。一般认为，亚里士多德在美德统一性问题上的相关讨论及其理论成果构成了美德统一性学说的经典样式。

首先，亚里士多德对作为人宽泛性"卓越"的美德本身进行了进一

[①] 也有观点认为《尼各马可伦理学》是亚氏后人依据亚里士多德的讲课笔记整理而成，但这并不影响我们的讨论。

步的划分，将与人的实践事物相关的"美德"划归为道德美德，这对美德统一性问题的讨论来说具有十分重要的意义，因为所谓的美德统一性问题研究，实际上所探讨的就是各种道德美德之间所可能具有某种相互关联的性质。应该看到，不管是苏格拉底的"美德即知识"抑或是柏拉图主张美德在于灵魂各部分的某种协调，他们言下的"美德"（arete）某种意义上可以说是人的宽泛性意义上的卓越，或者至少可以这样说，在苏格拉底和柏拉图那里，其在宽泛意义上的"卓越"与今天所谓的道德美德或伦理美德（即道德意义上的卓越）之间存在着某种模糊。应该说，无论是苏格拉底还是柏拉图，其言下的"美德"主要指向的当然是今天所谓的道德美德，但它却又并不限于道德美德的范围，如此，在苏格拉底与柏拉图的讨论中，就难以避免在宽泛意义上的"美德"（即卓越）与狭义上的"美德"（即道德美德）之间的某种模糊，并由此难免陷入某种混乱之中。兴许是由于这种模糊或混乱，导致了苏格拉底与柏拉图所得出的美德统一性学说显得较为另类或奇怪，其讨论方式也与我们今天的美德讨论存在相当的差距。

与苏格拉底和柏拉图不同，亚里士多德的美德统一性学说中的"美德"明确指向的是所谓的道德美德，也就是说，亚氏的美德统一性学说所探讨的是道德美德之间的统一性关系，由此可以说亚氏的相关讨论在某种意义上具有更为普遍的因素。更具体而言，亚里士多德虽然赞同苏格拉底所主张的美德是灵魂的一种特定状态，但他认为这还不够贴切，因为灵魂状态本身并非是单一性的，它包括情感（emotion，或称感情）、能力（capacity）与品质（character）三者。经过排除法式的分析，亚里士多德说道，从种属关系来看，道德美德属于人品质的范畴。[①] 道德美德属于人品质的范畴，可以说这是亚里士多德对美德伦理研究的伟大洞见，正是这一洞见使得美德概念与人的行为实践与情感活动间的关系更加明白和确定。美德[②]是人的一种特定的内在品质或行为意向，其作用与展开

---

① ［古希腊］亚里士多德：《尼各马可伦理学》，廖申白译，商务印书馆2003年版，第43—45页。

② 即道德美德之简称，为讨论方便，无特别需要时，所提到的道德美德往往取其简称形式。

当然难以离开相应外在行为之确证,那么,究竟什么样的行为才可以称之为有美德的行为(virtuous action,又称出于美德的行动 action from virtue)呢?亚里士多德强调,出于美德的行为需要满足这样三个条件:第一,他必须知道那种行为。第二,他必须是经过选择而那样做,并且是因为那行为本身而选择那样做。第三,他必须是出于一种确定了的、稳定品质而那样选择的。[1] 也就是说,作为人的某种特定类型的品质,亚里士多德通过出于美德的行为所具有的特性表明美德自身的展开涵摄了知、情、意、行等方面的内容,这为后人对美德自身结构及其构成要素之讨论奠定了一定的基础。如果说美德自身的展开(即出于美德的行为)涵摄了知、情、意、行等方面的内容,那么,我们当然也可以推断美德在养成过程中也牵涉知、情、意、行等方面的综合作用。与之相关的是,美德的养成当然不仅仅是单纯的行为习惯养成的问题,它还牵涉主体自身的意志抉择与情感倾向等问题,恰是因为这样的原因,亚里士多德强调了在美德养成过程中主体自身自觉能动的重要,"美德在我们身上的养成既不是出于自然,也不是反乎自然的⋯⋯一个人的实现活动怎样,他的品质也就怎样"[2]。人在美德养成中具有的自觉能动作用,意味着人在美德的统一与完整拥有中具有某种能动的作用,后面我们再来谈及这一点。

　　如果说美德属于人品质的范畴,那么它到底是怎样的一种品质呢?亚里士多德觉得还有必要对道德美德进行进一步的探讨。在亚里士多德看来,每种连续而可分的事物都存在过度、不及与适度这三种状态,其中过度与不及是对完美构成破坏的两个极端,而唯有适度才能保存完美。人的品质与人的情感和实践相联系,当然也存在着过度、不及与适度的问题。在情感和实践活动中,过度与不及显然都是错误的,而适度则应该受到称赞,所以,作为品质的美德当然就是一种适度,以中道为其目标。[3] 也就是说,在亚里士多德那里,美德是一种以适度为指向的品质,

---

[1] [古希腊] 亚里士多德:《尼各马可伦理学》,廖申白译,商务印书馆 2003 年版,第 42 页。

[2] 同上书,第 36—37 页。

[3] 同上书,第 46—47 页。

它以命中中道为目的，过度与不及都是对美德的违背，因而是位于两个不同极端的恶。美德是一种以适度为指向的品质，拥有美德的人其情感与行为活动能够保持着某种适度状态。问题是，美德又是如何能够使人得以持续地命中中道的呢？或者说，在各美德身上是否存在某种具有核心性作用的因素，而正是这一核心因素的存在与作用使得美德得以始终以中道为目的？在亚里士多德看来，美德中确实存在这样的因素，它便是所谓的实践智慧（phronêsis，又译明智）。强调实践智慧在美德中的核心性地位与作用，这可看作亚里士多德与苏格拉底和柏拉图的美德理论相一致的地方。

其次，亚里士多德强调了实践智慧对美德的关键性意义及其在美德间所起到的联结作用。在亚里士多德看来，一般来说，"美德"① 本源于人的灵魂活动，灵魂有一个无逻各斯的部分和一个有逻各斯的部分，而无逻各斯的部分又可以再划分为完全与逻各斯无关的部分和虽没有逻各斯但却可以听出逻各斯安排的部分。② 以灵魂的划分为基础，亚里士多德认为应该将宽泛意义上的美德划分为理智美德和道德美德。从所属的种类来看，实践智慧属于理智美德的范畴，但其所处理的对象却是实践性的事务。也就是说，在亚里士多德那里，实践智慧实际上是一种切入实践并以此为作用领域的理智美德，这是我们应当注意的地方。亚里士多德认为，实践智慧虽然属于理智美德的范畴，但它对于道德美德来说却具有不可或缺的意义，是区分严格意义上的美德（即完全美德）和非严格意义上的美德（亚氏有时又笼统地将之称为自然美德）之关键所在。亚里士多德说道："甚至儿童和野兽也生来就有某种品质（即自然美德——引者），而如果没有努斯，它们显然是有害的。因此，美德的方面也有两个部分：自然美德和严格意义的美德。严格意义上的美德离开了明智（即实践智慧）就不可能产生。"③ 以实践智慧的在场来保证真正美德的获得，亚里士多德在这里体现出对苏格拉底的美德理论的某种

---

① 我们今天所说的"美德"往往指的是道德美德，而这里所说的"美德"实质上指的是卓越，即一种宽泛意义上的美德。

② ［古希腊］亚里士多德：《尼各马可伦理学》，廖申白译，商务印书馆2003年版，第32—33页。

③ 同上书，第189页。

继承与革新，可用亚氏对苏格拉底的"美德即知识"所作的评价来说明。在亚里士多德看来，"美德即知识"这样的说法存在正确一面的同时也存在错误的一面，"他认为所有美德都是明智的形式是错的。但他说离开明智所有的美德就无法存在却是对的"。① 也就是说，亚里士多德赞同真正的美德的获取离不开实践智慧（"实践智慧"在苏格拉底那里往往又被称为"知识"或"智慧"，它们在苏格拉底那里实为同一所指——作者）的作用，因此，真正的美德与实践智慧之间确实具有某种紧密的关系，但我们却不能说美德就是实践智慧本身。由于每一种（真正的）美德都与实践智慧具有一种确定的关联，亚里士多德认为，正是由于实践智慧的存在与作用，各种美德之间形成了一种密不可分的统一性关系，"离开了明智就没有严格意义上的美德，离开了道德美德也不可能有实践智慧。因此如果有人说一个人可以取得某种美德而没能取得另一种美德，即认为美德之间是可以分离的话，如果他指的是自然美德，这是可能的，但如果说到真正意义上的美德，那是不可能的，因为一个人如果拥有了实践智慧，他就拥有了所有的道德美德"②。

应该看到，亚里士多德对实践智慧这一概念的处理当然并非毫无疑问，相反它至少具有以下两个问题。第一，亚里士多德对实践智慧这一理智因素（亚氏称之为理智美德）的处理并非是将之作为美德本身所固有的构成要素，相反，他是将实践智慧看作独立于（道德）美德之外而又能够对（道德）美德起到某种主导性作用的异质因素。在亚氏看来，实践智慧本质上属于理智美德的范畴，只不过由于所处理的是实践事务方与道德美德发生某种紧密关联。因此，亚里士多德主张的是美德之间通过实践智慧这一异质性的理智美德的作用而相互统一，也就是说，亚氏并非认为美德之间由于彼此共同蕴含了实践智慧这一理智因素而得到相互的统一，相反，他主张的是由于存在着一种能够对道德美德起到主导性作用的理智美德而使得各种道德美德形成一种密不可分的关系。由此来看，在美德的统一性问题上，亚里士多德与苏格拉底之间实际上并

---

① ［古希腊］亚里士多德：《尼各马可伦理学》，廖申白译，商务印书馆 2003 年版，第 189 页。

② 同上书，第 190 页。

不存在不可弥合的鸿沟，亚里士多德认为各种道德美德由于实践智慧的存在与作用而相互统一，而苏格拉底则认为各种道德美德只不过都是同一实践智慧的不同呈现，两者的立场从某种角度上来看实际上并无本质的区别。由此来看，亚里士多德的美德理论，从某种意义上并未离开苏格拉底所开创的理智主义路线。亚里士多德将实践智慧与道德美德的二分，导致了其对人道德活动中认知过程与情感过程的二分，或至少是对这两种过程理解的某种混乱，正如琳达·杰戈塞卜斯基（Linda T. Zagzebski）所指出的，亚里士多德将实践智慧这一理智因素看作与道德截然不同的存在，是"西方哲学的一个通病"，即习惯于"将人的认知过程与情感过程看作截然有别和相对自主的两个过程"[①]。在杰戈塞卜斯基看来，实际上理智美德并不仅与理智相关，而道德美德也难以离开理智的作用，因此他对亚里士多德关于理智美德与道德美德截然二分的做法表示反对，认为理智美德与道德美德的分辨并不具有实质性的意义，"理智美德和道德美德之间的不同只是词语意义上的，并非是实质性的"[②]。虽然我们并不完全赞同杰戈塞卜斯基对亚氏关于理智美德与道德美德之分辨的完全否定，但我们认为亚里士多德将实践智慧看作独立于道德美德之外的不同因素无疑是值得商榷且令人遗憾的，因为依据亚氏的相关论述，他本可以在该问题上有更进一步的认识，即将实践智慧看作美德自身的构成因素而非将之视为一种异质性的理智美德。也正是因为这样的原因，我们认为亚里士多德与苏格拉底之间并不存在截然的鸿沟，或者说，亚氏的"实践智慧"一定意义上可以说就是苏格拉底的"知识"或"智慧"之翻版。第二，亚里士多德的实践智慧概念存在一种如 T. H. 埃尔文（T. H. Irwin）所说的百科全书式的（encyclopedic）整体性特征[③]，即在亚里士多德那里，拥有实践智慧意味着行为主体需具有一种整体性的全面的知识，它不仅意味着实践智慧的拥有是一种"全有或全无"式的拥有，而且还意味着不同道德主体所拥有的实践智慧彼此间是无差别的。

[①] Linda T. Zagzebski, Virtues of the mind: An inquiry into the nature of virtue and the ethical foundations of knowledge, Cambridge: Cambridge University Press, 1996, pp. 137 – 138.

[②] Ibid., pp. 138 – 139.

[③] T. H. Irwin, "Disunity in the Aristotelian Virtues", Oxford Studies in Ancient Philosophy, Supplementary Volume, 1988, pp. 61 – 78.

我们承认亚里士多德对实践智慧这一概念的理解确实存在这样的问题，但不等于说实践智慧这一概念只能作如是理解，我们在后面的讨论中还会再回到这一问题。

总体而言，亚里士多德将（道德）美德理解为人的一种特定的品质特性，主张美德与人的行为与情感活动具有十分紧密的关联并且肯定了某种理智因素（即实践智慧）在其中扮演了主导性的作用，虽然亚氏的具体处理尚难以说是十分令人满意，但它却给我们今天的美德讨论带来极大的启发作用。朱丽娅·阿那斯（Julia Annas）认为，与义务论和功利论对"美德"概念的狭窄性理解不同，古代伦理理论对于美德的思考具有更为宽广的视野，其美德理解包含了这样的三大方面：第一，美德是一种具有意向性的特性；第二，美德包含了情感的方面，美德牵涉我们的感受，特别是快乐与痛苦的感受，养成某种美德涉及某种特定的情感反应习惯；第三，美德包含了理智的方面，即美德涉及对恰当行为的思索与领会，养成某种美德意味着拥有好的实践推理与实践理智。[①] 可以这样认为，阿那斯的看法与其说是对亚里士多德等传统哲人的美德理解之总结，不如说是由他们的美德理解所得到的某种启示而做的一种延伸性解读。因而可以说，亚里士多德的美德理解，启发了后人对美德自身结构及其构成要素的探索，而只要我们考虑到美德自身结构及其构成要素的问题，就会促使我们思考美德之间到底是怎样一种相互关系的问题。

再次，亚里士多德讨论了美德拥有与幸福获取之间的必然关系，其美德理论体现出明显的目的论取向，这一点对美德的统一性问题研究来说显然也是非常值得注意的。不同的具体美德当然有其相对独立的作用领域，如果没有一个共同的目标指向，美德间的相互关联显然就失去可依附的实践根基。应该看到，我们对美德的考察当然不能仅停留于美德自身，而还应该考虑到美德在实践上的指向问题，否则我们的美德理解就是不完整的，正如麦金太尔所说，"没有一种至上的整体人生（被设想为一个统一体）的 telos（目的）概念，我们的某些个别美德的观念就必

---

① Julia Annas, The Morality of Happiness, New York: Oxford University Press, 1993, pp. 48 – 49.

然总是部分的、不完全的"①。由此,麦金太尔认为,如果对美德的思考不拓展至美德自身之外的话,那么我们就会得出美德自身成为美德践行的唯一目的之论断,这是一种斯多亚主义的美德理解,"美德成为自身践行的报酬、自身践行的动机。这是一种斯多亚主义的美德理解模式,现当代大多数人的美德理解就是遵循斯多亚的模式"②。正如我们后面所要谈到的,斯多亚主义的美德理解实际上是美德的规则化理解的开端,在这样的理解模式下,美德的存在意义主要在于其对相应规则(或义务)所起到的服务作用,这样的美德理解显然有极大的问题。亚里士多德认为,幸福是灵魂的一种合于完满美德的实现活动,因此,幸福的获取就需要人对各种美德的拥有,确切地说是对美德的完满拥有。与之相关,依据亚里士多德的思想来看,对幸福的追求在逻辑上就要求人养成所可能具有的各种美德,一个在美德养成问题上有欠缺的人,当然也是一个在幸福追求上出现问题的人,如此,幸福既可以说是引领各种美德走向统一的目标指向,同时也可以说是各种美德在人身上得到某种统一的表征。

亚里士多德对幸福作为生活终极目标的论证采取了两种进路:功能论的进路和善的层级递进论的进路。就功能论的进路而言,亚里士多德认为,"所有事物都以善为目的",比如"医术的目的是健康,造船术的目的是船舶,战术的目的是取胜,理财术的目的是财富",既然每种事物都有其特定目的,那么作为整体而言的人本身当然也应该有其特定的目的,在亚氏看来,这一目的就是幸福,它是政治学研究的主要对象。③ 从善的层级递进论的进路来看,亚里士多德认为,我们活动的目的有因其自身之故而被当作目的来追求的事物,也有以别的事物为目的因此被当作手段而为我们追求的事物,当然也有既作为目的也作为手段而为我们所追求的事物。与此相应的是,亚氏认为善也具有相应不同的层级性特征:作为目的存在的善、作为手段存在的善以及既作为目的也作为手段

---

① [美]麦金太尔:《追寻美德》,宋继杰译,译林出版社2003年版,第256页。
② 同上书,第296页。
③ [古希腊]亚里士多德:《尼各马可伦理学》,廖申白译,商务印书馆2003年版,第3—9页。亚氏的功能论论证无疑受到了柏拉图的影响,参见柏拉图:《理想国》,郭斌和、张竹明译,商务印书馆1986年版,第40—41页。

存在的善。从善的层级来看,亚氏认为那些仅被作为手段而存在的善属于最低层级的善,既作为手段同时又作为目的而存在的善次之,而仅作为目的而存在的善则是最高层级的善。在亚里士多德看来,那些只作为目的决不作为手段的善是最高的善,这种善是自足自满的,人们说的幸福就应该是这样的一种善。① 最高善当然是我们在生活中所追求的最终目的,所有的其他目的最终都可以由这一终极目标而得到某种解释,由此来看,正是这一生活终极目标的存在,使得我们现实中的各种表面上零散而碎片的生活最终被整合为一个整体人生的各个部分。

应该看到,亚里士多德无论是对幸福问题的处理还是对美德与幸福间关系问题的处理都有值得进一步商榷的地方,对此我们在第四章的相关讨论中再予以回应。可以看出,将美德与一种整体性生活目的相联,在伦理学的发轫之初即已被苏格拉底所注意到。伯纳德·威廉姆斯(Bernard Williams)在《伦理学与哲学的限度》一书的开篇处即提醒我们,与当代道德学家往往关注为行为制定各种规则不同,苏格拉底所关注的则是"一个人应该如何生活"的问题,并且这样的问题"绝非是一个无足轻重的问题"。② 在威廉姆斯看来,苏格拉底所问的问题实际上可被视为道德哲学最好的探寻出发点,它优于"我们的义务是什么"这样的单薄观念。"一个人应该如何生活"这样的问题在威廉姆斯看来是关于人整体生活的伦理探询,而"我们的义务是什么"这样的提问则属于作为一种从属于伦理的特殊制度的道德追问,如此,在威廉姆斯那里,道德只不过是一种特定类型的伦理思想(ethical thought)。③ 除了字面上的词义似容易引起某种不便之外,我们基本赞同威廉姆斯对"伦理"与"道德"在本质指向上的不同划分。但在我们看来,苏格拉底虽然敏锐地提出了合理的问题,但他却将对该问题(即我们应该如何生活)的回答等同于对美德之定义的辩证讨论,这无疑是难以令人满意的。柏拉图接过这一苏格拉底问题(Socratics' question)的探询,他给出的回答是现实中人自

---

① [古希腊]亚里士多德:《尼各马可伦理学》,廖申白译,商务印书馆2003年版,第15—18页。

② Bernard Williams, Ethics and the Limits of Philosophy, London: Fontana Press, 1985, p. 1.

③ Ibid., p. 174.

身内在因素的和谐以及人生活于其中的城邦的各个组成部分之间的和谐，这样的人与城邦被认为就是卓越（幸福）的个人和优秀（幸福）的城邦，在一定程度上为该问题的解答提供了一定的现实内容，但其理性至上的观念及其独特的政治理想抱负，则又使得他的回答显得与人们一般的经验认知相距甚远，特别是其关于理想城邦的构想体现了一种浓厚的理想主义色彩——恰如罗素所指出的，"柏拉图哲学中最重要的东西首先是他的乌托邦，它是一长串乌托邦中最早的一个"①。亚里士多德对所谓的苏格拉底问题的回答是幸福，正如他自己所说的，这样的答案既能够经得起哲学思辨的推敲，同时又与人们的生活经验相当的契合。将幸福看作人生的终结目的，并且将之与美德的思考有机结合，这不仅为人的各种向善活动指明了最终归宿，同时还为人的美德追求赋予了方向与动力，如此不仅使得相应的美德讨论有了目的论的维度，而且还为美德统一性问题的探讨找到了实践的根基。

总的来说，与美德统一性问题研究紧密相关的几大问题——美德的界定、美德自身的结构与内在构成要素及美德的目的论维度等问题，在亚里士多德的美德伦理学中都得到一定程度的讨论，因此我们认为，在美德的统一性问题研究上，亚里士多德的相关学说形成了对这一问题的经典性理解样式，其后的哲学家或伦理学派对该问题的探讨所遵循的基本上是亚里士多德所开创的样式，或者是对亚氏所开创样式的某种改造或修正。

四 斯多亚学派与阿奎那的美德统一性学说

亚里士多德的相关讨论虽构成了美德统一性学说的经典样式，但美德统一性问题的传统探究却并不止于亚里士多德。亚里士多德之后，我们仅对斯多亚学派和托马斯·阿奎那的美德统一性学说进行讨论，之所以如此，一方面是因为斯多亚学派和阿奎那都有针对美德统一性问题的明确探讨；另一方面则是因为他们对美德统一性问题的探究都做出了不同程度的推进。

在讨论斯多亚学派的美德统一性学说之前，我们需要简单地介绍一

---

① ［英］罗素：《西方哲学史》（上卷），何兆武、李约瑟译，商务印书馆1963年版，第143页。

下斯多亚学派自身的理论特点。应该看到，斯多亚学派实际上是一个较为松散的理论流派，学派中不同人物之间的思想主张存在较大差别，"斯多亚学派一直保持着多元性的思想传统，其学派形式也体现出多元性的形态，与伊壁鸠鲁学派迥异"①。应该看到，斯多亚学派哲学家之间当然具有某些共享性的理论特点，如斯多亚学派始终以对"灵魂"的治疗为哲学探究的目的，灵魂的宁静或安宁是哲学探究活动的最终归宿。但另一方面，斯多亚学派又是一个存在时间跨度大、前后思想变化较为激烈的理论流派。一般来说，斯多亚学派可划分为早、中、晚三个不同时期，其中早期的斯多亚主义者基本上属于希腊哲学研究的追随者，他们热衷于探讨希腊三大哲学家（即苏格拉底、柏拉图与亚里士多德）曾经探究过的哲学问题，因此，早期的斯多亚学派哲学可归属于希腊哲学的范畴；中晚期的斯多亚学派的哲学探究则与早期的探究活动有较大差别，这一时期的斯多亚学派哲学思想一般被认为属于罗马哲学一系，这也就是所谓的成熟时期的斯多亚学派，宽泛意义上的斯多亚学派指的即是成熟时期的斯多亚学派。成熟时期的斯多亚学派不仅在理论旨趣方面异于希腊哲学家，而且即便是对同一问题的探讨，他们所给出的回答对于希腊哲学家来说恐怕也显得较为陌生。更具体而言，在美德的理解问题上，成熟时期的斯多亚学派将美德理解为一种具体的灵魂治疗术，有德之人的最大特征就是心灵对宇宙秩序与安排的一种自觉服从，"德性的恒定性就在于处理印象自身的秩序，即找出印象本身所是的秩序"②。美德与宇宙秩序相关，而与秩序服从直接相关的更多是人的即时性的意志而非意向性的品质，由此，成熟时期的斯多亚学派有将美德作规则化处理的倾向。由对美德理解的不同，成熟时期的斯多亚学派已不再坚守美德统一性的立场，"他们探讨的不是柏拉图的一般性的或者说统一性的美德……斯多亚学派所试图展现的只是在'你'身上展现出来并且使'你'始终一致的那个美德"③。也就是说，成熟时期的斯多亚学派实际上已经抛弃了对美德的统一性问题的讨论，之所以如此，是因为在成熟时期的斯多亚主

---

① 石敏敏、章雪富：《斯多亚主义（Ⅱ）》，中国社会科学出版社2009年版，第19页。
② 同上书，第13页。
③ 同上书，第43页。

义者看来，美德是单一性的，它只是一种服从宇宙秩序的力量。将美德视为一种服从性的力量，在后来的康德哲学那里我们可以发现有同样的处理，这实际上是将美德降格为对外在规则服从的一种有用力量，如此，规则化处理的美德概念就导致了将美德与人生活目的割裂开来的后果，"对斯多亚学派来说，做正当的事就是根本不考虑自己的长远目标而行动，单纯为了正当的事而做正当的事。美德的多元性及其在善的生活中的目的论次序都消失了。一种单一的美德一元论取而代之"①。也正是由于这样的原因，我们认为斯多亚学派徘徊于美德伦理与规则伦理之间，是美德伦理向规则伦理过渡的发端。由于中晚期的斯多亚主义者的伦理学探究已不再牵涉美德的统一性问题研究，因此，我们这里所说的"斯多亚学派的美德统一性学说"实际上指的只是早期斯多亚主义者在该问题上的相关讨论。这里我们首先探讨的是早期的几位重要的斯多亚学派哲学家在美德统一性问题研究上的相关观点，稍后我们再来总结一下这些哲学家在美德统一性问题研究上所做出的理论贡献。

朱丽娅·阿那斯认为，斯多亚学派不仅以一种更为明确的语气探讨了美德的统一性问题，而且通过研究，他们发展出一种在这一问题上更为有趣的立场。② 在我们看来，总体上来说，斯多亚学派哲学家在美德统一性问题上的态度可看作为苏格拉底和亚里士多德的相关立场的某种继承。概略地说，其中芝诺（Zeno of Citium，公元前335—前263年，斯多亚学派的创始人）、阿里斯通（Ariston of Chios，芝诺的学生）在美德的统一性问题上的观点比较接近苏格拉底的立场，克吕斯普斯（Chrysippus of Soli）在美德统一性问题上的看法则与亚里士多德的观点比较接近。具体而言，在芝诺看来，存在着各种不同的美德名称，但它们是不可分离的，各种美德之所以不可分离，其原因在于它们在根本上属于同一种单一性美德——理智（intelligence）的不同呈现，而我们之所以能够得出各种不同的美德名称，那是由这同一种单一性美德（即理智）在不同活动中具有不同的作用与呈现所造成的。③ 换句话说，芝诺实际上是将各种具

---

① ［美］麦金太尔：《追寻美德》，宋继杰译，译林出版社2003年版，第213页。
② Julia Annas, The Morality of Happiness, New York: Oxford University Press, 1993, p.79.
③ Ibid..

体美德看作智慧在不同领域中的作用与呈现：如正义是作为在分配财物中的智慧，节制是在要求选择事物中的智慧，勇敢则是作为要求忍耐的事物中的智慧。① 不难看出，在芝诺那里，各种不同的具体美德（名称）实际上是同一种美德（即理智）的不同呈现，各种美德之间是一种"相互同一"的强式统一性关系。阿里斯通在美德统一性问题上的立场与芝诺的观点极为接近，或者说是对芝诺观点的进一步发展与完善。在阿里斯通看来，美德在本质上是"一"，可称之为痊愈（health）。阿里斯通以与芝诺观点相仿的口吻说："美德，当考虑什么应该做而什么不应该做时被称之为理智；当它理顺各种欲望以及限定我们的适宜性快乐时被称为节制；而当它参与社会关系和契约时则被称之正义——就像是一把刀作为同一样物品可在这个时刻切割某一东西而又可在另一个时刻切割另一东西一样，或者说像火可在不同材料上燃烧但却只是同一种东西一样。"② 阿里斯通在美德统一性问题上的看法有时候看上去更像是苏格拉底的美德统一性学说的翻版。阿里斯通认为，存在着灵魂的一种能力，通过它我们可以推理，并且认为灵魂的美德是"一"——所有的善与恶的知识。③ 也就是说在阿里斯通那里，美德本质上是一种单一性的"知识"，美德之间之所以可以分辨开来，是因为它是这同一种知识作用于不同生活领域中的结果，理智、节制、勇敢和正义都只不过是这同一种知识的不同呈现。克吕斯普斯在美德的统一性问题上的看法从表面上来看似乎更接近的是亚里士多德，因为他不仅承认存在各种多样性的美德，并且认为各种美德是因为实践智慧（phronesis）的缘故而相互联结为一个整体的。克吕斯普斯承认不同的有德者可具有不同的道德风格，主张不同的美德在关注其首要领域的同时也能够关注到其他美德所主要作用的领域，因此各种美德之间是不可分离的，因为某一美德的作用离开了其他美德的在场与辅助将难以正常发挥。与芝诺和阿里斯通相同的是，克吕斯普

---

① Brad Inwood (ed.), The Cambridge Companion to Stoics, New York: Cambridge University Press, 2003, p. 240.

② Cf. 1. Julia Annas, The Morality of Happiness, New York: Oxford University Press, 1993, p. 80; 2. John M. Cooper, "The Unity of Virtue", Social Philosophy and Policy, 1998, 15 (1), p. 250.

③ Julia Annas, The Morality of Happiness, New York: Oxford University Press, 1993, p. 80.

斯承认美德之间组成的是一种不可分离的相互关系；与芝诺和阿里斯通不同的是，克吕斯普斯认为各种美德具有其自身独特的本质因而彼此间存在实质上的差异。① 当然，对于克吕斯普斯在美德统一性问题上的态度究竟靠近的是亚里士多德还是苏格拉底，哲学家们也有不同的观点，比如，约翰·库柏认为，"如果这（即克吕斯普斯在美德统一性问题上的立场——作者）就是苏格拉底在《普罗泰戈拉篇》中所追求的，看来只有克吕斯普斯的观点才可以将苏格拉底所想要的一切呈现给我们。"② 应该看出，之所以对上述问题上存在不同理解，其中最大缘由恐怕就在于学者们对苏格拉底在美德统一性问题上的立场实际上也并非完全一致，前文中我们对此已有较为详细的讨论，在此不再赘述。应该说，在克吕斯普斯身上，最为显明地体现了斯多亚学派在美德的统一性问题上似乎有将苏格拉底与亚里士多德二人的观点融于一体的趋向，即一方面承认存在着各种至少是从表面上来看可相互分辨的美德；另一方面又主张实践智慧（理智）在美德中起着主导性的作用，恰是实践智慧（理智）的存在与作用使得各种美德之间组成一个不可分离的整体。

斯多亚学派在美德的统一性问题上的立场虽然大体上属于对苏格拉底与亚里士多德的相关学说的某种继承与融合，但这并不意味着他们在该问题上的探究毫无建树。概括地说，斯多亚学派在美德的统一性问题研究或美德的理解问题上有这样三大贡献：第一，斯多亚学派强调了美德必须是逐步地培养起来的，并将美德看作一种技艺（skill）或手艺（craft）。③ 美德的养成需要时间与精力，而技艺或手艺的获取更需要经验的历练。因此，从斯多亚学派的这一思想出发，他们在美德的获取问题上的理解比希腊经典哲学家的相应理解似乎要更为合理，有助于人们摈除在美德拥有问题上的"全有或全无"式的理解，而这对我们的美德统一性问题研究显然有一定启示价值。第二，斯多亚学派承认人所获得的美德具有脆弱性的一面，如克吕斯普斯认为，基于狂热或沮丧的缘故，

---

① Julia Annas, The Morality of Happiness, New York: Oxford University Press, 1993, pp. 81 - 82.

② John M. Cooper, "The Unity of Virtue", Social Philosophy and Policy, 1998, 15 (1), p. 261.

③ Julia Annas, The Morality of Happiness, New York: Oxford University Press, 1993, p. 55.

已拥有了的美德有丧失的可能。① 斯多亚学派之所以能够认识到美德具有脆弱性的一面，是因为他们对人性的理解相比于希腊经典哲学家来说要更为谨慎。希腊经典哲学家对人性的理解一般持较为乐观的态度，最明显的莫过于苏格拉底的"无人自愿为恶"的观念，即便是在柏拉图与亚里士多德那里，人本身具有的理性也总是能够战胜如情感、激情这样的非理性因素。斯多亚学派在人性问题上的立场显得较为谨慎，他们认为人永远面临着善与恶的抉择或斗争，之所以如此，根源就在于人本身所具有的二元性特征。在斯多亚学派看来，人具有理性，表明人有可能遵循自然而生活；但人同时又具有肉体（或者说身体的肉体性质），表明人又总是想背离自然，追求私人性的特殊目的。② 斯多亚学派在人性问题上的谨慎态度提醒我们：美德的拥有不是一件一劳永逸的事情，相反，美德在主体身上的持续拥有或继续存在都需要主体时刻的警惕与不断的修养，否则一个具有较完满品质状态的人也可能会沦为一个品质状态逐渐失去完满的人，甚至一个有德之人也有可能转变为一个品质败坏的人。第三，在斯多亚学派那里，我们看到了美德与规则呈现为一种相容而非对立的关系。斯多亚学派认为，"正当行为所必须遵从的标准，乃是体现在自然本身中的法则的标准或者说宇宙秩序的标准。因此，美德就是同时在内在性情与外在行动上与宇宙法则保持一致"③。应该看到，有些当代学者为了强调美德自身的独立性地位或为了强调美德伦理相比于规则伦理的优越性，往往倾向于主张美德与规则之间的对立性关系④，这样势必给自身的美德伦理研究造成不少理论上的问题或实践上的问题。奥诺拉·奥尼尔在《迈向正义与美德——实践推理的建构性解释》一书中批评了这种将普遍主义与特殊主义截然对立的态度，"特殊主义者不但拒斥普遍主义的立场，而且似乎常常满足于几乎不谈正义，普遍主义者

---

① Brad Inwood (ed.), The Cambridge Companion to Stoics, New York: Cambridge University Press, 2003, p. 249.
② Ibid., pp. 240–248.
③ ［美］麦金太尔：《追寻美德》，宋继杰译，译林出版社2003年版，第213页。
④ 如迈克尔·斯洛特（Michael Slote）、麦金太尔等人持有这种美德与规则绝对对立的立场；国内学者赵汀阳在《论可能生活》（中国人民大学出版社2010年版）中坦言伦理问题的核心是"如何生活"而不是"怎样遵守规范"，似可视为与麦金太尔等持有相类似的观点。

不但拒斥特殊主义的立场,而且似乎常常承认,他们很大程度上无法提供对于美德的解释。"① 在奥尼尔看来,空洞的形式主义(即普遍主义)或极端的特殊主义都将面临道德行为指导上的无效或失败的问题,比如,我们不会认为一个仅对其家人才体现仁慈的人是一个真正拥有仁慈美德的人,同样,我们也不会认为仅在威胁自己生命财产安全时方敢反抗的人是一个具有勇敢美德的人。由此奥尼尔认为,将普遍主义与特殊主义作截然对立的做法是错误的。② 我们承认,作为人品质特性理解的美德当然不能被还原为某种特定的行事规则,但美德与规则之间也并非为水火不容的对立关系,美德中当然蕴含有某种普遍的规范因素,这是美德之能够被称之为"美德"的一个重要原因,抽去了美德中所蕴含的普遍性规范因素,美德的理解只会陷入某种地域主义或相对主义的窠臼。

当然,斯多亚学派在美德的统一性问题或美德的理解问题上也有相应的问题。比如,斯多亚学派对人自身情感因素持极端敌视的态度,认为情感作为理性的对立物,总是体现出一种消极性的负面作用,因此主张要摈除人的一切情感活动,以实现不动心的理想境界。更为关键的问题是,在成熟时期的斯多亚学派那里,对美德的过度拔高使得其美德理解在某种程度上已发生了质的改变,"斯多亚学派认为,arete 本质上是个单数表达式,一个人要么拥有全部美德,要么一无所有;一个人要么拥有 arete 所要求的完满性,要么什么也没有。人有了美德才有道德价值;没有美德,人就毫无道德价值。不存在任何中间层级"③。美德的单数表达实际上所造成的后果是:有美德的被等同于有道德的。道德往往需要呈现为某种规范,或者说,道德往往与规范相连,如此,美德的单数表达实际上就吹响了美德伦理向规则伦理过渡的号角。与之相关的是,相应的美德理解也就开始向麦金太尔所谓的"对规则表示敬意的必要性情"这一理解方式转变,也就是说,在成熟时期的斯多亚学派哲学家那里,美德与人整体生活目的间的有机关联已悄然让步于美德对规则的服务性

---

① [英]奥诺拉·奥尼尔:《迈向正义与美德——实践推理的建构性解释》,东方出版社 2009 年版,第 7—8 页。
② 同上书,第 76—89 页。
③ [美]麦金太尔:《追寻美德》,宋继杰译,译林出版社 2003 年版,第 212—213 页。

关系。美德的规则化理解对美德伦理来说当然不是什么好事,恰如麦金太尔所言,"到了罗马帝国时代,斯多亚主义的道义论伦理和律法主义的文化风气窒息了这一美德伦理的传统的继续发展,以至于对法律规则或义务规范的寻求成为优先于、甚至替代了对道德目的善和美德伦理的追寻"①。也正是在这个意义上,我们说美德伦理的衰落或美德伦理地位的边缘化肇始于成熟时期的斯多亚学派,或者说,在成熟时期斯多亚学派的伦理思想里,已显明地袒露了伦理致思方式由美德伦理向规则伦理转变的发展方向。

与(早期)斯多亚学派摇摆于苏格拉底与亚里士多德两人思想之间不同,阿奎那在美德统一性问题上的立场可看作亚里士多德相关观点的某种翻版。我们知道,在亚里士多德那里,各种美德由于实践智慧的原因而组成一个紧密相关的整体,阿奎那则认为各种美德由于明智(prudentia)的原因而相互间形成密不可分的整体关系。学者们一般认为,阿奎那的"明智"实际上只不过是对亚里士多德所说的"实践智慧"的一种拉丁化处理而已。② 当然,在美德的统一性问题上,阿奎那在继续亚里士多德相关思想的同时,也结合了自身的神学立场而对之进行了一定的拓展,比如,阿奎那在美德的种类问题上的理解增加了所谓的神学美德(theological virtues,又称灌入性美德或灌输的美德——作者),由此,阿奎那认为存在着道德美德(又称获得性美德,acquired virtues——作者)与神学美德之别。在美德的划分问题上,阿奎那认为存在三种不同层次的美德:完全地不完满的美德、非无条件的完满美德和无条件的完满美德。在阿奎那看来,完全地不完满的美德是指某些人生来具有的、没有取得正确理性指引的各种自然倾向(natural inclinations),这样的"美德"在阿奎那看来并非属于严格意义上的美德,它相当于亚里士多德所说的"自然美德";非无条件的完满美德是拥有正确的理性、但没能具有仁爱而难以达致上帝的美德,这是与人类的世俗善相关的完满美德,但由于

---

① [美]麦金太尔:《谁之正义?何种合理性?》,万俊人等译,当代中国出版社1996年版,译者序言第18—19页。

② Linda Trinkaus Zagzebski, Virtues of the Mind: An inquiry into the nature of virtue and the ethical foundation of knowledge, New York: Cambridge University Press, 1996, p. 212. 国内学者廖申白在翻译《尼各马可伦理学》时,就将亚里士多德的"实践智慧"译为"明智"。

欠缺对上帝的爱,因而不能算得上是无条件的完满美德,经由这些美德不能获取我们的终极目的,这一层面的美德实际上相当于亚里士多德所说的严格意义上的(道德)美德,由于这样的美德并非是由神灌入人心、而是经由人自身不断的道德努力方可获得的,所以阿奎那又将之称为"获得性美德";无条件的完满美德是与仁爱相结合的美德,它们使得人的行为具有无条件的善,是使得我们取得终极目的的东西,这一层次上的美德即阿奎那所说的神学美德,由于这样的美德的最终获得并非取决于人而是取决于上帝,由此神学美德又被称之为灌入性美德。[1]

从这里我们可以看出,在阿奎那那里,完全美德或者说真正的美德不是一种而是两种——即完全美德包括非无条件的完满美德(严格意义上的道德美德——作者)和无条件的完满美德(神学美德——同上)这两种美德。[2] 在回答有人提出奥古斯丁并不赞同美德之间是彼此关联并组成一个统一整体的意见时,阿奎那说道,"当奥古斯丁说'美德之间并不具有必然的关联'时,他这时指的是不完全的美德,它们只是以美德所特有方式行事的特殊倾向"[3]。阿奎那认为,当奥古斯特说美德之间是可以分离存在的,他实际上所指的是自然美德而不是完全美德,因此美德的碎片化学说并不适用于完全美德。阿奎那遵从亚里士多德,认为不完全的或者说非严格意义上的美德之间是可以分离的,但完全的或者说真正意义上的美德之间则是不可分离的,具有统一性的整体关系。由于在阿奎那那里,他所说的完全美德或者说真正意义上的美德具有两种不同的类型,因此他的美德统一性学说似乎也应该具有两种不同的表现形式。

---

[1] Cf. E. M. Atkins and Thomas Williams (eds.), Thomas Aquinas Disputed Questions on the Virtues, Cambridge: Cambridge University Press, 2005, pp. 253–254.

[2] 须提及的是,非无条件的完全美德阿奎那有时又将之称为异教的美德(pagan virtues),实际指的是俗世社会中人们一般所尊奉的道德美德;而神学美德则是阿奎那依据基督教神学的需要提出来的美德,这"神学美德"是否只是如霍布斯所说的"方的圆"那样毫无实际意义的呢?我们认为,虽然从实际作用层面来看,信、望、爱这些神学美德对于世俗大众恐怕难有太大的指引作用,但我们也要看到,如同其他具有广泛影响力的宗教一样,基督教不仅只是满足了人们的精神生活需要,而且也极大地丰富了我们的美德理解,比如"谦卑"之所以被我们广泛认为是一种美德,这与基督教的作用是分不开的。因此,我们不赞同认为阿奎那所提出的神学美德是毫无意义的说法,相反认为,努力挖掘其中的积极因素是当代美德伦理研究的一个必要组成部分。

[3] E. M. Atkins and Thomas Williams (eds.), Thomas Aquinas Disputed Questions on the Virtues, Cambridge: Cambridge University Press, 2005, p. 259.

下面进行更为具体的讨论。

就道德美德而言，在阿奎那看来，道德美德从类型上可以再划分为完全的道德美德与不完全的道德美德。不完全的道德美德（简称不完全美德——作者）是我们某种内在的倾向，当然这种倾向既可能来自于自然，也可能来自于后天习俗的影响。以这种方式来看道德美德，它们不是相互统一的。但这种情况不能适用于完全的道德美德（简称完全美德）。完全美德是一种稳定地产生善的习惯，以这种方式来看道德美德，阿奎那认为各种美德是相互统一的。[1] 阿奎那对完全美德之间具有统一性特征的论证几乎可以说是对亚里士多德相应论证模式的照搬。在阿奎那看来，明智虽然是一种理智美德，但它处理的却是实践的事务。明智与道德美德之间具有密不可分的关系，"无明智则无道德美德，无道德美德则无明智"[2]。明智是有关人的整体生活以及人类生活目的的好向导（good counsel），由此决定了明智在各种道德美德中的主导性地位，拥有了明智即意味着一个人拥有了所有的道德美德。由此可见，阿奎那对美德统一性的论证方法基本上遵循了亚里士多德所开创的路线，将明智看作是拥有任何道德美德的必要且充分条件，实际上与亚里士多德将实践智慧看作拥有任何一种道德美德的必要且充分的条件可以说几无差别，不难看出，在这一论证过程中，阿奎那只不过是将"实践智慧"这一希腊式概念换成了拉丁化的"明智"而已。

就神学美德来说，从阿奎那自身的思想来看，应该说他在神学美德之间是否具有相互统一的关系这一问题上持一种较为模糊的态度。之所以这样说，是因为在阿奎那的相关思想中，他似乎既不否认神学美德之间具有某种统一性的关系，但他也没有明确表示神学美德之间是相互统一的。在我们看来，阿奎那在神学美德领域谈论美德的统一性问题时之所以陷入一种模糊态度或困难处境，显然有其思想上的根源。首先，从美德的种类划分来看，神学美德在阿奎那那里是属于最高层级的美德，

---

[1] Cf. Jean Porter, "The Unity of the Virtues and the Ambiguity of Goodness: A Reappraisal of Aquinas's Theory of the Virtues", The Journal of Religious Ethics, 1993, 21 (1), p. 137.

[2] Linda Trinkaus Zagzebski, Virtues of the Mind: An inquiry into the nature of virtue and the ethical foundation of knowledge, New York: Cambridge University Press, 1996, p. 212.

属于无条件的完全美德,如此,如果说非无条件的完全美德(即完全的道德美德)之间是相互统一的,那么从逻辑上来看,阿奎那应该没有理由否认无条件的完全美德(即神学美德)之间也是相互统一而为一个整体的。其次,问题是,在神学美德的来源问题上,阿奎那认为它们并非是人依凭自身努力就可获得的对象;相反,神学美德的获取是上帝恩惠的结果,即神学美德是由无限的上帝直接灌入有限的人身上的东西,所以神学美德又称为"灌入性美德"。从这个角度来看,神学美德的是否取得之主动权似乎在神而不在人,而如果说人自身对神学美德的获取难有绝对的把握,那么,这种情况下似乎就很难谈论美德之间是否统一了。当然,也有学者对此提出不同意见,认为虽然神学美德的最终取得取决于神恩,但人却对此并非没有一定的能动作用,因为神恩的获取某种程度上在于人对上帝的爱,爱上帝的人自然能获取神恩,从而取得相应的神学美德。由此,有学者认为神学美德在阿奎那那里实际上统一于仁爱,即一个人拥有了仁爱,就拥有了所有其他的神学美德,"没有对上帝的爱,就不可能有严格意义上的真正美德"[1]。在我们看来,即便人有对上帝的爱,但人究竟如何才能获得上帝的眷顾,这显然是一个问题。比如,新教伦理就认为人的是否得救取决于上帝无法揣摩的意志而与人自身的主观努力无关,这样,即便人有对上帝的爱,但人是否能获得上帝的眷顾则就是另一回事了,如此我们当然不能主张在阿奎那那里,各种神学美德统一于仁爱或者说爱。

应该看到,对于阿奎那的美德伦理来说,还存在着这样的一个问题:两种性质不同的美德(即神学美德与完全的道德美德)之间到底是何种关系?在阿奎那的美德层次学说中,神学美德位于最高等级,而完全的道德美德次之。如果说完全的道德美德由于实践智慧而相互统一,那么,拥有了神学美德对于完全的道德美德的拥有又具有怎样的意味呢?珍妮·波特(Jean Porter)认为,"在阿奎那看来,任何具有神学美德的人必然同时也是明智、正义、勇敢和节制的"[2]。也就是说在波特看来,对

---

[1] 参见宋希仁主编《西方伦理思想史》,中国人民大学出版社2004年版,第146—147页。
[2] Jean Porter, "The Unity of the Virtues and the Ambiguity of Goodness", The Journal of Religious Ethics, 1993, 21 (1), p.139.

阿奎那来说，一个人拥有了神学美德的同时也拥有了明智（即亚里士多德所说的实践智慧），与之相关的是，拥有神学美德的人自然也就拥有了所有的道德美德。如此，阿奎那所说的道德美德的统一究竟统一于实践智慧还是神恩就成为一个问题。在我们看来，完全道德美德在阿奎那那里统一于明智而非神学美德，理由在于神学美德的拥有似乎在阿奎那那里并不意味着对所有道德美德的拥有。在阿奎那看来，神学美德虽然高于获得性美德，但不同于后者的是，神学美德可以与持续的冲突性倾向相共存，这些冲突性倾向不会破坏主体身上所具有的神学美德，只是使得它们的运作更加困难和令人不快而已。[1] 但如果说具有神学美德的主体自身伴有持续的冲突性倾向，那么就表明具有神学美德的人可能并不拥有实践智慧，或至少并不拥有亚里士多德意义上的实践智慧，因此也就不可能由此而拥有所有的完全道德美德，因为一个具有完全的道德美德的人依据亚里士多德的美德理论来看其身上是不可能存在持续的相互冲突的倾向。阿奎那没有在神学美德与获得性美德两者间关系的问题上给出明确的阐释，我们认为，这恰恰反映了阿奎那在这一问题上的矛盾态度：在阿奎那那里，神学美德和道德美德两者不仅在目的指向方面存在很大的不同——前者指向与上帝的合一而后者指向人在俗世生活中的道德完善，而且它们在取得方式上也截然有别——神学美德是由上帝直接灌入，而获得性美德却必须要经过习惯而养成。为保证上帝的权威，阿奎那强调了神学美德的取得实际上与人力所为没有太大关联，它完全是上帝恩宠的结果；但如果说神学美德的获得与人在俗世生活中的道德完善没有任何关联，那么，获取神学美德的意义到底又在哪里？这样来看，不管是主张神学美德的取得是道德美德拥有的前提，还是主张神学美德的取得与道德美德的拥有完全无关，对于阿奎那来说似乎都是一个难题，如此导致了他在两者关系问题上的某种混乱。应该看到，对于基督教来说，始终面临着这样的一种尴尬——即如果主张"得救"可经由人的后天努力而获得，这必然会损坏上帝的权威与尊严；但如果认为"得救"只是上帝捉摸不定的意志专断之结果（如新教伦理），即是否得救与人自

---

[1] Jean Porter, "The Unity of the Virtues and the Ambiguity of Goodness", The Journal of Religious Ethics, 1993, 21 (1), p. 139.

身的努力毫不相干，这似乎又与人们的道德直觉相违，且不利于鼓励人的积极向善，毕竟认为一个恶贯满盈的人得救而一个遍做善事的人却遭到上帝的抛弃似乎对任何人来说都是一件感到极为遗憾的事情。实际上，后来无论是路德的"因信称义"抑或是所谓"事功得救"，某种意义来说都是对阿奎那在神学美德与道德美德间关系上所做思考的一种回应，虽然这样的回应已逸出了单纯的道德领域。

在美德的统一性问题上，阿奎那的作用当然不只是增加了神学美德的讨论，他还将亚里士多德式的美德统一性学说做了一定的推进。第一，阿奎那强调并凸显了美德的统一性学说中所蕴含的美德之间相互关联的一面，而弱化了这一学说所蕴含的各种美德彼此间组成一个密不可分的整体的另一面，这显然使得其关于美德统一性问题的考察更具有现代的气息。珍妮·波特指出："不管是美德的统一性抑或是认为真正的有德者是一个拥有所有美德的人严格来说都不是阿奎那所想要的。阿奎那谈论的是美德之间的关联性（the connection of the virtues）而不是它们的统一性；更重要的是，阿奎那承认某些美德只在某些情况下方是适合拥有的，或者在某些而不是所有生活状态中这些美德是适合拥有的，因而有些美德并不可以为所有的有德者所拥有。"[①] 阿奎那对传统美德统一性学说的这一改造对于我们的讨论显然是有意义的，它揭示了美德的统一性学说并非是一成不变的，或者说，美德的统一性学说绝不仅仅只有亚里士多德或苏格拉底所给出的理解样式，这一点也为当代伦理学家赫斯特豪斯所强调，"美德的统一性学说可以采取令人吃惊的多种形式"[②]。第二，阿奎那将希腊哲学家倡导的"四主德说"发展为"主要美德说"或"基础美德说"，这对于美德分类问题研究来说具有重要的意义。应该看到，我们通常认为在希腊哲学家（其中首要贡献者为柏拉图）那里有"四主德"的说法，其实这更多是因为希腊哲学家认为这四种美德对于人及其道德生活来说是最为重要的德目，因而他们在美德讨论中对这四种德目给予了更多的关注，但实际上，希腊哲学家本身并没有明确提出过"主要美

[①] Jean Porter, "Virtue and Sin: The Connection of of the Virtues and Case of the Flawed Saint", the Journal of Religion, 1995, 75 (4), pp. 521–522.

[②] Rosalind Hursthouse, On Virtue Ethics, New York: Oxford University Press, 1999, p. 153.

德"这样的概念。亚里士多德区分了理智美德与道德美德，但除了在发展程度上将道德美德划分为完全美德与不完全美德之外，也没有对道德美德本身有进一步的分析。应该这样说，"主要美德"（cardinal virtues）与"次要美德"（secondary virtues）的分类主要应归功于阿奎那的理论贡献。阿奎那对主要美德之所以称之为"主要的"进行了解释。阿奎那说，"'cardinal'一词源自于'cardo'，意指一种合页，可用于使门得以旋转。这就是为什么那些属于人类生活之基础的美德被称之为'主要的'的原因，因为我们需要经过它们而进入人类的生活之中，就好像我们推门而入需要经过合页的作用一样"[1]。阿奎那进一步说道，"主要美德之所以被说成是比其他美德更为重要，不是因为它们比其他美德更为完满，而是因为人类生活是以一种更为基本的方式依赖于它们，而其他美德则以它们为基础"[2]。阿奎那举例说，一般来说我们认为正义要比慷慨更为重要，这是因为人类生活更多地依赖于正义而不是慷慨，我们在与每一个人打交道中都涉及正义而仅与小部分人的交往中才涉及慷慨；不仅如此，慷慨本身也要以正义为基础，因为如果把一件本不属于自己的东西大方地赠与别人这就不能算作是一种慷慨的行为举动了。可以推断，由于主要美德与次要美德在人类生活中的地位与作用不同，主要美德显然要比次要美德与人的现实生活具有更为紧密的关联，人们缺乏某些次要美德可能并不影响其整体的品质状态，但一个人缺乏某一主要美德其整体品质状态则恐怕难免会受到较大的影响，甚至有致使其总体品质状态发生性质恶化的可能。阿奎那关于主要美德与次要美德的分辨对于美德的统一性问题研究的主要意义在于：美德之间的相互关联应该说在主要美德那里表现得更为紧密，而次要美德则在一定程度上受制于相应的主要美德，且它们之间的相互关系当然也就没有主要美德那样紧密。

当然应该看到的是，由于受基督教律法主义的影响，阿奎那虽然重视美德的养成与作用，但其重心实际上已转移至戒律或规范身上，正如

---

[1] E. M. Atkins and Thomas Williams (eds.), Thomas Aquinas Disputed Questions on the Virtues, Cambridge: Cambridge University Press, 2005, p. 244.

[2] Ibid., p. 249.

有学者所说，阿奎那"把对人类行为的规范放在了首要的位置"①。在阿奎那看来，单凭内在美德之引领是远远不够的，还需要外在戒律的作用，他实际上将美德与戒律间的关系比作目的与手段的关系。然而，美德虽是目的，但规范的手段意义在阿奎那那里显然得到了更多的强调，因为在阿奎那看来，没有对律则的遵循，人是不可能养成道德美德的。从这个意义上看，阿奎那似乎已将规则或戒律放在美德之前了。因此在我们看来，在阿奎那那里，其伦理致思已由强调人内在品质的美德伦理向强调外在行为规范的规则伦理过渡。如果说斯多亚学派吹响了美德伦理的边缘化之号角，那么基督教神学家某种意义上可以说是美德地位边缘化的重要推动者。虽然阿奎那的理论努力在某种程度上似乎可看作对美德伦理衰败命运的某种挽救，但从伦理学史的角度来看，美德伦理向规则伦理的过渡似应是不可避免的趋势。阿奎那之后，美德伦理地位的边缘化更加明显，与之相应，美德的统一性问题研究在阿奎那之后便逐渐淡出伦理思想家的理论视野，被当作一个仅具有史学性研究价值的理论问题。②

第二节　传统儒学视域下的美德统一性问题
——以孔子思想为例

从先前的论述可知，美德的统一性问题可以说是西方传统伦理探究的一个重要问题，那么这一问题在中国传统伦理思想中又有怎样的关注呢？如果说中国传统哲人对这一问题确有关注的话，那么相应的探讨又以怎样的一种方式呈现出来呢？对于这样的问题，我们试以孔子的相关思想为例，谈谈传统儒家学者在美德统一性问题上所持有的态度。需要

---

①　张传有：《托马斯：德性伦理学向规范伦理学转化的中介》，《华中科技大学学报》2005年第5期，第19页。

②　应该承认，某些规则伦理学家（尤其是功利论者）也不乏对美德的讨论，且他们的美德理论有时会偏离其基本的理论立场而更接近美德论者的视角。但我们也要看到，这些规则伦理学家只是在一种常识性立场的层面来谈论美德，他们的美德理论由于脱离一种美德伦理的话语背景而往往显得零散而缺乏系统。正是由于这样的缘故，对西方传统哲人在美德统一性问题研究之历史追溯，我们仅考察至阿奎那的理论主张。

说明的是，之所以仅仅以孔子的相关思想为讨论对象，这与儒家学说或儒学思想本身的特点有很大关系。首先，从思想特质方面来看，孔子的伦理思想对儒家学派来说可认为是一种承前启后的作用——就"承前"而言，孔子的伦理思想可以说是对先前尊道崇德思想的一个总结与提升；就"启后"来说，后儒（非正统儒者除外）的伦理致思可以说基本上没有逸出孔子所开创的思想论域，这一点即便对于思辨性较强的宋明儒学来说也概莫能外。因此，以孔子的伦理思想为例，则基本上可以反映出传统儒者在美德统一性问题上的基本态度。其次，从传统儒学的致思特点来看，至少是从与西方传统哲人的哲学致思特点相比较来看，儒家学说可以说并非一种较为严谨的思想体系，其思想致思与理论展开往往显得较为零散而缺乏系统性，有时甚至带有某种随意性的色彩，由此决定了儒家学者在许多问题上的看法往往显得缺乏系统与严谨，有时甚至只是只言片语式的思想启迪，这样的特点当然也适用于我们所说的美德统一性问题研究。因此，如果我们对传统儒者在美德统一性问题上的相关立场逐一地进行考察，则似乎不免会陷入散乱而失去焦点。而以孔子的相关思想作为探究对象，则显然可以为我们的讨论带来某种方便与集中。

需要特别提到的是，简单地将儒家所说的"德"等同于我们所谈论的"美德"或者说当代西方美德伦理学意义上的"美德"无疑是值得讨论的。应该看到，儒家所说的"德"与西方美德伦理研究者通常所说的"美德"两者间无疑存在一定的差异，这一点实际上在中西方传统先哲对"德"或"美德"的不同理解中就可窥见端倪。恰如有学者所指出的，"在苏格拉底、柏拉图特别是亚里士多德那里，美德的承担主体已然明确为具有确定社会之特性角色的个体，因此，美德总是具体的、与个人的特殊角色的作用和目的相配应的目的思想或价值完成，因此，美德在他们那里被理解为特殊行为实践的圆满成就，或者以此成就展示的行为者在某一特殊品质上的卓越不凡和优秀，美德的概念的关键在于个人社会实践的圆满成就或目的实现；与之不同的是，儒家伦理缺乏像亚里士多德乃至整个西方伦理中的那种作为独立的实体存在的个体概念，失去人伦或关系的中介，个人的美德无从谈起，因此儒家的美德伦理首先是且根本是关系中的'协调性'义务规范和对这些规范的内化践行，而非独立的个体目的性价值的完成或目的实现"①。换言之，一般来说，儒家所说的"德"实际上具有这样的两层含义：一是它属于社会伦理的原则要求，这种意义上的"德"实质上是作为规范而言的，可视为一种社会伦理的规范要求；二是它同时也是人对这种规范要求的主观认同与内在服膺，并作为恒定的品质以确保个体对这些伦理规范的遵循，这一层面上的"德"大体上相当于我们今天所谈论的"美德"。由此，我们将儒家所说的"德"理解为今天所谓的"美德"，在一定程度上来说似乎也不无道理，或者可这样说，我们这里对儒家之"德"的探讨，更多是从美德伦理这一特定视角所进行的考察。

据研究，实际上我国古代先哲已经注意到了任何一个特定德目都须在某个方面与"善"发生某种关联，缺乏这种联系的所谓"德"就难以称之为真正的"德"。② 比如，《国语·楚语下》中记载了子高对王孙胜的评价，其中说道："其为人也，展而不信，爱而不仁，诈而不智，毅而不勇，直而不衷，周而不淑。复言而不谋身，展也；爱而不谋长，不仁也；以谋盖人，诈也；强忍犯义，毅也；直而不顾，不衷也；周言弃德，不淑也。是六德也，皆有华而不实者也，将焉用之。"③ 子高的说法表明，真正的"德"不只是关联着某种特定的行动，它还必须有着十分确定的"善"的考虑，没有这一"善"的考虑，表面上的"德"其实并不能真正算作为"德"，而只是"德"的一种假象。由此来看，早在孔子之前，哲人们已注意到了真正的"德"需要与一种目的性善发生某种关联，没有这种关联，就不能算作真正的"德"。而就孔子自身的思想而言，"仁"是孔子伦理道德学说的核心范畴，"善"的概念直至孔子时可以说尚未得到明确，善的考虑在孔子那里往往被糅合进了对"仁"及其他德目的考虑之中，由此来看，孔子对"仁"的探讨在某种意义上可以看作其关于"善"的考虑。在《论语》那里，"仁"的出现次数达100次以上，而这一概念本身至少具有以下三个层面的含义：（1）"仁"是处理人际间关系

---

① 万俊人：《现代性的伦理话语》，黑龙江人民出版社2002年版，第214—216页。

② 陈来：《古代德行伦理与早期儒家伦理学的特点——兼论孔子与亚里士多德伦理学的异同》，《河北学刊》2002年第6期，第34页。

③ 转引自陈来《古代德行伦理与早期儒家伦理学的特点——兼论孔子与亚里士多德伦理学的异同》，《河北学刊》2002年第6期，第33页。

的根本性道德准则,这一层面的"仁"实际上涵盖一切善的品行,即"仁"的展开包含了孝、悌、忠、恕、信、恭、敬、宽、敏、惠等具体德目。如此,在孔子看来,只有在不同德目及其要求方面做到优秀的人方有资格被称之为"仁";① (2)"仁"是个人道德修养的目标,是一种最高的道德价值或道德境界,如孔子说,"仁者安仁,智者利仁"(《论语·里仁》);(3)作为对人的道德评价,有时是作为"人"的同义词,即作为人之为人的本质规定,"仁者,人也"。② 以上分析表明,当"仁"被看作根本性的道德准则时,这样的"仁"某种意义上可被看作是一切"德"的总根源。在这种情况下,"仁"可被看作是一种总体性的"全德",与之相应,一个人拥有了"仁",则也可以说这个人拥有所有的道德美德,正如有学者所说,"如果一个人具有了总体之'仁',他就必定具有所有的品质德性特点"③。如果说"仁"可视为一种总体之德,那么,"仁"与其他具体之"德"之间显然就是一种包含性的关系,正如孔子所说,"仁者必有勇,而勇者不必有仁"(《论语·宪问》)。不仅如此,孔子以对"学"的强调为出发,说明了道德美德之间具有某种相互性的特点,他说:"好仁不好学,其蔽也愚;好知不好学,其蔽也荡;好信不好学,其蔽也贼;好直不好学,其蔽也绞;好勇不好学,其蔽也乱;好刚不好学,其蔽也狂"(《论语·阳货》)。这里孔子一方面意在表明"好学"在人的美德养成中所具有的重要作用;另一方面也在表明,任何一种单独的行为倾向如果得不到其他美德的协助,最终都无法保证其自身的善。

如果单独存在的品质特性无法保证自身的善,那么探寻各种品质之间是否具有某种相互作用与相互需要的关系就成为一种逻辑的必然,有学者已认识到这一点,"在孔子看来,如果一个品质特性孤立存在的话,它就不能是一种真正的美德"④。也就是说,在孔子那里,其已在一定程度注意到了某一品质特性如要成为真正的美德,就难以脱离开一种整体

---

① 参见陈少峰编著《中国伦理学名著导读》,北京大学出版社2004年版,第18页。
② 参见万俊人《现代性的伦理话语》,黑龙江人民出版社2002年版,第218—219页。
③ [美]余纪元:《德性之镜:孔子与亚里士多德的伦理学》,林航译,中国人民大学出版社2009年版,第261页。
④ 同上。

的角度来思考美德的问题。在《论语·阳货》中,子张问仁于孔子,孔子回答说:"能够将五种美德施行于天下的人,就可以说是仁人了。"子张要求孔子进一步解释,孔子于是回答说:"恭敬、宽厚、信用、勤敏、恩惠这五种美德是也。"孔子在这里意欲说明的是,作为"全体之德"的"仁"至少包括了上述五种具体美德。从这个角度来看,"仁"某种意义上可视为各具体美德之整体或汇总,正如有学者所说,"总体之'仁'是一个综合体或特殊美德的汇总。它对应于亚里士多德的完全美德,因为两者都与一个整体的美德品质相关"[①]。由此来看,我们可以推断:"仁"在孔子那里就其可作为全体之德的别称来说,大体相当于西方学界通常所说的大写的"美德"(即 Virtue),可看作整体之美德的表征。问题是,如果说在孔子那里各种美德之间彼此关联且组成了一句整体的话,那么又是何种因素使得各种美德形成了这种整体的关系呢?在《美德之镜:孔子与亚里士多德的伦理学》一书中,余纪元认为,在美德的统一性问题上,孔子所说的"义"类似于亚里士多德所谓的实践智慧,"如同亚里士多德的实践智慧是一种状态而联系各个美德,孔子有着相似的观点。作为实践智慧的'义'知道'礼'的要求,也知晓一个人何时和如何与'礼'分开而不违反其基本精神。'义'从'礼'那里获得了对反映天道之善的一种总体观念的理解"[②]。我们认为,"义"在孔子或者说儒家那里似乎更多与一种准则性的观念相关,它显然缺乏亚里士多德的实践智慧所注重的认知方面的能力。因此,将"义"与亚氏的"实践智慧"对举,恐怕有点牵强。当然,可以肯定的是,将孔子作为全德之统称的"仁"与亚里士多德所谓的整体美德(即大写的美德)相对等应该是没有太大问题的。应该承认,孔子实际上并没有明确提出如苏格拉底和亚里士多德那样的美德统一性学说,只不过其思想里面可能在一定程度上包含了对这一学说的承诺,"虽然孔子没有提出一种(美德)统一论的伦理

[①] [美]余纪元:《德性之镜:孔子与亚里士多德的伦理学》,林航译,中国人民大学出版社2009年版,第261页。

[②] 同上书,第262页。

学，但美德是交互性的似乎隐含在其思想里"①。如此，如果硬要将某个德目（如"义"）当作孔子的"美德统一性学说"的核心支撑，则可能会陷入某种主观臆测的风险。

孔子所隐含的关于美德间的交互性思想对于我们的美德统一性问题研究无疑也是需要加以关注的。当然我们也要看到，对美德统一性问题研究来说，包括孔子在内的传统儒者在该问题上的探究可以说远没有达致西方传统哲人所给予的关注力度。因此，在美德的统一性问题研究上，我们所可能利用的主要是西方传统的思想资源，或者这样说，在美德统一性问题研究上，所进行的讨论主要是在西方学术思想背景下进行的。

概括地说，通过对美德统一性问题研究的历史追溯，一方面，将这一问题研究所可能具有的理论渊源与思想内涵较为充分地袒露，从而为我们今天的研究提供丰富的可借鉴资源；另一方面，通过这样的历史追溯，表明了美德的统一性学说实际上具有不同的具体样式，不同的哲学家基于不同的探究路径往往得出相互不同的美德统一性学说，当然也可能推出不同形式的美德统一论主张。可以这样认为，对美德统一性问题研究的历史追溯，是当代美德统一性问题研究不可缺失的一环。当然，正如我们所提到的，西方自阿奎那之后，美德的统一性学说遭到了大多数论者的质疑或拒斥，被当作古代伦理理论与现实道德经验相脱节的一个典型代表，包括一些重要学者在内的许多论者认为美德并非具有统一性的特征，相反美德之间是可以分离性存在的，就如我们在经验观察中往往可以发现一个好人也可能具有某种（些）品质上的缺陷一样，美德之间似乎并没有像传统哲学家所主张的那样是一种整体不可分离的关系。

---

① ［美］余纪元：《德性之镜：孔子与亚里士多德的伦理学》，林航译，中国人民大学出版社 2009 年版，第 259 页。麦金太尔教授对此持有不同看法。在《不可公度性、真理和儒家及亚里士多德主义者关于德性的对话》一文中，麦金太尔认为，儒学否认关于德性统一性的这种强势论断。尽管无"勇"则不能"仁"，但"勇者不必有仁"。麦氏认为，孔子实际上主张"勇"在不失其为"勇"的情况下，是可以为恶所有的，他认为这样的理解与亚里士多德主义有异，认为两者的分歧来自于他们对各种德目间关系的理解方式的不同（参见［美］麦金太尔：《不可公度性、真理和儒家及亚里士多德主义者关于德性的对话》，《孔子研究》1998 年第 4 期）。麦金太尔在这里显然对孔子的思想存在一定的误解，比如，离开"仁"的"勇"在孔子那里实际上只是"勇"德的表象，而不是真正的"勇"德。当然，麦金太尔之所以误解了孔子，与他承认美德可被不正当使用这一观点具有很大的关联，在此不展开。

认为美德之间并不存在相互关联的性质、因而彼此间是可以分离性存在的观点，属于一种美德的碎片化学说。下面我们进入对美德的碎片化学说的探讨。

第 三 章

美德的碎片化学说及其根源与困境

从第二章的讨论中可知，（西方）古代哲学家基本上都持有或赞同某种形式的美德统一性学说，然而，这一学说自近现代以来似遭到许多论者的质疑或拒斥，恰如约翰·库柏所言，"为什么古希腊哲学家主张美德之间是统一的呢？相反，为什么现代的道德哲学家对这样的观点表示质疑但却又不为其质疑提供任何的解释——就好像这样的观点根本不值得认真考虑是我们道德生活中的一个基本事实一样"[①]。也就是说，美德的统一性这一在古代哲学家那里被当作理所当然的观点，在近现代道德论者那里却被当作一个与经验现实显明冲突的论断，"今天，很少有人认为各种美德是相互关联的，美德的统一性学说遭到普遍的拒斥，被当作是与我们经验现实赤裸裸地相冲突的道德理论的一个主要案例"[②]。换言之，在近现代很多伦理学家看来，美德之间是以碎片化的方式相互共存而非呈现为一种统一的整体关系，即在美德间的关系问题上，近现代许多伦理学家主张的是一种美德的碎片化学说而非美德的统一性学说。所谓的"美德的碎片化学说"指的是在美德间的关系问题上主张美德之间并无必然的相互关联，因而彼此间呈现的是一种相互分离的碎片化存在样态。为什么古代哲学家主张的是美德之间是一种相互关联的统一性关系，而近现代论者却主张美德之间呈现的是碎片化的存在样态？是什么样的原因造成两者之间在美德间关系问题理解上的巨大差异？美德的碎片化学

---

① John M. Cooper, "The Unity of Virtue", Social Philosophy and Policy, 1998, 15 (1), p. 233.

② Jean Porter, "The Unity of the Virtues and the Ambiguity of Goodness", Journal of Religious Ethics, 1993, 21 (1), p. 138.

说又会对美德的理解或美德伦理研究带来怎样的影响？这一章的主要工作就是针对以上问题展开探讨。

第一节 美德的旁落与附庸化：从基督教的道德律法主义到规则伦理的滥觞

伯纳德·威廉姆斯在《伦理学与哲学的限度》一书中提到，当苏格拉底说"我们谈论的是一个人该怎样生活的问题"，这并非是一个无关紧要的问题，相反，它反映了古代哲人将人的生活视为一个整体来处理的做法；与之不同，现代道德论者往往关注的是某个具体行为的对错问题，所以他们问的是"我们的义务是什么？""我们该遵循什么样的规则？"这样的问题。[①] 威廉姆斯认为，古代哲人是从"伦理"（ethics）这一广义系统上来思考道德问题，而现代论者却是从"道德"（morality）这一狭义系统上来思考道德问题的，"道德"侧重的是对责任、义务及一般规则的强调，而"伦理"却侧重于对品质、美德、幸福生活的关注，因此它们两者之间的关系是："道德应当被理解为伦理的特定发展，这种发展在近代西方文化中获得了独特的意义。它特别强调这种而不是那种伦理概念，尤其是发展了某种样式的义务概念，并拥有特定的预设。"[②] 威廉姆斯的分析表明，古代伦理学与现代伦理学之间存在着较大的差异：在古代伦理学那里，人的整体生活以及其关键要素——美德居于伦理致思的中心位置，其言下的"美德"不是直接指向行为的规范，而是服务于一种总体性的生活目的；而在现代伦理学那里，"义务""规则"及"如何行动"这些聚焦于某个具体行动的概念被置于关键的地位，其言下的"美德"则被理解为有助于遵守特定规则或义务的有用因素，成为"向道德规则表示敬意所必要的那些性情"（麦金太尔语）。不难知道，在（近）现代伦理学那里，美德原有的中心地位旁落了，沦为规则或义务的附庸。

[①] Bernard Williams, Ethics and the Limits of Philosophy, London: Fontana Press, 1985, pp. 1-4.

[②] Ibid., p. 6.

一 美德中心地位的发难——斯多亚学派

我们知道,美德伦理学的当代复兴一般以安斯库姆(G. E. M. Anscombe)1958年发表的《现代道德哲学》(*Modern Moral Philosophy*)一文为标志。由于安斯库姆的巨大影响,一些论者往往将现代道德哲学[①]的发源归于基督教伦理,或者说认为基督教伦理是美德中心地位的首位发难者,其实这是值得商榷的。在我们看来,虽令人觉得有点吊诡,对美德在伦理致思中的中心地位的首先发难正是将美德地位作无限拔高的斯多亚学派。

要了解斯多亚学派对美德到底持有怎样的一种态度,我们不妨概要地梳理一下斯多亚学派的美德观念之思想渊源。我们知道,苏格拉底不仅是一位殚精竭虑追求真理的哲学家,同时还是一位以身作则践履道德理想的实践家。因此,苏格拉底所留下的遗产严格地说可划分为两个部分:一是通过辩证法的逻辑探究以洞悉真理——这一部分主要由柏拉图及其追随者所继承与发展;二是通过效仿苏格拉底的行为举止来展现一种独特的生活方式——这一部分由昔勒尼学派所发扬光大。在昔勒尼学派看来,苏格拉底的行为举止和生活方式、特别是他从容面对由不义起诉所导致的死刑审判中,蕴含了这样的一种人生哲理:美德是至高无上的。在昔勒尼学派看来,对一个人来说,唯一的善(good,或译为"好"——作者)就是专属于他自己的东西。如果对个人来说唯一的善是专属于自己的东西,而这样的一种"专属"在昔勒尼学派看来又绝不可能是外在的事物,因为对于人来说外在事物是人自身所无从把握的。因此,"专属于自己的东西"实质上就是一个人的内心世界,是一个人内在的美德。既然美德是唯一的善,美德的生活就是一种至善的生活,昔勒尼学派由此认为,美德的生活就是一种幸福的生活,美德即幸福。

斯多亚学派继承了昔勒尼学派的美德观念并使之得到进一步的发展。

[①] 现代道德哲学,又称规则伦理学,其伦理致思以规则为中心(rule-centered),主要包含康德义务论和功利主义及它们的各种变体。实际上,一般的规则伦理学家(如康德、密尔等)也不乏关于美德的讨论,只不过是将之作为一种附属性概念来对待,即要么将美德当作是有利于遵守规则的力量(康德),要么是将美德当作一种有用的性情(功利论者)。一般将规则伦理和美德伦理同归属于规范伦理学的范畴,以与对规范不感兴趣的元伦理学相区别。

在斯多亚学派那里，美德的至高无上不仅是一种生活的态度，而且还被赋予了更多学理上的意蕴。在斯多亚学派看来，世界统一于一个无所不在的、普遍的理性或者说自然。人与万物都分有这一自然并且以自然为最终的价值归宿。在自然的生活中，人拥有的是绵延不绝的自由，是既不焦虑不安也不激动不安，这种心情的智性状态就是幸福。[1] 心灵恒久的宁静和自由便是幸福，这种宁静和自由实际上指的是人心灵中的意愿（will）消除了冲突和不一致，人们在内在性情和外在行动上都需要遵循客观的宇宙法则而不是自身的个人意见，这样的人才能获得心灵恒久的宁静和自由，而美德就是同时在内在性情和外在行动上与自然（或宇宙法则）保持一致。斯多亚学派一再强调我们需要把握的是自身可以把握的东西，至于超出自身把握能力的东西，我们不必对之牵肠挂肚，理智的态度是任其自然；然而自身的意愿却是自我能够掌控的，因此我们需对之负责。对斯多亚学派[2]来说，我们唯一所需要做的就是正当之事，即依据宇宙法则所颁布的次序而行动（包括意愿活动和行为活动）。这里的"正当"没有进一步的目标追寻，斯多亚强调人应该为了正当之事而做正当之事，因为这是人所仅能把握的东西。有美德的人就是做正当之事的人，美德就是一个人能够抛开其他非自身能控制的因素而依据宇宙秩序而行动，这样，"美德的多元性及其在善的生活中的目的性次序都消失了。一种单一的美德一元论取而代之"[3]。

美德一元论理解所造成的影响是使得斯多亚学派认为一个人要么是有美德的善人，要么是无美德的恶人，中间没有任何的程度可言。善人就是一个懂得依循宇宙秩序而行事的人，成为一个宇宙的公民，而美德的意义就在于发现这一宇宙秩序并且服从这一宇宙秩序的安排。如此，在斯多亚学派那里，美德就成了服从外在宇宙秩序的内在精神力量，美德与人自身生活的意义遭到了割裂，其主要意义已转变为对既定规则（宇宙法则）的遵循。在斯多亚的伦理探询中，美德这一概念虽然还如以

---

[1] 石敏敏、章雪富：《斯多亚主义（Ⅱ）》，中国社会科学出版社 2009 年版，第 217—220 页。

[2] 要指出的是，这里所指的是成熟时期的斯多亚学派或罗马时期的斯多亚学派。

[3] ［美］麦金太尔：《追寻美德》，宋继杰译，译林出版社 2003 年版，第 213 页。

往一样被使用，在其伦理话语体系中甚至被拔高到至高无上的位置。美德是至高无上的，原因在于只有有美德者才能依循宇宙法则而行动，缺乏美德的人就是一个其行为每每与宇宙法则相违的人，如此，拥有美德的意义不在于其有助于一个人总体生活的完满，而在于美德本身——即对宇宙法则的遵循。这样，虽然在斯多亚那里依然对美德保持极端尊奉的态度，甚至倡导为了美德而美德，但事实上，这种情形下的美德已沦为外在规则的附庸，美德在伦理致思中的中心地位已悄然旁落。正是在这个意义上，麦金太尔认为，后来的基督教伦理及其衍生物现代道德哲学在某种意义上都是斯多亚主义的继承者，"每当诸美德开始失去其核心地位，斯多亚主义的思想与行为模式就立即重现"，麦金太尔进而断言"斯多亚主义始终是西方文化中最持久的道德可能性之一"[①]。麦氏之所以如此认为，原因显然就在于其把握到了斯多亚学派在美德地位的附庸化处理方面与基督教伦理和现代道德哲学之间的某种一致。

二 基督教的道德律法主义

如果说斯多亚学派开启了美德地位的附庸化之旅，那么基督教伦理的致思方式则无疑将之向前推进了一大步，恰如麦金太尔所言，"它（指斯多亚主义的伦理致思模式——引者）之所以没有为那些后来将道德法则概念变成道德之全部内容（或几乎全部内容）的道德学家提供唯一的甚或是最重要的模式，是因为另一种更为严苛的法则伦理，即犹太教的法则伦理，改变了古代世界的信仰。当然，得以如此流行的是以基督教形式出现的犹太教"[②]。也就是说，在犹太教和基督教的律法伦理中，美德在伦理致思中的中心地位之丧失进一步加剧了。

为什么说犹太教和基督教的伦理思想是一种律法伦理呢？为此我们首先有必要对犹太教和基督教的共同典籍《旧约》进行一番粗略的认识。从宗教观点上来看，犹太人和周围的部落之间最初并没有太大的差别，耶和华（Jahweh）只不过是远古犹太部落的守护神。比如，据《旧约》记载，当犹太人在其首领约书亚率领下称霸迦南时，其他五个王国为避

[①] [美]麦金太尔：《追寻美德》，宋继杰译，译林出版社2003年版，第214页。

[②] 同上书，第214—215页。

免犹太人的奴役而进行反抗,他们的英勇作战使得其努力没有白费,而正当情况危急时太阳正好要下山,这样他们就可以趁着天黑逃跑,这时约书亚向耶和华祈求,耶和华于是下令太阳停留不动,帮助犹太人赢得了战争。[1] 从这里来看,耶和华对犹太人的偏爱可以说并非因为他们的事业更为正义,而只是因为自己的名字经常受到他们的念叨。当然在犹太人眼里,耶和华与其他部落之神的最大不同恐怕就是他的威力更大、更加无所不能,但这似乎又是任何一个部落对自己的保护神之确信所造成的,因为反过来也是如此,其他部落对自己的守护神也有这样的确信。然而,犹太人的耶和华与其他部落的保护神之间还是存在一个很大的差异——即犹太人和自己的保护神耶和华之间存在一种约定的关系,这是古犹太教信仰中较为特殊的地方,也正是这一特殊因素使得犹太教蕴含了某种普遍性的契约精神。一般来说,就宗教信仰而言,如果人的行为展现出某种宗教上的不洁或出现对神的亵渎时,这种情况下都会遭到神的报复或惩罚。问题是,像犹太人那样将人所受到的惩罚归因于对(保护)神所颁布的命令的触犯,这在各种信仰崇拜中恐怕并不多见。实际上,伊甸园的故事本身就可看作人违反戒律而遭到惩罚的故事——亚当和夏娃禁不住诱惑偷吃禁果,违反了与上帝的约定从而遭到惩处并被逐出乐园。《旧约》的律法性质在摩西从西奈山上带回刻着上帝颁布约法的两块石板那里得到最为明确的体现,据说石板上刻着耶和华要求犹太人严格遵守的十条律法,又称"十诫",即:(1)不可信仰耶和华以外的神;(2)不可雕刻和信仰其他的偶像,包括在埃及信奉的;(3)不可亵渎耶和华的名字;(4)必守安息日以祭祀上帝;(5)必须孝顺父母;(6)不可杀人;(7)不可奸淫他人之妻,女人不可与他人之夫通奸;(8)不可偷盗;(9)不可陷害他人;(10)不可贪婪,不可抢夺邻人的财产。[2] 不难看出,"十诫"是禁止性的命令,这是对上帝的选民(犹太人)一方在思想和行为所做出的要求,犹太人如果遵循了上帝所颁的律法,那么就可得到上帝的钟爱与庇护;反之,如果犹太人违背了上帝颁

---

[1] [美]房龙:《圣经的故事》,乔菲、刘学政译,北京燕山出版社2000年版,第65—69页。

[2] 同上书,第57—58页。

布的律法，那么就会遭到上帝的惩罚。可以看出，在犹太教的伦理致思中，有美德的人或值得赞赏的人当然就是一个能够严格遵循上帝律法的人，美德对律法的附庸性地位不言而喻。

基督教虽然脱胎于犹太教，但我们不得不承认两者间还是有着很大的不同，其中最大的不同就是犹太教中如铁面无私的判官般的耶和华在基督教那里变成了具有恒久耐心和万般慈爱的最高主宰。然而从伦理致思方面来看，基督教伦理仍然保留了犹太教伦理的律法主义性质，如关于戒律、惩罚性地狱、赎罪与得救等观念基本上与犹太教没有太大的差异。当然，基督教本身是一个不断发展着的宗教，在不同时期或在不同的宗教思想家那里，其道德律法主义的凸显程度并不完全一致，因而所造成的美德在基督教伦理中的边缘化地位的情形也不尽一致。但总体而言，美德地位的边缘化或者说美德作为律法的附庸这一趋势随着基督教的发展而愈演愈烈。

在伟大的教父哲学家奥古斯丁那里，美德虽然服务于恰当的规范，但其自身还具有相当的意义，"美德在奥古斯丁那里被定义为恰当有度的爱，所有的真正的美德都源于仁爱的各种形式，爱上帝和爱邻人是基督所要求的，各种美德就其本质而言都是关涉他人的（other-regarding）爱"[1]。这样来看，奥古斯丁在谈论美德时，已悄然地将之与外在的规范（即对上帝和他人的爱）相对接。奥古斯丁认为，人类的意志高于美德，人们如要获得审慎、刚毅、节制、正义以及信仰、希望、仁爱这七大美德，首先必须要具有善良意志。然而，由于人的意志总是不完善的，总是避免不了与各种恶念进行持久的斗争，因此奥古斯丁反对古希腊哲学家所主张的美德统一性学说。在奥古斯丁看来，即便是圣人也不免具有道德上的瑕疵，一个人可以通过拥有更多的仁爱而拥有更多的美德，但人却不可能在此生达致完全的仁爱，而如欲获得完全的仁爱，必须经由上帝的帮助，服从上帝的训诫，从而在彼岸世界获得完满的美德，但奥古斯丁相信一个人在此生是无法达到这样的任务的。由此来看，奥古斯丁显然在世俗道德生活领域放弃了对美德统一性的探寻。

---

[1] Eleonore Stump and Norman Kretzmann (eds.), The Cambridge Companion to Augustine, New York: Cambridge University Press, 2001, p. 215.

如果说奥古斯丁的伦理思想是耶稣基督与柏拉图的结合，那么阿奎那的伦理思想则可以说是耶稣基督与亚里士多德的综合。相对于其他基督教道德哲学家来说，美德在阿奎那伦理学思想中的地位出现了较大程度的反弹，美德的探究得到了阿奎那高度的重视，这与阿奎那对亚里士多德的重视当然不无关系。

有学者认为，"阿奎那伦理思想的一个重要特征表现在他对以往世俗伦理思想的继承与改造上，具体地说也就是对柏拉图，特别是亚里士多德的美德伦理学的继承和改造上，正是在这种继承和改造的基础上，他建构了神学的伦理学"[①]。阿奎那对世俗伦理学（主要是亚里士多德的美德伦理学）的继承和改造采取了这样的两种方式：一是阿奎那继承了奥古斯丁的伦理思想，在原有的世俗美德的基础上增加了新的神学美德——即将希腊的"四主德"改为审慎、刚毅、节制和正义，同时加上了信仰、希望、仁爱这三种神学美德，使得希腊的"四主德说"变为基督教的"七主德说"；二是阿奎那对原有的世俗美德加以神学的解释，赋予这些美德以神学的性质。[②] 我们在先前的讨论中曾谈到，阿奎那不仅继承了亚里士多德对美德的一般理解，而且还在此基础上为美德伦理研究的向前推进做了不小的贡献。

当然，阿奎那在继承与发展亚里士多德的美德伦理理论的同时，从其神学思想立场出发，认为美德伦理存在许多需要加以批判的地方。在阿奎那看来，美德本身具有内在的不确定性，这种不确定性体现在美德难以直接指导外在的行动。因此，他认为应该将美德的讨论与规范的强调结合起来。在阿奎那的伦理致思中，所有的人类行为都可归入道德哲学的范围，道德哲学的恰当任务，就在于考察构成道德次序（moral order）的人类行为。[③] 这样来看，在阿奎那的伦理思想中，对行为的规范似乎构成其伦理致思的中心，"托马斯与亚里士多德不同之处在于，他把对人类行为的规范放在了首要的位置上"。这样，在阿奎那那里，虽然美

[①] 张传有：《托马斯：德性伦理学向规范伦理学转化的中介》，《华中科技大学学报》2005年第5期，第18页。

[②] 同上书，第18—19页。

[③] Norman Kretzmann and Eleonore Stump (eds.), The Cambridge Companion to Aquinas, Cambridge: Cambridge University Press, 1993, pp. 196 – 197.

德的探讨依然在其伦理思想中占有重要地位,但其所关注的焦点似乎已转向了对行为的规范,因此有学者认为,阿奎那"推进伦理学由美德伦理向规范伦理的转化"①。总而言之,基督教伦理思想从奥古斯丁而到阿奎那,虽然对律法规则的作用非常重视,并已隐含了以"规则"来取代"美德"在伦理学中的中心地位之倾向,但美德的探讨仍然可以说是他们伦理思想中极为重要的一环,可以说此时美德的地位尚未走向彻底的附庸化与边缘化境地,这一点已为麦金太尔所认识到,"中世纪的上帝永远是耶和华在西奈山上发布命令的声音和哲学家们的上帝的折中物。哪些哲学家?要么是柏拉图,要么是亚里士多德"②。

如果说在阿奎那的伦理思想中,"善"的观念并非完全是神学意义上的,那么这种状况在其后的基督教神学家那里恐怕就有所不同了,"上帝与人之间的距离被强调了,人的有限性和罪孽使他对上帝无知,但却接受上帝恩赐之物,人从本性上来不具有判断上帝所说的,或据说为他所说的东西的任何标准"③。上帝是绝对的权威,是一切恩典的来源,也是伦理价值的最终根源,但这一切却并非是人所能把握的。如果说"无限的存在"是"有限的存在"所难以把握的,那么其结果就只能是一切"善"的观念都需归因于上帝的意志,其所隐含的伦理意蕴是道德完全(且必须)是脱离日常俗世生活而直接来源于神启,即道德源于上帝的意志而与人的现实生活经验无关。虽然基督教伦理的律法主义自形成伊始便蕴含着道德仅与神之启示相关的思想,但将这一思想彻底完成的应该是阿奎那之后的奥卡姆的威廉(William of Occam,1285—1349,英国经院哲学家——作者)。在奥卡姆的威廉看来,神的戒律是超越了人的有限理性所能把握的,因此,对神所颁布戒律的领悟就不能依赖于人理性的思索,相反它要求的是一种非理性的服从。奥卡姆的威廉这一非理性神学主义在路德那里得到了继承和发展,集中表现在路德对道德法则的理解,"真正的道德规则是神的戒律——而且是以奥卡姆主义者的眼界来理

---

① 张传有:《托马斯:德性伦理学向规范伦理学转化的中介》,《华中科技大学学报》2005年第5期,19—20页。
② [美]麦金太尔:《伦理学简史》,龚群译,商务印书馆2003年版,第165页。
③ 同上书,第167页。

解的戒律——也就是说，没有比它们是上帝的训诫更为合理和正当的了"①。善与正当完全由上帝的意志（体现为戒律）来界定，其所带来的影响是：作为人内在品质特性的美德从好的角度看就是可以将之视为具有某种助益性的力量，由此而被认为是值得拥有的对象；从不好的角度看就是将之视为容易将人牵引至世俗性存在或者说背离上帝的倾向，由此而被认为是应该加以防范或施予神学化改造的对象。这样，自奥卡姆的威廉伊始而至宗教改革家加以强调的更为严苛的基督教伦理，其律法主义特征愈发强烈，最终使得美德在伦理致思中的中心地位被彻底置换出来，美德这一概念要么干脆不再被提及，要么仅被当作有助益性的辅助力量，丧失了其在伦理致思中原有的中心地位，美德伦理学当然也随之步入其漫长的消隐时期。

三　规则伦理的滥觞：美德碎片化学说的根源之一

从先前的讨论中我们知道，宗教改革运动对一种更为严苛与纯粹的宗教伦理观念的谋求，使得基督教伦理对行为合理性的辩护走向了某种极端——行为的道德性质仅与上帝所颁布的诫命相关。正所谓"物极而必反"，基督教这种极端性的宗教伦理观念反而催生了世俗伦理的复兴——然而却是一种与希腊式伦理致思模式迥异的世俗伦理。

如果我们问一位基督教神学家这样的一个问题："为什么我应当做这件事？"他的回答应该是："因为那是上帝的命令。"如果我们不满足于此而再进一步追问："我为什么应当做上帝所命令的？"那么这位神学家可能会给出这样的三种回答：（1）因为上帝是神圣的，所以我们应服从他的训诫；（2）上帝是全善全知的，所以应听从上帝的教诲；（3）上帝是最高主宰，不遵从上帝诫命的人将永坠地狱。② 然而，正如康德所批判了的：从上帝命令我们做某事这个事实中永远推不出我们应该做某事；若要合理地得出为什么我们应该做某事，我们还必须认识到我们为什么始终应该做上帝命令之事。问题还在于，如果我们要知道为什么始终应该做上帝命令之事，那么我们就需要一条独立于上帝意志之外的道德判断

---

① ［美］麦金太尔：《伦理学简史》，龚群译，商务印书馆2003年版，第171页。
② 同上书，第159页。

标准，以用来评价上帝的言行从而找到服从上帝意志的道德价值。① 然而，如果上帝意志之外尚需一条独立的道德判断标准以判断上帝之意志是否应该值得遵循，则不仅上帝之意志本身成为多余之物，而且对这一道德判断标准的回答似乎也可能是多元而非单一的，康德所提出的纯粹理性只是其中的一种可能，这种可能也不能排除是康德所谓的"非纯粹理性"——功利大小计算的实用理性，或者是根本与理性相对立的人的特定情感。

克里斯蒂娜·科尔斯戈德（Christine M. Korsgaard）在《规范性的来源》一书中认为，现代道德哲学否弃了古希腊及中世纪欧洲的宗教学说对伦理学的目的论规范性的论证，但它本身还是可以被当作为一个探求规范性来源的过程。在科尔斯戈德看来，现代哲学家对规范性问题给出了四种较为成功的回答，具体为：（1）唯意志论。根据唯意志论，义务来源于对道德行为者具有立法权威的、因而能够为他们立法的某个人的命令。你必须做正当的事情，因为这是上帝的命令，或者因为是某个你已经同意要服从他制定的法律的政治主权者的命令。唯意志论将规范性的来源理解为立法者的意志，普芬多夫和霍布斯持这种看法。（2）实在论。依据实在论，如果道德要求是真实的，它们就是规范性的，如果存在着它们正确的描述内在地具有规范性的实体或者事实，那么道德要求就是真实的。这种对规范性来源的论证一般采取直觉主义的形式，其代表人物为普理查德、摩尔和罗斯等。（3）"反思性认可"的观点。那些相信道德奠基于人类本性的哲学家是这种观点的支持者。他们的首要工作是要解释人类本性中是何种因素成为道德的来源，并说明我们为什么要使用这些道德概念而令自己受制于它们。在持"反思性认可"的论者那里，道德的理由是实践的理由，关键的问题是要表明道德对我们而言是好的。这种论证方式可见于哈奇森、休谟和密尔等人的著作中。（4）诉诸自律。这种论证的代表是康德及以罗尔斯为代表的当代康德主义的建构主义者，主张道德要求的规范性来源必须在行为者自身的意志中寻找，特别要基于这一事实：道德法则是行为者自身意志的法则，道德要求是行为者施加给自身的要求。认为行为者对于自身行动具有自我意识

---

① ［美］麦金太尔：《追寻美德》，宋继杰译，译林出版社2003年版，第57页。

84　美德的统一性:一种有限辩护

的反思能力,赋予我们对自身的权威,正是这种权威给予道德要求以规范性。[①] 在我们看来,科尔斯戈德关于现代道德哲学对规范性来源问题的概括,实际上反映的恰是基督教伦理逐渐衰落、现代社会的世界观影响日益增强之下的不同伦理学派对道德规范的合理性所做出的不同论证。其中唯意志论基本上可看作是尝试不依赖于超越性的上帝而对规范性做出的世俗性回答的开始,而我们也不难看出这样的伦理致思模式尚留有鲜明的基督教伦理的色彩,从某种意义上来说,霍布斯的主权者的立法可以等同于基督教所宣称的最高主宰之意志,科尔斯戈德所提到的规范性的其他来源,囊括的也恰是西方近现代以来伦理学的主要理论流派,包括直觉主义、古典情感主义、功利主义以及康德义务论。

虽然现代道德哲学在规范性来源问题上的回答是多元的,但它们之间也共享有诸多的共同之处,其中最大共同点在于它们都强调了规则(或义务、原则)的首要性地位,"按照现代道德学说的立场,首要的问题只涉及规则:我们应该遵循什么规则?我们为什么服从这些规则?规则成了社会生活的首要概念"[②]。以康德义务论为例,道德的根源只能来自于理性所颁布的普遍法则,但由于人是有限性的存在,总是会受到这样或那样的引诱而背离法则,因此,人需要借助自身的意志力量以克服背离法则的自然倾向,这一意志力量被康德理解为人的美德,或者说在康德那里,美德就是克服企图违反法则的各种引诱之意志力量。如此,美德在康德伦理学中的地位就只是辅助性的了,"美德的力量也正在于排除来自爱好和欲望的障碍,以便担负起自己的责任,恪守自己的职守。所以美德的力量,不过是一种准备条件,把责任的'应该'转变成'现实'的力量"[③]。持康德主义思想的当代哲学家罗尔斯对美德的理解所遵循的恰是康德所开创的模式。在罗尔斯看来,美德就是有利于规则遵循的情感力量,"美德就是感情,也就是说,它们是与有一种较高层次的欲望所规范的那些气质和性情相关联的,在这种情形下,行动的欲望就来

---

① [美]克里斯蒂娜·科尔斯戈德:《规范性的来源》,杨顺利译,上海译文出版社2010年版,第19—21页。
② [美]麦金太尔:《追寻美德》,宋继杰译,译林出版社2003年版,第150页。
③ 苗力田:《德性就是力量——从自主到自律》,载康德《道德形而上学原理》,苗力田译,上海世纪出版集团2005年版,代序。

自于相应的道德原则"①。不难看出，罗尔斯言下的"美德"只不过是使人能够依据正当的基本原则去行动的强烈且有效的欲望而已，这与康德的理解实无太大差别。与康德义务论相鼎足而立的功利主义丝毫不掩饰自家理论对行为规则制定的重视，边沁在《道德与立法原理导论》一书中明确说道："自然把人类置于两位主公——快乐和痛苦——的主宰之下。只有它们才指示我们应该干什么，决定我们将要干什么。是非标准，因果联系，俱由定夺。"边沁强调我们行动的唯一正确依据就是功利原理，"一个人对于一项符合功利原理的行动，总是可以说它是应当做的，或者至少可以说它不是不应当做的。也可以说，去做是对的，或者至少可以说去做是不错的：它是一项正确的行动，或者至少是不是一项错误的行动。应当、对和错以及其他同类用语作如此解释时，就是有意义的，否则没有意义"②。边沁的"教子"与学说继承人密尔针对人们对基于简单的快乐与痛苦原理的功利主义之责难，对边沁的功利主义思想进行了一定程度的修正，但两者在理论主旨方面来看则可以说是一致的。在《功利主义》一书的开篇处，密尔明确告诉我们，"伦理学的任务是要告诉我们，我们的义务是什么，检验它们的标准是什么"，他进而强调，"功利主义伦理学家几乎比所有其他的伦理学家都更加强调，动机虽然与行为者的品质有很大关系，却与行为的道德性无关"③。值得一提的是，密尔虽然强调了功利主义理论对于行为正当与否的首要关切，但他并不认为人的内在品质状态是无关紧要的东西。密尔认为行为者自身的品质状态虽然与行为本身的好坏没有关联，但却与我们对行为者的评价相关，"就人而言，令我们感兴趣的不光是他们行为的对错，还有其他东西，这一事实与功利主义的理论并无任何不相容之处"④。当然，在密尔看来，有关行为的正当性与否的评判不仅要优先于对品质善恶的把握，而且对后者的认识也需要依赖于对前者的认定，"从长远来看，最能证明良好品

---

① ［美］罗尔斯：《正义论》，何怀宏等译，中国社会科学出版社1988年版，第190页。此处作者也参考了宋继杰在《追寻美德》中的相关翻译。
② ［英］边沁：《道德与立法原理导论》，时殷弘译，商务印书馆2000年版，第57—59页。
③ ［英］密尔：《功利主义》，徐大建译，上海世纪出版集团2008年版，第18页。
④ 同上书，第19页。

质的东西还是良好的行为"①。

由于不同立场的当代道德哲学家提出了关于行为规范合理性的不同解释，这些不同解释之间难免就会陷入一种相互竞争而又难以通约的对峙局面，麦金太尔已认识到这一点："每一个道德行为者现在都不受神法、自然目的论或等级权威等各种外在性的约束而畅所欲言，然而，为什么所有其他人现在都应该听他的呢？"② 也就是说，如果行为的合理性在于对规则的遵循，而规则之外再无任何根源，那么，不同立场的伦理学派所倡导的规则之间就必然会出现相互竞争而无法通约的局面，在这种情况下，我们又该以何种规则来指导自己的行为呢？麦金太尔的回答是：现代道德哲学家所从事的是一项注定不会成功的筹划。在这里，我们不妨粗略地回应一下麦金太尔所谓的"道德合理性的启蒙筹划已然失败"这一诊断。应该看到，麦金太尔的这一诊断可以在安斯库姆的《现代道德哲学》中找到源头，在这篇文章里安斯库姆提到，诸如义务、责任以及（道德上的）对错概念其实都是基督教的律法伦理的残留之物，或残留之物的派生物。由于拒斥了作为神圣立法者的上帝，所以这些概念除了显示某些强制性的力量之外，没有任何可辨识的内容。③ 在《追寻美德》一书中，麦金太尔借助一个关于自然科学灾难的联想阐述了与安斯库姆相类似的观点。在麦金太尔看来，现代道德哲学的不同学派之间之所以陷入无休止的争吵，是因为他们所继承的恰是"来自古老过去的破碎了的残存之物"，即作为基督教的律法伦理的残存之物，问题是，他们在保留律法伦理的道德训诫的同时却抛开了作为这些道德训诫的颁布者——上帝，因此他们所持有的道德律则实际上只是各种专横的断言，谁也无法说服谁。本来意欲筹划具有普遍有效解释力的现代道德哲学陷入了各种理性伸张之间的互竞与冲突，相对性立场的情感主义是它们的逻辑归宿，正是基于这样的原因，麦金太尔断言道德合理性的启蒙筹划必然要走向失败。④ 我们并不完全赞同麦金太尔所做出的这一悲观诊断，

---

① ［英］密尔：《功利主义》，徐大建译，上海世纪出版集团2008年版，第20页。
② ［美］麦金太尔：《追寻美德》，宋继杰译，译林出版社2003年版，第86页。
③ G. E. M. Anscombe, "Modern Moral Philosophy", Philosophy, 1958, 33, pp. 16–17.
④ ［美］麦金太尔：《追寻美德》，宋继杰译，译林出版社2003年版，第46—65页。

其中重要的原因在于：麦金太尔主要是从与基督教律法伦理之间的承接性关系这一角度来思考现代道德哲学的地位问题，而这在我们看来恐怕有失偏颇。理论是现实的反映，规则伦理（亦即所谓的现代道德哲学——作者）在近现代社会的滥觞与近现代社会本身的特质无疑具有某种必然的关联。我们之所以认为麦金太尔的相关诊断有失偏颇，原因在于：第一，规则伦理实际上适应了现代社会生活的民主化、个人的原子化所带来的个人主义以及个体意识觉醒所带来的公民权利本位意识等现代观念及现代生活方式，在现代社会生活之下，人们的道德兴趣更多倾向于对外在行为的规范而非内在人格的塑造；第二，相比美德伦理这种诉诸于行为者内在品质对行为施予间接性影响的规范而言，规则伦理某种程度上可看作一种简化了的规范形式，这种简化了的规范形式在行为的规范方面有其相应的优势，"把含糊的、人所共知的不确定的责任缩小为一张有限义务或责任清单，免除了行动者在黑暗中摸索的许多焦虑，有助于避免没完没了的解释和永不停息的折磨所带来的痛苦感觉"[①]。因此，我们认为麦金太尔关于"道德合理性的启蒙筹划已然失败"的诊断存在一定的偏颇，没有看到规则伦理与现代社会生活存在诸多相契合的地方。

当然，承认规则伦理在现代社会具有诸多合理的一面，并不等同于承认规则伦理可以完全取代美德伦理在道德生活中的料理作用，更不等同于承认规则伦理学家将美德当作规则之附属的处理是恰当的。应该看到，在伦理学研究领域，概念特别是核心概念往往与特定的实践指向具有紧密的关联，恰如科尔斯戈德所说："道德概念在我们的生活中起着实践性的作用，它们具有十分特别的重要性。"[②] 在我们看来，美德地位的边缘化或者说美德概念的附庸化在客观上确实造成了道德理论对现实道德生活在解释上的某种不足：首先，单纯强调对外在规范的遵循，实际上是对人之生存本质之理解的一种偏离。与着眼于外在且单调的规则相

---

① ［英］齐格蒙德·鲍曼：《生活在碎片之中——论后现代的道德》，郁建兴等译，学术出版社2002年版，序言第5页。

② ［美］克里斯蒂娜·科尔斯戈德：《规范性的来源》，杨顺利译，上海译文出版社2010年版，第11页。

比，内在性的美德与人的生存本身具有更为切近的关联，恰如有学者所说，"较之规范，美德与个体的存在有着更为切近的联系：它作为知情意的统一而凝化于自我的人格，并在本质上呈现为个体存在的内在状态。当行为出于美德时，个体并不表现为对外在社会要求的被动遵循，而是展示为自身的一种存在方式。在美德的形式下，'知当然''行当然'开始相互接近：作为同一主体的不同存在状态，'知当然'与'行当然'获得了内在的统一。"① 其次，遵循规范是必要的，但这只是基本的、初步的道德要求，而主体的美德养成则体现了一种更高层次的道德境界。从人自身对道德规范的体认与遵从这一角度来看，则规则之要求似乎更多体现的是道德他律性的一面，而出于美德之行动则体现的是道德自律性的一面，甚或是道德自然性的一面，从而使得出于美德的行为相比于遵从规则的行为与道德之本质具有更大的契合，更能体现道德对自律的重视与强调，"道德需要自律，自律无疑优于他律"②。再次，美德伦理在行为动机与行为理由之间能够实现两者间的某种和谐，而这一点恰是强调外在规范的规则伦理所缺乏的。在《现代伦理理论的精神分裂症》一文中，迈克尔·斯托克指出，现代伦理理论（即规则伦理学）的行动理由"不受一个人所看重的东西所驱动"，因而造成了一个人的行为动机与其行为理由之间的某种分离，使得一个人的行为理由难以如实地反映在其行为动机之中而不造成现实道德生活中的某种意义或价值的损失或毁坏，如此，以规则伦理为料理原则所做出的行为，就难以避免造成个人的行为动机与其行为理由之间的某种不和谐，斯托克称这种现象为"现代伦理理论的精神分裂症"。③ 在我们看来，所谓的"现代伦理理论的精神分裂症"，说的实际上就是对规则伦理在日常道德生活的解释方面存在的某

---

① 杨国荣：《孟子的哲学思想》，华东师范大学出版社2009年版，第195页。西方学界持有相类似看法的有伯纳德·威廉姆斯、克里斯蒂·斯旺顿（Christine Swanton）、朱丽娅·阿那斯（Julia Annas）等人，Cf. 1. Bernard Williams, Ethics and the Limits of Philosophy, London: Fontana Press, 1985; 2. Christine Swanton, Virtue Ethics: A pluralist View, New York: Oxford University Press, 2003; 3. Julia Annas, The Morality of Happiness, New York: Oxford University Press, 1993.

② 吕耀怀：《从道德自律到道德自然》，《道德与文明》2010年第4期，第16页。

③ ［美］迈克尔·斯托克：《现代伦理理论的精神分裂症》，载徐向东编《美德伦理与道德要求》，江苏人民出版社2007年版，第59—70页。

种不足而所做出的一种责难，可视为从另一角度表明了人的现实道德生活显然难以离开美德伦理之料理。应该看到，无论规则（或原则）在现代社会生活中如何重要，也无论我们对规则的制定是多么的详尽，实际上它也永远无法穷尽人类生活的所有方面，比如，以正义原则为首要关注的罗尔斯，在将其两个正义原则应用于家庭生活领域时，也不得不强调这两个正义原则在家庭生活领域中的作用是局部的应用而非完全的应用。①

美德概念的边缘化或附庸化，导致美德仅被理解为有助于促使遵守规则（或原则）的欲望或情感，成了麦金太尔所谓的"对规则表示敬意的必要性情"，其后果是导致了美德的碎片化理解。一个人在此时此地遵守规则，并不意味着在彼时彼地也能如此行事；反之，一个人此时此地没有遵守规则，也并不影响他（或她）在彼时彼地可能会依照规则行事。规则或者来自于理性的普遍性决定（康德义务论），或者来自于功利性的后果判断，也或者是来自于人的直觉性发现，但对人来说，规则与规则之间可以说是独立自存、互不相干的关系，将某一规则从其所在的规则系统中抽离出来，并不会对这一规则本身造成任何的实质性影响。由于规则伦理将美德理解为规则的附庸，如此，规则间的可分离性存在就必然导致美德的碎片化存在的理解。因此，始于斯多亚学派，由基督教律法伦理所加强而在规则伦理（即所谓的现代道德哲学）那里发展至极致的美德概念的边缘化或附庸化，就可看作为美德的碎片化学说的根源之一。

第二节　原子化的自我观与整体目的论的丧失

麦金太尔在《追寻美德》一书中曾说道："某人生活中的一种美德的统一性，只有作为一种单一的生活（一种可以作为一个整体来设想和评价的生活）的特征才是可以理解的。"② 与之不同，在现代社会中，随着

---

① 参见［美］罗尔斯《正义论》，何怀宏等译，中国社会科学出版社1988年版。
② ［美］麦金太尔：《追寻美德》，宋继杰译，译林出版社2003年版，第260页。

商品经济的不断推进以及社会分工的不断深化,现代人所从事的职业、承担的角色及历经的生活已不可避免地朝着多样性、复杂性与流动性等方向发展,一种单一而固定的生活在现代社会显然已难以想象,与之相应,个人生活似乎也已由各种职业、角色之频繁变换而呈现出某种碎片化的特征。在一些论者看来,在碎片化的生活当中,个人的角色与身份也随之难以得到确定,附着于这种角色身份的特定品质特性(即美德)也因之而失去依附,失去了养成的土壤。也有其他论者则认为,个人在其碎片化的生活中被迫扮演各种不同的社会角色,随着所扮演角色的变动,个人自身的同一性似乎也面临着被消解的危险,如此,一个人在某一(些)领域中有良好的表现并不意味着他(或她)在其他领域也同样如此,或者说,一个人在某一(些)领域中拥有美德并不意味着他(或她)在其他领域中也能够拥有美德。质言之,这样的观点认为现代生活的碎片化特征决定了人对美德的拥有只能是碎片性的,因此美德是以碎片化而非统一性的方式存在。可以认为,生活的碎片化理解是造成人们拒斥美德统一性学说的另一根源。从逻辑上来看,生活的碎片化理解与整体目的论的丧失相关,而整体目的论的丧失则是道德根源内化所带来的原子化的自我观之结果。

一 道德根源的变迁:从古代到现代

我们往往认为中国传统哲学与西方哲学相比有一个很大的区别——中国传统哲学是一种"天人合一"(或"天人无间")式的思维模式,认为人类社会与客观自然(天)之间是一种有机的整体关系;而西方哲学则由于过分强调人与自然间的分辨,而将人与客观自然看作分离与对立的关系,最终导致人与自然关系问题上的人类中心主义,将客观自然单纯看作人认识与征服的对象。实际上,这样的看法从总体上来说无可非议,但细究起来则不无问题,因为将人类社会视为宇宙整体之有机组成部分这一"天人无间"式的思维方式并非为中国传统所独享,西方古代或者说古希腊人也曾持有类似的观念,正如查尔斯·泰勒所说,"人们过去常常把自己看成一个较大秩序的一个部分。在某种情况下,这是一个宇宙秩序,一个'伟大的存在之链',人类在自己的位置上与天使、天体和我们的世人同侪共舞"①。

宇宙与人类社会的一体性观念催生了希腊的宇宙有机目的论。在这一宇宙有机目的论的影响下，希腊人认为一切存在均被安排在给定的位置上，每个部分具有自身特定的角色与功能，而都服务于一个整体目的，"人们过去总是被固锁在给定的地方，一个正好属于他们的、几乎无法想象可以偏离的角色和处所"②。这样，宇宙有机目的论在伦理致思上的反映即是对一种整体性善的强调以及善的等级性意义。如此，一方面，在宇宙有机目的论背景下，人的道德之根源是外在性的客观秩序，"这些秩序在限制我们的同时，也赋予世界和社会生活的行为以意义。我们周围的事物不仅是我们计划的潜在原材料或工具，这些事物在存在之链中的地位本身也是有意义的。鹰不再只是一只鸟，它也是整个动物生活领域之王。同样，社会的礼仪和规范并不限于工具性的意义"③。另一方面，在一个客观的整体性秩序之中，个体的角色、身份或地位是既定的，这种情况下的"自我"具有非常鲜明的同一性特征，"自我"是一个非常容易得到辨识的概念，恰如麦金太尔所认识到的，"在许多前现代的传统社会中，个体通过他在各种各样的社会团体中的成员的资格来确定自己的身份，并被他人所确认"④。

在希腊人那里，人与宇宙一体性观念贯穿了自神话故事到哲学的思辨。在荷马那里，任何一个事件的发生都是宇宙整体计划的一个部分，当荷马说特洛伊战争"成全了宙斯的意志"时，他并非是说这一切都是由宙斯那不可捉摸的意志所安排的，其所要表达的是，这一事件只不过是宇宙计划的一个部分，而不是孤立的事件。⑤ 荷马之后，哲学的探索取代了神话的叙事，但宇宙整体性目的论依然保留下来，宇宙秩序不再通过宙斯的意志而是经由理性的洞识而得到显现或阐明。在柏拉图那里，宇宙秩序与理性本身为一体而两面的关系，"理性概念与秩序概念密切相关……理性可以被理解为对自然或正当秩序的知觉，而由理性支配就是

---

① [加] 查尔斯·泰勒：《现代性之隐忧》，程炼译，中央编译出版社2001年版，第3页。
② 同上。
③ 同上。
④ [美] 麦金太尔：《追寻美德》，宋继杰译，译林出版社2003年版，第42页。
⑤ [英] 基托：《希腊人》，徐卫翔、黄韬译，上海人民出版社1998年版，第54页。

由这种秩序的眼光所支配"①。理性的地位在柏拉图看来是崇高至上的,其意义就在于借此而察知实在的秩序,实现人与宇宙秩序之间的一致与和谐。在柏拉图那里,一个混乱的灵魂是缺乏理性引导的灵魂,当然也是一个没有弄清恰当的客观性宇宙秩序的灵魂,因此,理性与人类善的追求之间具有紧密的关联,理性的灵魂也可以说是善的灵魂。可以看出,在柏拉图那里,理性的作用更多是指向外而非指向内,即理性的作用主要用于对一种外在性客观秩序的察知与体认。由此来看,在柏拉图那里,道德的根源从表面上来看是"内在于人"的理性,实际上却是外在的客观性秩序,"理性按照更大秩序的眼光达到其完满性,这种眼光也是至善的眼光……我们因理性而认可的道德根源,并非是我们内部。它们可被看作外在于我们,而在至善之中"②。亚里士多德反对柏拉图将可变化的实践性知识与对永恒性存在之把握等同起来的做法,他认为伦理学是关于人实践生活的研究,因此不能用一般规则一劳永逸地把握它的方方面面。但亚里士多德仍然承认客观的宇宙秩序对我们实践生活所具有的指导作用,而亚氏以更加难以把握的实践智慧(phronesis)③取代了柏拉图的一般性的"理性"所具有的作用,用以察知这一外在的客观秩序,"对亚里士多德来说,这种实践智慧是对某种秩序、生活目的的正确的意识,它把我所有目标和欲望构成一个统一的整体,在其中每个部分都有其适当的地位"④。也许正是由于亚里士多德对实践智慧之作用的如此定位,使得后世论者往往难以恰当把握其真正的含义,因为它本来就是"一种不能完全表达的见识"(查尔斯·泰勒语)。不难看出,在亚里士多德那里,虽然他更加强调了行为主体的主观努力(如亚里士多德主张美德养成于人的习惯),但道德之根源从根本上来说依然是外在性的,这也正好

---

① [加]查尔斯·泰勒:《自我的根源:现代认同的形成》,韩震等译,译林出版社2001年版,第180—181页。

② 同上书,第183页。

③ 应该看到,亚里士多德所说的"实践智慧"与苏格拉底和柏拉图所说的"智慧",本质上并无不同,亚氏的"实践智慧"可看作同一"智慧"在实践领域的应用。所以,西方学者在谈到苏格拉底和柏拉图在实践领域中的"智慧"时,往往将其等同于亚氏的"实践智慧"。但如何准确地把握亚氏的实践智慧概念,许多学者承认这确实是一个难题。

④ [加]查尔斯·泰勒:《自我的根源:现代认同的形成》,韩震等译,译林出版社2001年版,第185页。

解释了亚氏在探讨人类之幸福问题时，最后推出"沉思生活为最幸福之生活"这一令人颇感怪异的论断，个中缘由恐怕就在于唯有哲学家的沉思，方可真正洞识终极的宇宙秩序，从而达到至善的境地。

在斯多亚学派那里，虽然他们在对宇宙的整体性理解方面比其希腊前辈要更进一步，但在他们身上却发生了一些微妙的变化。简单来说，斯多亚学派通过对行为者自身意志的强调以及他们对美德这一概念的独特理解，在道德根源的理解问题上，已开启了由外而内的转变。在斯多亚那里，尽管道德的最终根源在于客观的宇宙秩序，但斯多亚学派对道德的无限拔高实际上已使得外在的宇宙秩序仅仅起到形式性的限制作用，原因在于：如果道德本身就是至高无上，人应该为了道德而道德，那么，人本身的意志就可能成为所有因素中的至关重要者。当然，道德根源的内在转向的真正启动者应该是奥古斯丁。为了反驳怀疑论，从而证明人类对知识真理之把握具有确然的特征，奥古斯丁提出了"我思"这一第一人称立场。[①] 在怀疑论者看来，任何东西都是可以存疑的，其中当然也包括上帝。问题是，如果任何东西都是可以存疑的，那么我们的知识就无法获得确然的保证，其中当然也包括我们对上帝的知识。在奥古斯丁看来，要真正驳斥怀疑论对知识确然性的挑战进而维护人们对上帝的信仰，需要为知识找到一个更坚实的基础，这个基础是最顽劣的怀疑论者也都能够承认的，否则我们就没有办法彻底战胜怀疑论，这一基础在奥古斯丁看来就是"我思"，这是任何一个思想者都无法否认的东西，因为当一个人要否认它的同时就证明它已存在了。然而对我们的讨论来说最为重要的是，"我思"的认知推理模式使得奥古斯丁的自我观完全不同于希腊哲学家（特别是柏拉图）的自我观，奥古斯丁的"自我"基本上是一个内化的概念，是主体依凭自身理性反思的结果。在这一反思过程中，自我的把握完全不必依赖于他物，由此决定了奥古斯丁言下的"自我"与其他存在之间呈现分离而非统一的关系。不仅如此，"自我"在奥古斯丁那里在某种意义上当然也不依赖于万能的上帝，否则它就违背了"我思"所提出的初衷了。"我思"完全是任何一个主体自身经由怀疑性反思

---

① ［加］查尔斯·泰勒：《自我的根源：现代认同的形成》，韩震等译，译林出版社 2001 年版，第 196—197 页。

而得到的确证方法,奥古斯丁的这一真理探寻路径直接启发了后来的笛卡儿。

笛卡儿通过"我思故我在"(cogito ergo sum)[①]的"笛卡儿式怀疑",不仅扭转了西方哲学的发展方向,而且给伦理致思也带来了极大的影响。第一,在笛卡儿那里,道德规则的有效作用虽仍然离不开上帝的帮助,但其根源却完全是非神学式的,道德的根源寓于人内在的理性,或确切地说是人的理性秩序的一种程序。理性在笛卡儿那里虽非为个人的主观之物,但却是内在于人的属人存在,这一点是近代理性主义与斯多亚主义的最大区别。不难看出,理性在笛卡儿那里对道德的作用是双重性的:一是对道德规则的洞识需要依凭理性,唯有理性方能把握真正的道德;二是遵循道德规则行事本质上等同于依循理性的固有秩序而行动,"道德的"与"理性的"某种程度上被当作可互换的概念。这样,在笛卡儿那里,道德的根源被真正地植根于人的内心,正如有学者所说,"一种重要的力量已经被内在化了"[②]。笛卡儿之后,洛克将自我的同一性建立在思想的绵延性上,"自我"被等同于人主观性的意识之流,这一立场基本上由经验主义哲学流派(包括功利主义、情感主义)所继承;康德继承了笛卡儿的理性主义,将真正的"自我"等同于普遍理性在主体身上的内化——纯粹理性。顺便指出的是,自我概念内化的最大影响无疑是催生了近现代个人主义的诞生,西方由此开启了人与自然间的分离甚或是对立。自我概念的内化还使得人认识到人类个体具有独一无二的特性,人的价值寓于个体自身并且需经由自身之努力方可实现。从这里可以看出,自我概念的内在化与近现代社会在某种程度上具有相伴而行的关系。第二,笛卡儿以"我思"这一反思确然性来求证知识的确定性根基带来了一种严格的二元论立场,即"我思"指向的是思想上的"心"而不涉及物质上的"身","身心"在笛卡儿的"我思"推论中陷入二分的局面。借由其严格的"二元论"立场,笛卡儿将外在的物理世界与人类世界之

---

① 应指出的是,笛卡儿的"cogito ergo sum"所针对的问题实际上是认识论上的确然性根基而不是存在论上的肯定追问,因此有学者认为应将其译为"我思故我是"。本书沿用习惯性的译法。

② [加]查尔斯·泰勒:《自我的根源:现代认同的形成》,韩震等译,译林出版社 2001 年版,第 213 页。

间的道德关联彻底割断,宇宙在笛卡儿看来仅仅是有着自身特定运行规律的外在性客观实在,是人生存与发展的可利用对象。与之相应,宇宙不再是一个有着自身目的与生命的有机存在物,而只是一种机械性的、可分割为不同部分的物理世界。从这个意义上可以说,笛卡儿不仅是近现代哲学的鼻祖,同时当然也可以说是现代道德哲学的鼻祖。笛卡儿以后,现代道德哲学在其所开启的自我概念内在化及宇宙机械论这两个方面越走越远。

二 极端的自我观与生活的部门化理解:美德碎片化学说的根源之二

在前面讨论中谈到,随着道德根源由外在的宇宙转向内在的人心(泛指人的理性、情感、直觉或由它们而来的各种变体),导致了哲人们在"自我"概念理解上的某种变化。在"天人无间"的宇宙整体论的语境下,"自我"概念依赖于外在的宇宙秩序,自我的认识与定位需依赖于其在整体宇宙秩序中所处的特定位置,自我的价值由所在整体或共同体来赋予,脱离开相应的整体或共同体,自我便无从得到辨认,其价值也难以得到实现,因为如此便失去了所依赖的相应条件。从伦理学研究的视角来看,传统的宇宙整体论下的自我观具有某种极为重要的道德意蕴,"在传统的人类道德意义结构中,人们对世界和社会的认识是基本的和首先的,因为在传统的伦理学或道德哲学观念里,只有首先正确地认识了人自身存在于其间的整体世界各种关系,才有可能正确地认识自身。确定这一认知秩序的哲学前提是,人作为一种生命存在不过是整体世界的一个部分,因而具有与整体世界和社会相通的本性"[①]。也就是说,在"天人无间"的整体论的自我观中,哲人们关于人的讨论往往是在一种整体论的语境下进行的,这一语境下人与共生于同一宇宙中的其他存在具有共享的本性,并且拥有共同的目标指向,人自身的价值与意义也只有在这一共性的目标指引下方能得以彰显。

与之不同,在"天人相分"、机械论的宇宙观的语境下,"自我"的概念完全是一个内化的概念,"从宇宙秩序分解出来,就意味着人类主体

---

① 万俊人:《寻求普世伦理》,北京大学出版社2009年版,第7页。

不再被理解为宏大的、富有意义的秩序的构成因素。他的典型目的是在内部发现的"①。在我们看来，自我概念内在化的逻辑演变路线一般来说有这样两种方式：一是突出个体的自在价值、个体的权利诉求及个性的自由发展等，这一路线的核心精神由现代个人主义（individualism）所继承与发展；二是强调个体或自我是一切的出发点与归宿，一切要以个体自我为中心、一切均需要服从于自我所设立的价值目标和评价体系，对这一路线的发展是极端性的唯我论与个人中心主义。在一切以自我为中心的思想影响下，"个体自我成了现代人类一切认识活动的基本出发点，其道德认知的必然结果则是，以个人或自我为中心的道德价值观开始成为宰制现代人类道德意识的基本'观点'"，这样，"对'个人自主性'的辩护，最终变成了'个人主义'乃至'利己主义'和'唯我论'的道德论证"②。相比于传统的人与世界间的有机统一观念，现代的"以个人为中心""以自我为中心"的道德价值观念不仅没有承认赋予自身存在以意义和价值的外在性宏观秩序，反而将个人之外的一切（极端情况下包括同为个体的他人）均置于从属性与手段性的地位，也正是由于这样的原因，有学者认为现代的道德问题及其追问相对于传统的道德探询模式来说，是"一种倒错的道德意识结构"③。

由此我们可以看到，自我概念的内在化过程，一方面带来了对人自身内在价值的肯定与强调，从而为近现代社会的发展提供了前进的思想助力；另一方面似乎又不可避免地产生了某种负面的影响，这样的负面影响在查尔斯·泰勒所谓的"现代性之隐忧"中得到较好的表达。在《现代性之隐忧》一书中，查尔斯·泰勒认为，所谓的"现代性之隐忧"包括这样的三个方面：第一种隐忧来自于个人主义的极端化发展所带来的对神圣秩序的怀疑与否弃，其结果是目标的丧失和一种狭隘化的自我观，从而导致意义的丧失和道德视野的褪色；第二种隐忧来自于世界祛魅化所带来的工具主义理性的泛滥，人成为工具的宰制对象而不是其主

---

① ［加］查尔斯·泰勒：《自我的根源：现代认同的形成》，韩震等译，译林出版社2001年版，第293页。
② 万俊人：《寻求普世伦理》，北京大学出版社2009年版，第7—8页。
③ 同上书，第5—8页。

人；第三种隐忧是前两个隐忧在政治生活领域中的拓展，所带来的是自由的丧失。①从查尔斯·泰勒的以上观点出发，我们似可得到这样的启示：（一）自我概念的内在化及由此而来的个人主义在作用影响上当然并非都是消极的，在适度的范围内对近现代社会来说具有不可或缺的推动作用，但其极端化发展却可能带来某种负面的作用，导致人生活意义的狭隘化理解或萎缩；（二）目的论的丧失在某种意义上虽然促进了人的解放与个性的自由发展，但所隐含的工具主义倾向则可能反过来带来对个体解放与个性自由的某种压抑，其极端化更可能导致现代性的"专制主义"。②

当然，自我概念的内化及由其极端化而来的自我中心论或唯我论，不仅可导致一定的负面社会效应，且对伦理学研究来说还有这样的消极影响：一方面，以自我为中心，在社会人际交往中往往容易导向以自我利益为中心，由此，自我中心论极可能走向所谓的极端性利己主义；另一方面，以自我为中心，从实质上来看也可以说是以个体自身的意志（或意愿）为中心，如此，自我中心论在现实中往往容易导致人对自身意志（意愿）某种过度的自信，而恰是这种对人意志的过度自信在客观上推动了所谓的美德的碎片化理解。为什么会这样呢？不难看出，对人自身意志的强调与自信，使得美德的拥有或养成被认为更多是一种与自身意志相关的事情，而如果说美德的拥有或养成取决于我自身的意志（或意愿），那么，我是否能够拥有美德似乎就变得比亚里士多德所说的要远为容易——即美德似乎不再需要经由持续而艰辛的习惯方可取得，相反它完全取决于我自身的意愿，取决于我自身意愿所可能具有的强度。是否能够拥有美德不再被认为是与主体所具有的相应行为习惯之性质相关，相反，被认为是与主体偶然所具有的某种意志（意愿）相关，这样的观

---

① ［加］查尔斯·泰勒：《现代性之隐忧》，程炼译，中央编译出版社2001年版，第2—12页。
② 吉登斯在《现代性的后果》一书中指出，"专制主义"（despotism）似乎主要是前现代国家的特征，但透过法西斯主义、屠犹主义、斯大林主义的兴起以及20世纪的其他事件，人们才恍然大悟，极权的可能性就包含在现代性的制度特性之中，而不是被取代了（［英］安东尼·吉登斯：《现代性之后果》，译林出版社2011年版，第7页）。

点我们可将之称为所谓的"美德的意志决定论"①。应该看到,主张美德的是否拥有取决于某种意志的是否在场,实际上即是将美德理解为意志之附庸,从学理上来看,这与规则伦理(康德义务论)的美德观念似乎并没有实质的区别。此外我们还需要谈到这样的一种可能:即在有的规则伦理学家那里,其美德理解虽然是亚里士多德式的,即美德的拥有与一种恰当的情感反应习惯相关,问题是,在这些伦理学家看来,恰当的情感反应却是行为主体自身意志所无从把握的,所以美德对于行为主体来说只能被寄予希望,但却不能作为一种要求,即认为人对美德的是否拥有似乎与其所具有的境遇或运气具有很大关联。② 与之相应,这些规则伦理学家当然也就否认了人在美德拥有问题上的某种主体能动作用,而否认了人在美德拥有问题上的主体能动作用,就等同于主张美德拥有在很大程度上取决于人所处的环境与境遇等不可控因素,这实际上也容易导向美德的碎片化理解。由此看来,无论是所谓的"美德的意志决定论"抑或是否认人在美德拥有上的主体能动作用,在美德相互间关系问题上都隐含着一种碎片化的理解取向。

此外,自我概念的内化以及由此带来的目的论世界观的丧失,也妨碍了人对自身生活世界的整体性把握。在缺乏目的论世界观的背景下,外在世界甚或是人所生存于其间的社会(或共同体)在现代人看来都只不过是某种利益的博弈场所,加之现代社会分工的日益发展与细化,个人的生活就被理解为是相对独立的各个部分,彼此之间并无必然的关联,个人的生活世界因而被看作部门化而非整体性的。生活整体性观念的丧失或者说生活世界的部门化理解对美德统一性观念当然也带来了很大的挑战,因为在一种生活整体性观念之下,一个人的品行表现会被理解为是连贯而稳定的,即一个人在某一领域所具有的品行表现,我们认为其在另一领域也必然如此;与之不同,在一种生活世界的部门化理解的语

---

① 所谓"美德的意志决定论"在当今的影视作品中常可看到相关的例证。比如,有的影视作品为了某种艺术目的,常常将故事中的主人公起初刻画为是一个恶习累累之徒,但却能够在最后的关键时刻幡然醒悟,一改前非并一跃而变成德才兼备之士。

② 比如西季威克就认为,义务是自身意志所能掌控之事,而美德却超出了意志的能力,因为美德要求的恰当情感是意志所不能把握的(参见[英]西季威克《伦理学方法》,中国社会科学出版社1993年版)。

境下，我们就难以主张一个人在某一领域所具有的品行表现也必然会拓展至其他领域，即如果一个人所生活的世界被分割为不同的相对独立的各个部门，那么我们有什么理由认为这个人在某一领域的品行表现也必然会拓展至其他领域中呢？如果说一个人在某一领域拥有美德而并不意味着在其他领域也必然如此，那么，我们又有什么理由认为人对美德的拥有是一种统一、整体的拥有呢？由此我们认为，由自我概念内化所带来的生活整体性观念的丧失也是人们拒斥美德统一性学说的又一重要因素。生活整体性观念的丧失必然带来对美德统一性学说的拒斥，这一点其实已为麦金太尔所认识到，"某人生活中的一种美德的统一性，只有作为一种单一的生活（一种可以作为一个整体来设想和评价的生活）的一个特征才是可理解的"[1]。

总而言之，近现代社会以来的自我概念的内在化及由此而来的极端自我观和生活世界的部门化理解，是造成美德碎片化学说的另一重要根源。

第三节 情境主义对美德伦理学的挑战

在对美德碎片化学说的根源追寻中，借助于新近社会心理学研究成果兴起的情境主义（situationism）是又一必须提及的因素。情境主义的基本观点是：影响人们道德行为的主要因素并非是所谓的内在品质，而是各种特定的情境，是情境的影响决定了人所可能采取的相应行动。与之相关，情境主义者要么干脆否认品质特性的存在，要么虽然承认存在所谓的品质特性，但却认为它们并不具有连贯性和稳定性的特征，因此对人行为选择所造成的影响相当有限。前者的主要观点是认为品质特性这一概念没有相对应的心理事实，因而品质特性不是一个真实的概念，而只不过是人的一种常识性的"错误归因"所致；后者的主要观点则是认为品质特性即便是真实存在的，其作用也是零碎而非连贯的，因而影响主体行为的主导因素是外在的特定情境。情境主义对美德或者说美德伦理学构成了鲜明的挑战，当然这样的挑战也波及人们对美德统一性学说

---

[1] ［美］麦金太尔：《追寻美德》，宋继杰译，译林出版社2003年版，第259—260页。

所可能采取的态度——如果美德概念缺乏实在性特征,那么也就无所谓美德间的统一之说;而如果美德并无连贯性的作用特征,那么人的品质特性就没有稳定的作用可言,这种情况下谈论美德的统一性当然也从根本上失去了意义。当然,在考察情境主义对美德(伦理)及美德统一性学说所具有的可能威胁之前,我们似乎有必要对作为品质特性来理解的美德进行一番更为深入的把握。

一 作为品质特性理解的美德及其基本特征

在先前的讨论中谈到,我们所说的"美德"是作为人的某种特定类型的品质特性来理解的,这样的理解当然也可以说是一种亚里士多德式的美德理解。在《尼各马可伦理学》中,亚里士多德从属种关系的维度对美德进行了进一步的界说。在亚里士多德看来,从"属"的层面来看,美德属于人品质的范畴;而从"种"的层面来看,美德是一种面向中道的品质,它以求取适度为目的。通过比较与讨论,亚里士多德认为(道德)美德可理解为"既使得一个人好又使得他出色地完成他的活动的品质"[①]。从亚里士多德对美德的界说来看,美德本身包含有两个不同维度的指向:一是美德标示了内在性的好,表征的是一个人的内在品质状态的良好属性,具有美德的人可以称之为好人或可钦佩之人;二是美德需要体现为一定的外在行动,拥有良好品质的人往往意味他(或她)能够经常性地做出相应的良好行动。

美德不仅是一种内在的好,而且还需展现为外在的行动,这表明美德本身是一个复合性的概念,具有自身特定的结构。美德本身具有特定的结构,包含有多种构成要素,恰如有学者所言,"作为人存在的精神形式,德性在意向、情感等方面展现为确然的定势,同时又蕴含了理性思辩、认知的能力及道德认知的内容,从而形成了一种相互关联的结构"[②]。美德的具体展开涵摄了人的认知、情感、意向、行为等各个方面,由此罗莎琳·赫斯特豪斯称美德为一种"多轨迹形态的意向"(multi-track dis-

---

① [古希腊]亚里士多德:《尼各马可伦理学》,廖申白译,商务印书馆2003年版,第45页。

② 杨国荣:《伦理与存在——道德哲学研究》,华东师范大学出版社2009年版,第16页。

positions)。美德是一种具有"多轨迹"形态的意向,① 所表征的是一个人在道德上的综合取向,展现的是一个人整体性的道德风貌,可视为一个人内在的道德自我。如果说美德本身是一个复合性的概念并且可在多个方面展现自身,那么,这样的美德到底又具有怎样的特征呢？在我们看来,一般来说,美德的存在及其作用具有如下几个方面的基本特征。

(一)美德的连贯性特征。美德的连贯性特征指的是真正拥有美德之人,他（或她）在相类似的境遇中往往能够将自身所具有的美德连贯地转化为现实的行动,由此决定了一个具有某特定美德之人,我们总是可以期望他（或她）在相类似的境遇下连贯地做出相类似的良好行动;反之,如果一个人没能将自身的美德行动拓展至其他类似的境遇中,我们就不会认为这个人是拥有特定美德的人。具有特定美德的人需要在类似的境遇中将所具有的美德连贯地转化为现实的行动,这表明美德不仅仅只是一种单纯的内在意向,它还需要展现为连贯性的现实行动以确证自身,从这个意义上说,美德的拥有在现实行动方面有相应的要求,正如琳达·扎格泽博斯基（Linda Zagzebski）所说,"我们一般这样看待美德,一个拥有美德之人不仅仅是一个拥有一副好心肠的人,她还需要是一个成功地使这个世界变得更好的人,否则,我们就不会认为这个人是一个真正拥有美德的人",在此基础上,扎格泽博斯基认为美德是"一个具有成功意味的词语（a success term）"。② 也就是说,在扎格泽博斯基看来,美德的拥有意味着某种相应的连贯性行为表现。

美德的连贯性特征实际上隐含了美德的现实展开具有一定的普遍性特征。一般来说,一个品质平庸者甚或是一个品质恶劣之徒,在某个时候或特定情境下也可能做出好的行为举动,只不过这样的人往往难以持续地做出好的行为举动罢了;又或者,一个人往往会对其所爱之人或亲近之人具有某种特别的关心或关爱,由此对所爱或亲近之人往往能够（持续地）做出某些值得赞赏的行为,但这些似乎都不应被看作一个人是

---

① 作者对美德是一种具有"多轨迹"形态的意向曾展开过较为详细的讨论,参见拙作《美德:一种具有"多轨迹"形态的意向》,载于《华中科技大学学报》2015 年第 2 期,第 18—23 页。

② Linda T. Zagzebski, Virtues of the Mind: An inquiry into the nature of virtue and the ethical foundation of knowledge, New York: Cambridge University Press, 1996, p. 100.

否具有良好品质特性的评判依据。比如，一个仅在特定情境中方能做出某种合乎美德要求的行为举动（如触景生情而慷慨帮助一个陌生人）的人很难说是一个具有特定美德的人，而一个仅对其亲朋好友表现出慈爱、但面对陌生人时却又展现出一副不同面孔的人，我们也很难认为这是一个仁慈大度之人，这样的人最多只能算作是一个好亲人或好朋友而已；同理，一个仅在某一特定境遇中（如遭遇到生命安全受威胁时）方敢于对不公压迫进行反抗之人，我们也不会认为这个人是一个公平正义之人。真正有美德之人，其所拥有的美德必定能够在各种类似的情境中都能够展现为相应的现实行动，这可看作从一种普遍性的视角来看待美德在存在与作用方面所具有的特征。

（二）美德的稳定性特征。我们知道，作为品质特性理解的美德是不容易养成的，一旦养成后当然也不轻易会发生改变，除非发生较为激烈的特殊情况或发生重大的人生变故，否则拥有美德的人往往能够以合乎期待的方式做出特定的行为举动，这便涉及美德作用的稳定性问题。美德的稳定性特征是指美德是一种具有稳定性作用的品质特性，这一稳定性作用使得具有特定美德之人能够稳定地做出相应的美德行为。亚里士多德对美德的稳定性特征曾有过较为详细的讨论，他说合乎美德要求的行为"除了具有某种性质，一个人还必须出于某种状态。首先，他必须知道那种行为。其次，他必须是经过选择而那样做，并且是因那行为自身故而选择它的。第三，他必须是出于一种确定了的、稳定的品质而那样选择的"①。亚氏所说的合乎美德要求的行为必须是"出于一种确定了的、稳定的品质"的行动，所指向的正是美德的稳定性特征。拥有美德的人往往能够可期待地做出相应的特定行动，这样的行动显然区别于一个人偶尔的心血来潮之举。一个人偶尔做出正确的行为并不表示他（或她）拥有了美德，只有稳定地做出相应行为举动的人，才有可能被认为是拥有了特定的美德，这一点已为亚当·斯密所认识到，他说，"偶尔的慷慨之举无疑也是一种慷慨的行为，但行为人未必就是一个慷慨的人，

---

① ［古希腊］亚里士多德：《尼各马可伦理学》，廖申白译，商务印书馆2003年版，第42页。

因为这种行为在他那里可能仅此一次而已"①。真正的美德必须具有相应的稳定性作用特征,如果偶然性的合美德要求的行为举动也可以被当作是美德拥有之表征的话,那么一个穷凶极恶之人也可以找出各种理由来宣称自己是一个有德之士,因为即便是这样的人也有可能在其一生中的某个时候为了某种目的而做出正确之举。从这样的角度来看,美德的稳定性特征与前述的美德的连贯性特征似乎难免有某种重叠之处,也正是由此之故,有些美德论者将美德的连贯性特征与美德的稳定性特征当作是相同内容来处理。

在我们看来,美德的连贯性特征指向的是美德的存在与作用具有跨情境的作用特征,而美德的稳定性特征指向的是美德的养成与作用具有某种持存的可期待性特征,由此它们两者实际上虽有不同侧重,但也具有共性的地方,这种共性地方指的是美德是一种坚定的品质而非偶然的激情。作为一种具有坚定性品格的品质特性,美德的具体展开不仅具有跨情境作用的连贯性特征,而且还具有可期待的稳定性特征。与之相关,一个真正拥有美德之人,他(或她)就被认为能够将这一美德连贯、稳定地展现为现实的行为举动,而我们也正是透过这一可观察的连贯性与稳定性的行为举动而得知这个人拥有了相应的美德。从这样的角度来看,连贯性与稳定性作用特征可视为美德拥有的行为表征。

(三)美德行动的情感附着性特征。前面提到,美德行动也可称为有美德的行动,是相应主体基于自身美德品质而做出的行为举动,因此也有学者称之为出于美德的行动,由于这样的行动与主体内在的品质特性具有极为紧密的关联,所以也可将之看作为美德在现实中的具体展开。《论语》中曾记载了孔子批评单纯以"物"的供养而称之为"孝"的说法,"子游问孝,子曰:'今之孝者,是谓能养。至于犬马,皆能有养,不敬,何以别乎?'"(《论语·为政》)。一般来说,有美德的行动往往伴随有行为主体相应的合宜性情感体验,有美德的行动绝不仅仅是能够做出好的行动举动,它在做出相应好行动的同时还应该附有一种特定的情

---

① [英]亚当·斯密:《道德情操论》,余涌译,中国社会科学出版社2003年版,第308页。

感体验，是外在行动与内在情感的有机统一。如果一个人在做出好行动的时候欠缺了相应的合宜性情感反应，那么我们会认为这个人并不具有相应的美德，或至少可以认为他（或她）具有的只是有待进一步发展与完善的美德。从这个意义上来说，附着于特定行动中的合宜性情感体验可看作美德行动的情感表征。附着于特定行动中的合宜性情感体验既是真正的美德行动之情感表征，同时也赋予了这样的行动以特定的道德意蕴，前述迈克尔·斯托克关于现代伦理理论的"精神分裂症"的批评，实际上表明的是：缺失对行动中相应的情感附着之关注与强调，其后果只会造成现实生活中某种意义或价值的损失与毁坏，并最终导致我们在伦理致思上的某种偏差或者说片面理解。

  问题是，美德行动中的情感附着不仅丰富、复杂，且它还可能会随着相应的情境、主体与具体行为的不同而不同。那么，究竟有没有一种较为简便的一般性方法，以使得我们能够从情感体验方面将真正的美德行为与貌似的美德行为分辨开来呢？为回答这一问题，我们需要返回到亚里士多德那里以寻求解决之道。在亚里士多德看来，至少是在实践领域，对不可感知的抽象事物的考察需要借助于可感知的事物来进行。美德作为人的内在品质，在直观层面上当然是看不见摸不着的，因此即便对于行为主体自身而言，了解自己是否拥有某一美德似乎也需要一种可感知的辅助性手段，亚氏认为这一手段便是主体在合乎美德的行为中是否产生快乐的情感体验，"我们必须把伴随着活动的快乐与痛苦看作是品质的表征"[1]。为什么这样说呢？在亚里士多德看来，美德是一种选择的品质，与人的行为活动和情感反应相关；有美德的行动就是在行动和情感两个方面上都处于一种适度的状态，而与之相反的恶则处于这一适度状态的两个极端。如此，特定的情感反应对于美德行动来说就并非是无足轻重的，相反是其核心的构成要素。进一步而言，一个人在行为活动中必然会有某种情感反应，这一情感反应的性质恰恰袒露了主体内在品质状态的性质。在亚氏看来，行动中快乐情感的在场可看作相应的合美

---

[1] ［古希腊］亚里士多德：《尼各马可伦理学》，廖申白译，商务印书馆2003年版，第39页。

德要求的行动①是否为真正的美德行动之表征，他说："仅当一个人节制快乐并且以这样做为快乐，他才是节制的。相反，如果他以这样做为痛苦，他就是放纵的。同样，仅当一个人快乐地，至少是没有痛苦地面对可怕的事物，他才是勇敢的。相反，如果他这样做带着痛苦，他就是怯懦的。"②亚里士多德认为，快乐或痛苦是人所摆脱不了的基本情感反应，因此在特定行动中是正确地还是错误地感受到快乐或痛苦对于行动主体本身来说就极为重要，对快乐与痛苦运用得好就能使一个人成为好人，运用得不好则可能会使一个人成为坏人。③也就是说，在亚氏看来，我们应该在该感受到快乐的地方（即德行活动中）感到快乐，而在该感受到痛苦的地方（如做了坏事）感到痛苦，如果我们在该感受到快乐的德行活动上感到痛苦，或者说我们在该感受到痛苦的坏事中感受到快乐，那就表明我们还没有真正成为有德之人。

当然，亚里士多德将美德行动与快乐的情感体验紧密相连遭到一些论者的批评，这些论者认为如此可能会导致对美德行动标准的无限拔高，因而亚氏的做法可能会陷入一种道德精英主义的窠臼。④虽然亚里士多德说过，"在获得果实之前，并非对所有的美德的运用都是令人愉快的"⑤，但他始终认为美德的践行对于有德者来说终究是快乐的。将美德行动与快乐体验紧密地捆绑在一起似乎与人们日常道德直觉也并非完全吻合，因为我们知道有些美德行动就显然与快乐的情感体验没有直接的关联，比如，在看望一位严重受伤的亲人或慰藉一位伤心欲绝的朋友时，这种情况下似乎更应感受到的是同情与怜悯，而不是一种快乐体验。面对这

---

① 应该说，有美德的行动不仅需要行为者能够做出特定的行为，而且还需要该行为者具有恰当的内在状态。一个并不具有美德的人当然也可以做出与有美德的行动相似的行动，但由于这样的行动缺乏相应的内在状态，我们可将之称为"仅仅在行为上符合美德要求的行动"。这里的"合美德要求的行动"是指从行为上来看合乎美德要求的行动，但尚不知这样的行动是否为真正的美德行动或只是"仅仅在行为上符合美德要求的行动"，所以，它应被理解为一个复合概念，即包括了真正的美德行动，同时也包括仅仅在行为上符合美德要求的行动。

② [古希腊] 亚里士多德：《尼各马可伦理学》，廖申白译，商务印书馆 2003 年版，第 39 页。

③ 同上书，第 40—41 页。

④ Sarah Broadie, Ethics with Aristotle. Oxford: Oxford University Press, 1991, pp. 90–92.

⑤ [古希腊] 亚里士多德：《尼各马可伦理学》，廖申白译，商务印书馆 2003 年版，第 88 页。

样的责难，我们似乎需要进一步弄清楚亚里士多德所说的"快乐"具体是何意谓。埃里克·韦伦伯格（Erik Wielenberg）指出，人的心理项实际上可分为两类：自然感觉与意愿状态，前者与人的感官接触相关，包括由人的嗅觉、味觉和色觉等而来的各种感官感受；后者则是关于事物的某种意愿，其独特之处在于这种意愿有特定的指向目标，因而其状态则与相应目标指向的是否实现相关。在韦伦伯格看来，与人的心理项之分类相关的是，所谓的"快乐"也应划分为感观性快乐（sensory pleasure）和意向性快乐（propositional pleasure）两种类型。所谓的感官性快乐是指由各种感官接触而得到的快乐，这种快乐脱离不开人的肉体感官的直接感受；而意向性快乐则来自关于事物的一种意愿性状态（intentional states），是由主体所具意愿的实现而得到的一种精神上的满足。[①] 不难看出，亚里士多德所说的美德行动中的"快乐"所指向的实际上就是所谓的意向性快乐。在《尼各马可伦理学》中，亚里士多德认为，美德和快乐与痛苦相关，但这种"快乐"并非是一种"肉体快乐"，它只与我们的品质活动紧密相关，"快乐就是这样的未受到阻碍的实现活动"[②]。虽然亚里士多德没为这种与品质活动相关的"快乐"给出明确的概念命名，但不难知道，这一"快乐"指的就是作为良善意向的美德在现实展开中所传递给相应主体的一种精神满足，实际上指的便是所谓的意向性快乐。

将美德行动中的"快乐"理解为一种意向性快乐，这样的理解首先可以使得我们的观点不会导向一种道德精英主义的窠臼。以已举例子来看，我们可以承认在看望受伤亲人或慰藉朋友时不会（也不该）产生某种感官上的快乐，但我们却不必否认在这种情况下可以取得某种意愿性的快乐，即我们会由于自己做了相应的好事（看望受伤亲人或慰藉朋友）从而因了却自己一番意愿而感受到某种精神上的满足。不仅如此，把握到美德行动与意向性快乐之间的必然关联，实际上还是把握美德行动自身所具特征之关键，同时也是把握美德伦理对恰当动机的强调之关键，

[①] Erik Wielenberg, "Pleasure as a Sign of Moral Virtue in the Nicomachean Ethics", The Journal of Value Inquiry, 2000, 34, p. 430.

[②] ［古希腊］亚里士多德：《尼各马可伦理学》，廖申白译，商务印书馆2003年版，第221页。

鉴于篇幅所限，对此我们不做过多的展开。① 当然也要说明的是，对美德行动中特定的情感附着（意向性快乐）的强调不应是绝对的，比如，当某美德行动没有如愿实现其所指向目标或者说该行动并非是一种得到成功施行的行动时，又或者说在施行过程中出现了与主体自身意愿相悖的行为后果（如"好心办坏事"），这样的情况下美德行动所可能传递给相应主体的意向性快乐就会呈现出递减的趋势，甚至存在无法取得这一快乐的可能。因此，在美德行动中的情感附着这一问题上，我们认为美德行动的成功实施需传递给相应主体一种意向性快乐，当然，这一意向性快乐不应被视为一种绝对，正如亚里士多德所说，"在慷慨的行动中，他在给予时还带着快乐，至少不是痛苦"②。

（四）美德的意向性特征。从根本上来说，美德可以说是一种特定的意向（disposition）或行为倾向（inclination），"美德使我们倾向于做，并且按照逻各斯的要求去做，产生着美德的行为"③。美德的意向性特征表明美德是一种特定的心理定式，这样的心理定式对人的行为和选择具有稳定的导向与引领作用。在西方美德伦理的语境中，美德被理解为一种特定种类的意向可以说已得到绝大多数论者的认同，这样的意向与人的某种连贯性的行为选择具有紧密的关联，"美德是一贯地以恰当方式行动的值得赞赏的品质特性或意向"④。由此来看，美德的意向性特征表明美德本质上是一种稳定的为善倾向，这样的倾向既牵涉人内在的精神状态，同时又关联着特定的稳定性的外显行动。与之相关，有美德之人，一般被认为总是能够经常性地将自身所具有的美德展现于现实的行为活动当中，由此美德可以说是一个涵括了内在倾向与外在行动的概念。不难看出，特定的行为举动只是美德品质在行为方面的外显，但却不能由此认为外显行动表达了美德的全部内容，美德与外显行动之间并非是一种直

---

① 关于美德行动与快乐的情感体验之间的紧密关系，作者对此有较为详尽的讨论，参见拙作《有美德的行动与有美德者的快乐》，载于《道德与文明》2015年第1期，第33—38页。

② ［古希腊］亚里士多德：《尼各马可伦理学》，廖申白译，商务印书馆2003年版，第97页。

③ 同上书，第76页。

④ Ludwig Siep, "Virtues, Values, and Moral Objectivity", in Christopher Gill (ed.), Norms and Objectivity, Oxford: Clarendon Press, 2005, p.83.

接的对应关系。因而，拥有美德之人并不意味着他（或她）在所有的情境中都能将所具有的美德展现为现实的行动，也不意味着拥有相同美德的不同主体所做出的美德行动相互间毫无差别。以上讨论给我们的启示是：第一，作为一种特定的内在意向，美德与外显行动之间并不具有直接的对应关系，在有些特殊情况下（如对环境的不熟悉、陷于极端的情绪中或受到强大情境因素的影响等），具有特定美德的人并不总是能够成功地将其美德展现为现实的行动，即美德可以允许有例外的境况存在，又或者说美德在某些情境下可能面临失效的问题。第二，不同主体身上的相同美德在具体作用与展开方面可能会呈现出一定的差异，使得即便是相同的美德品质，其具体展开并非是单一而是多样而复杂的。由此，人所拥有的美德之具体展开往往具有某种个人的特定印记，各种具体美德之间也由此呈现出殊异性的色彩。比如，同样是具有仁慈美德的两人，其中一位可能更多是以慷慨捐助的方式展现自身的仁慈美德，而另一个人则可能更多是以情感上的同情与怜悯的方式来展现自身的仁慈美德；又比如，都可称之为拥有勇敢美德的人，大学教授身上的勇敢美德可能具体展现为对自身学术思想的某种自信与坚守，哪怕这样的思想难以为世人欣赏而备受冷落，而士兵身上的勇敢美德则可能具体展现为对各种危险的不惧与从容应对。

概而言之，美德可以说是一种稳定的为善意向，这种稳定的为善意向使得美德能够连贯而持续地展现为具体的现实行动，并且在这样的行动中具有相应的合宜性情感附着；美德的意向性特征同时又表明美德与良好行动之间并非是一种直接的对应关系，并且美德在不同主体身上的具体展开并非是一成不变的，由此使得即便是相同的美德品质，其相应的具体行为活动往往具有一定的殊异性。不难看出，把握美德的基本特征是拥有一种恰当的美德观念的必要前提。

二　情境主义对美德概念实在性及其相关特征的否定：美德碎片化学说的根源之三

以上讨论表明，作为人的一种特定品质特性理解的美德具有连贯性、稳定性、情感附着性及意向性的基本特征，在这些基本特征中，其中尤为突出的是行为的连贯性与稳定性特征，因为我们往往是依据一个人的连贯与稳定的行为表现来推断其是否拥有相应的美德。由此，我们可以将美德的连贯性特征与稳定性特征看作为美德的最大特征。我们知道，美德是美德伦理学的核心概念，因此也是其理论展开的基础与实践指向，美德伦理研究的最终目的指向的是个体的美德养成及由此带来的各种社会性利好，因此，美德概念在美德伦理研究中具有举足轻重的意义与作用。然而，借助于新近社会心理学实验研究成果兴起的情境主义，对美德概念的实在性及其相关特征提出了挑战：情境主义要么干脆否认美德概念具有实在性特征，要么认为美德品质并不具有通常被赋予的道德特性。与之相应，情境主义的相关论断不仅对美德概念的实在性地位构成了挑战，也对美德的统一性学说构成了一种否定之源。

应该看到，情境主义是社会心理学的一种传统，其理论的基本特征是主张通过可操作性实验方法①来研究处于某一特定情境中人的行为模式及其行为变量，探究影响行为的各种因素，这在心理学理论流派上属于行为心理学的分支，它的基本理论主张是认为人所在的情境或境遇对人的行为具有主导性的影响与作用。由此来看，情境主义在与伦理学研究发生联系之前即早已存在，它是行为心理学研究的一种常见方法。情境主义与伦理学研究本没有直接的关联，其在伦理学领域的广受关注并引发激烈讨论要归功于情境主义的两位得力干将——约翰·多里斯（John

---

① 情境主义往往使用社会心理学家所进行的一些心理实验案例以表明自身理论立场的经验性特征，其中常见引用的典型实验有"服从权威的实验"（Obedience Experiment，又称米拉格姆实验 Milgram Experiment）、"斯坦福监狱实验"（Stanford Prison Experiment）、"善良的撒玛利亚人实验"（Good Samaritan Experiment）、"电话亭实验"（Telephone Booth Experiment，又称硬币实验 Dime Experiment）和"诚实实验"（Honesty Experiment，又称学童品质实验 Schoolchildren Experiment）。情境主义者对这些社会心理实验案例给予了特定的理解——"服从权威的实验"说的是通过该实验证明绝大多数人均对权威命令体现出服从的倾向，表明人们并不具有品质特性这样的东西，我们假定具有不同品质的人在类似的情境中应该展现不同的行为倾向，但实验结果证明并非如此；"斯坦福监狱实验"说的是人的行为模式受制于自身所处的特定社会角色，行为完全是由所担当的社会角色所塑造；"善良的撒玛利亚人实验"和"电话亭实验"说的是行为者自身所处的境况对其行为选择具有极大作用或外部情境的细微变化可以极大地影响行为者的行为举动，表明情境是行为选择的决定因素；"诚实实验"说的是处于不同情境下的同一主体体现出不同的行为倾向，表明人的行为并不具有通常所认为的连贯性特征（参见 1. Jonathan Webber,"Virtue, Character and Situation", Journal of Moral Philosophy, 2006, 3（2）; 2. Kristján Kritjánsson, "An Aristotelian Critique of Situationism", Philosophy, 2008, 83（323）, pp. 55–76; 3. 赵永刚《美德伦理学：作为一种道德类型的独立性》，湖南师范大学出版社 2011 年版，第 91—104 页）。

Doris）和吉尔伯特·哈曼（Gilbert Harman）。1998 年，多里斯在著名的《心灵》（*Noûs*）杂志上发表了一篇题为《人、情境与美德伦理学》（*Persons, Situations, and Virtue Ethics*）的文章，首次站在情境主义的立场对美德伦理学的核心概念进行了社会心理学的诠释与批判，认为被当作为人的品质特性理解的美德概念并没有得到心理学经验研究成果的支持，从而开启了对美德概念的实在性之质疑之旅。在 2002 年出版的《品质的缺失：人格与道德行为》（*Lack of Character: Personality and Moral Behavior*）一书中，多里斯进一步发展了其在《人、情境与美德伦理学》一文中的相关观点，对人们通常所认为的内在品质对人行为选择具有决定性影响这一观点的质疑进行了更为详尽的阐释与论证。与多里斯相呼应的是吉尔伯特·哈曼，在 1999 年发表的《道德哲学遇上社会心理学：美德伦理学与基本的归因错误》（*Moral Philosophy Meets Social Psychology: Virtue Ethics and Fundamental Attribution Error*）一文中，宣称人们通常认为的行为之稳定倾向源于其所具的内在品质只不过是一种罗斯（L. Ross）所谓的"基本的归因错误"。在随后发表的《品质特性的不存在》（*The Nonexistence of Character Traits*）和《没有品质或人格》（*No Character or Personality*）这两篇文章里，哈曼对他的看法进行了进一步的阐释与辩护。

概括地说，多里斯和哈曼两人都对亚里士多德式的美德概念提出类似的特定理解，[①] 并以之为基础而对其实在性特征加以怀疑，认为亚氏的美德概念实际上得不到社会心理学研究成果的经验支持，因而它并不具有与之相应的心理事实。然而相比较来看，相比于哈曼，多里斯的观点不仅相对温和，而且其论述也较哈曼要显得更为精致，所以这里我们仅以多里斯的相关观点为讨论对象，来探讨情境主义对美德伦理研究及美

[①] 多里斯与哈曼均将亚里士多德的美德概念界定为一种以特定方式行动的直接倾向，这样的处理被加里·沃特森称之为美德理解的"直接性观点"（the straight view），即将美德理解与一种直接的行动倾向相连，如勇敢之人在面对危险时只会无所畏惧而勇往向前、慷慨之人从不吝自己之所有而无私解囊。加里·沃特森在《过度中的美德》（*Virtues in Excess*）一文中对"直接性观点"的美德理解进行了批判，他认为美德不应被理解为一种直接的行为倾向，而应将之理解为对相关因素能够有"恰当关注"的卓越品质，因而沃特森提出美德理解的"恰当关注观点"（the due concern view），他指出自己的理解模式是将美德理解为以特定方式感受、欲想、慎思、选择和在相关方面行动得好的意愿（Cf. Gary Watson, Virtues In Excess, Philosophical Studies, 1984, 46 (1), pp. 57 – 59）。

德的统一性学说所具有的挑战。

在《人、情境与美德伦理学》一文中，以"电话亭实验"① 的引用为切入，多里斯提出了这样的一个问题：在一个人需要帮助的时候，到底是什么因素促使另一个人停留下来并施与援手呢？在多里斯看来，人们通常会有这样的假定：一个人给予他人帮助往往是因为这个人具有相应的良好品质（如仁爱美德），反之，如果这个人在他人需要帮助时没能施与援手，那么这个人就应被理解为一个不具有相应良好品质的人。然而多里斯认为，人们的日常道德假定是不值得信赖的，如实验结果所表明的，被实验者是否伸出援助之手取决于其在打完电话后是否捡到一枚硬币，捡到了硬币的人由于有了一个好心情，因而乐于施与帮助，没有捡到硬币的人由于没有一个好心情，所以就很少有人愿意停留下来提供帮助，这就表明一个人在需要帮忙时是否能够施与援手并非取决于他（或她）所具有的内在品质，而是取决于这个人当时所遭遇到的具体情境。以"电话亭实验"所作的推论为基础，多里斯断言，"品格归因在特定的新异性情境中对行为之预测常常面临难以置信的失败，因为不同的行动结果更应看作情境变化而非个人之不同品质所造成的"②。多里斯进而推论，情境主义对我们的伦理思考尤其是对亚里士多德主义的道德理论具有某种修正的作用。当然多里斯坦承自己的目的并非是激进的，只是希望由此来表明亚里士多德式的道德心理学可能比以往伦理学家所认为的具有更大的可质疑性。

---

① "电话亭实验"又称为"硬币实验"，该实验由 Isen 和 Levin 在 1972 年所创，实验的大概内容是：被实验对象 A 在一个购物广场打电话，当他（或她）离开电话亭时，另一个人 B（实为实验助手）从他（或她）面前经过，并故意将装满东西的文件夹掉到地上，里面的东西因而散落在实验对象 A 面前。实验设计为考察施与某种情境作用是否影响到 A 的不同的相关行为选择，即在文件没有被前来抢购商品的人群所践踏之前停留下来帮助 B 把东西捡起来。这一实验分为两组，在第一组实验中实验者在电话的硬币返回槽中放置一枚一角钱硬币，而另一组实验中则没有放置钱币。实验结果表明，在第一组实验中，由于捡到了硬币而拥有了一个好心情，绝大多数人（16 个实验对象中的 14 人）提供了帮助，而在第二组实验中，由于没有捡到硬币，只有极少数人（25 个实验对象中的 1 人）提供了帮助。情境主义者的解释是，实验对象的行为与人的内在品质没有关系，唯一相关的是人在打完电话后有没有捡到硬币（Cf. John Doris, Lack of Character: Personality and Moral Behavior, Cambridge: Cambridge University Press, 2002, pp. 30 – 32）。

② John M. Doris, "Persons, Situations, and Virtue Ethics", Noûs, 1998, 32 (4), p. 506.

在多里斯看来，我们的日常道德观点认为一个具有良好品质的人是不会轻易受外在不良情境因素影响的，对于这样的人我们往往用"坚定的"（steady）、"可靠的"（dependable）、"不可动摇的"（unwavering）和"毫不畏缩的"（unflinching）等词语来表示赞赏；与之相反，对于那些行为举动不合乎我们期待的人，我们往往冠之以"意志薄弱的"（weak）、"反复无常的"（fickle）、"不忠的"（disloyal）和"不坚定的"（irresolute）等用语来表示遗憾或谴责。[1] 多里斯认为，人们之所以持有这样的观念，其根源可追寻至亚里士多德的道德心理学，因为在亚里士多德那里，美德在"属"的层面上被归属于品质（hexis）的范畴，而品质则意味着"稳固而不可改变的"，因而美德是一种"持久而难以改变的"习性（disposition，或译倾向——作者）。美德被认为对应于特定的稳定性行为表现，拥有美德的人不管身处何种处境，总是能够成功地将自身的美德展现为相应的行为活动，并且主体自身还应该在这样的活动中感受到某种特定的快乐。多里斯认为，亚里士多德对美德的理解基本上为当代亚里士多德主义的美德理论[2]所继承，因为当代亚里士多德主义者往往也主张有美德者在"各种不同的和新的境况中"其行为依然是"连贯的和可预测的"。与之相关，多里斯认为在亚里士多德式的美德理解中，存在着某种版本的"评价上的连贯性"（evaluative consistency）理论，这一理论主张在一个既定的人格形象中，一个具有某种良好品质的人往往能够具有相类似的其他良好品质。因此，具有相同倾向特征的品质之间似乎具有某种相互关联的性质。具体来说，在亚里士多德主义的美德理论中，往往认为一个慷慨之人比一个吝啬之人更加富有同情之心，因为慷慨与同情在评价指向上能够呈现一种"连贯性"的特征，而吝啬与同情之间则显然不具有这种评价上的连贯性特征，因而我们认为一个吝啬之人往往很难同时也是一个富有同情心之人。这样，对亚里士多德主义者来说，

---

[1] John M. Doris, "Persons, Situations, and Virtue Ethics", Noûs, 1998, 32 (4), p.505.
[2] 在美德伦理学的复兴中，亚里士多德始终扮演着非常特殊的角色，可以这样认为，当代美德伦理的主流形态是亚里士多德式的美德理论。亚里士多德主义的美德理论粗略来讲通常包含有如下特征：一是以美德及其养成作为伦理致思的中心任务，并且对美德这一概念持有特定的理解，即将美德理解为一种特定类型的品质特性，自身有特定结构及其构成要素；二是主张美德有一种目的论的特征，一般认为美德的拥有是获取幸福（或卓越）的必要条件。

好人往往就被理解为各种坚定品性的完整组合。① 不难看出,在多里斯看来,依据亚里士多德的美德理论,我们往往倾向于认为美德之间具有某种相互关联的性质,人在美德拥有的问题上并非是碎片化的,相反是具有某种整体性特征。由此来看,多里斯所说的"评价上的连贯性"理论实际上所对应的即是所谓的美德的统一性学说。问题是,多里斯所说的"评价上的连贯性"理论或者说我们所谓的"美德的统一性学说"究竟有没有相应的合理性呢?当代亚里士多德主义者对此持一种肯定的态度,如在赫斯特豪斯看来,实际上,美德的统一性学说要比所谓的美德的碎片化学说更加契合我们的日常道德经验,原因在于日常生活中我们不仅会期望一个具有勇敢美德之人能一贯而稳定地做出勇敢的行动,而且我们还会期望这个人同时也应是一个仁慈的人或诚实的人,相反,如果这个人并非如我们所期望的,我们就会感到某种吃惊与困惑。② 也就是说,至少是在部分当代亚里士多德主义者看来,美德的存在不仅是实实在在的,而且相互间还呈现出一种相互关联的性质。

然而多里斯对此却抱有不同看法。依据多里斯的理解,如果要为亚里士多德式的美德理解及其道德人格结构学说找到相应的支持基础,我们就必须要得到一种可观察性的行为稳定性的证据——即在一系列相关但却并不相同的具体情境中,拥有某一(些)品性的人能够展现出某种连贯性的行为举动。也就是说,一个人的行为表现如果是和所假定存在的亚里士多德式的品质特性紧密相关的话,那么就可以推断亚里士多德式的美德理解是合理的。反之,如果一个人的行为表现与所谓的品质特性之间没必然的关联,则亚里士多德的美德理解就应该遭到抛弃,因此,将行为选择归因于品质特性的做法就需要依赖于行为要具有所谓的跨情境的连贯性(cross-situational consistency)特征。③ 问题是,多里斯认为,如果他关于社会心理学实验成果所做的伦理学思考是正确的话,那么系统性的观察所表明的是跨情境的行为连贯性并不存在,人们的行为

---

① John M. Doris, "Persons, Situations, and Virtue Ethics", Noûs, 1998, 32 (4), p. 506.
② Rosalind Hursthouse, On Virtue Ethics, New York: Cambridge University Press, 2003, pp. 155 – 156.
③ John M. Doris, "Persons, Situations, and Virtue Ethics", Noûs, 1998, 32 (4), p. 507.

常常不可预测到令人吃惊的地步,由此,多里斯认为我们有很好的理由去考虑一种对立的、在经验上具有更充足证据的道德行为理论与道德人格结构学说。

以社会心理学实验所取得的研究成果为基础,多里斯提出了情境主义在影响行为的主导因素、品质特性之本质以及相应的道德人格结构学说这些问题上的三大观点:(1)影响行为的主导因素更应被归因于情境的差异而不是习性的不同(dispositional differences)。与之相关,个体间在习性上的差异并没有如我们所料想的那么明显,在某一特定情境中,一个人与他人在行为表现方面往往是极为相似的。(2)实验研究数据表明行为的品质归因是值得商榷的。研究表明,我们观察到的不管是何种程度的行为稳定性实际上都可能会由于情境的变化而遭到破坏,在与考察品质影响相关的不同实验中,我们看到一个假定为拥有某种特定品质之人实际上并不能够表现出相应的稳定性行为。情境主义并不否认人们的行为能够体现出一定程度的稳定性特征,只是认为这样的稳定性特征源自于行为者所处的类似情境而非所谓的品质特性,即在类似的情境中,一个人的行为可以具有连贯的稳定性特征。(3)道德人格结构通常并不具有评价上的连贯性特征。对某个体来说,他(或她)在某一领域中所具有的行为倾向与在另一领域中所具有的行为倾向两者间可能具有不同甚至是相反的评价属性,也就是说,各种评价上非连贯的行为倾向被认为可共存于同一道德人格之中。[1] 如果承认评价上的非连贯的行为倾向可"共处于"同一道德人格结构中,那就等于主张美德与其他非美德品质(包括与美德相反的恶)可和平共处于同一道德人格,其逻辑结果则是否认人在其道德人格结构上具有评价上的连贯性特征。多里斯认为,人们通常并不具有在道德人格结构上的评价的连贯性特征,对行为的系统性观察研究所揭示的与其是评价上的连贯性人格结构,还不如说是碎片化的人格结构。[2] 碎片化的道德人格结构的最大特征是:在一个人的总体道德人格结构中,所组成的各种要素之间呈现的是一种无序的组合而非有机的关联。由此不难看出,碎片化人格结构的认定实质上就意味着对我

---

[1] John M. Doris, "Persons, Situations, and Virtue Ethics", Noûs, 1998, 32 (4), p. 507.
[2] Ibid., pp. 507 – 508.

们所谓的美德统一性学说的否定。如此，情境主义通过对美德概念的实在性及其相关特征的质疑或否定，否认存在一种评价上连贯的道德人格结构，构成了美德碎片化学说的又一根源。

综上所言，美德的碎片化学说主要有这样的三大根源：一是规则伦理对美德的附庸化处理；二是自我观念的内化及由此带来的相应问题；三是情境主义对美德概念的实在性及其相关特征的质疑或否定。在我们看来，在美德的统一性辩护问题上，我们当然有需要对所谓的美德碎片化学说有所回应，而要成功地回应美德的碎片化学说对美德的统一性学说所可能带来的挑战，则需要对美德碎片化学说形成的不同根源做出针对性的回应。当然这一工作我们需要暂且放下，因为现在有一个更为迫切的问题需要我们予以讨论——即抛开美德统一性问题的探讨或者说脱离一种美德统一性观念的话语背景，对我们的美德理解或美德伦理探究来说又有怎样的影响？在我们看来，抛开美德统一性问题的探讨或者说脱离一种美德统一性观念的话语背景，我们的美德理解或美德伦理研究必然会滑入一些难以克服的困境。

第四节　失去统一性的美德困局

应该看出，美德的统一性观念某种意义上是美德的统一性问题研究得以存在与展开的前提，而美德的统一性问题研究又可为某种形式的美德统一性观念提供相应的理论辩护，因此两者间实有不可分离的紧密关系。与之相应，所谓的"失去统一性的美德困局"，指的是抛开美德统一性问题的探讨或脱离一种美德统一性观念的话语背景，我们的美德理解或美德伦理研究将会陷入一系列难以解决的困境之中。下面进行更为具体的讨论。

首先，抛开美德统一性问题的探讨，我们就难以在美德自身结构、完全美德者、完全美德等问题上有更为深入的把握。从逻辑上来看，要讨论美德间的相互关系问题，我们需要考虑美德自身的构成要素问题，而要探讨美德自身的构成要素问题，则又逻辑地导向美德自身结构问题的讨论。当然反过来说也是可以成立的，即只要我们考虑到美德自身的结构问题，则势必会促使我们思考美德自身的构成要素问题，而对美德自身构成要素及其相互关系的探讨，则又必然会促使我们思考美德之间到底是怎样的一种相互关系的问题。应该看到，如果我们不对美德采取一种狭窄性的处理（如将美德理解为一种直接的行动倾向），而将美德作为一种具有"多轨迹"形态的意向来处理，那么，我们就需要考虑美德自身结构这一问题。朱丽娅·阿那斯认为，古代的伦理理论对美德的理解具有较为宽广的视界，具体来说是认为美德涵摄了意向、情感与理智这三个方面的因素。① 在《美德的道德心理学》一书中，N. J. H. 邓特则告诉我们，美德由各种情感、以情感为基础的各种欲望以及关于善或有益事物的承认与接受的某种复杂结构所组成，任何一种单独因素都不能构成美德。② 杨国荣在美德的结构问题上也有类似的看法，在他看来，作为人存在的一种精神形式，美德在意向、情感等方面展现为确然的定势，同时又包含了理性思辨、认知的能力及道德认知的内容，从而形成了一种相互关联的结构。③ 在我们看来，美德自身具有特定的结构，具体来说，美德是善的价值指向、知善的能力及特定情感附着所组成的一种有机统一体。我们将美德自身构成因素之间所形成的这种有机统一关系称之为美德自身的统一性（the unity of the virtue itself），它指的是美德自身各构成因素之间并非是彼此独立、互不相干的关系，而是彼此间具有某种相互性的交合作用，恰如有学者所说，"我们说一个人拥有美德，指的是这个人拥有了特定情感倾向、欲望以及这个人以这种方式而非那种方式行事的特定理由、追求这一目标而非那一目标的意向，这些因素彼此之间是以多种重要方式相互关联或相互依赖的"④。应该看到，关于美德自身结构的考察必然会导向对完全美德者这一理想人格形象的考虑，正如有学者所说，"一旦我们接受需要认真考察美德自身结构这一观点，就会促使我们指向完全的有美德者这一理想形象，即使在现实生活中这一

---

① Julia Annas, The Morality of Happiness, New York: Oxford University Press, 1993, pp. 48 - 49.

② N. J. H. Dent, The Moral Psychology of the Virtues, New York: Cambridge University Press, 1984, p. 20.

③ 杨国荣：《伦理与存在——道德哲学研究》，华东师范大学出版社 2009 年版，第 152—154 页。

④ N. J. H. Dent, The Moral Psychology of the Virtues, New York: Cambridge University Press, 1984, p. 24.

理想形象从未得到实现,它也可以作为一种规范性标杆而发挥作用"[1]。美德自身的统一实际上说的是美德自身各构成因素间的完整有序与相互作用,由此必然指向完全的有美德者(或完满的有美德者)的考虑。完全美德者当然不仅是在美德拥有数量上的卓越,而更多应是在美德拥有质量上的突出,而后者与美德自身构成要素间的完整与有序就密不可分。当然,完全美德者这一概念不仅意味着其所拥有的美德在结构关系上的完整与有序,而且也意味着其所拥有的美德在程度上的完满性质,从后者来看,完全美德者的考虑又会引发关于完全美德(又称真正美德或严格意义的美德——作者)的讨论。应该看到,无论是对完全美德者的考虑还是关于完全美德的讨论,实际上都与美德的统一性问题研究紧密相关。首先,就完全美德者的考虑来说,我们必然要思考这样的问题:具有怎样的道德人格结构的人才有资格称得上为完全的美德者?完全的有德者身上是否也夹杂有某种恶的品质?或者说,夹杂了某种令人厌恶品性的人是否也能被称之为"有德者"?正如有学者所说,"就是一个具有多方面美德的人,是否能够称得上是一个道德的人都很难说,因为他同时也可能是一个邪恶的人。那么,只有具有多少美德,或者说具有哪些美德的人才能说是一个道德的人呢"[2]。应该说,缺乏一种美德统一性的观念视角,我们在何谓(完全的)有美德者这一问题上就会陷入某种难以解决的困境之中。由此来看,欠缺完全美德者的考虑,我们在美德间关系问题上的探究可能就难以打开局面,而抛开了美德间关系问题(美德的统一性问题)的探究,则我们对完全美德者的把握似乎又由此而失去依傍。其次,就完全美德的讨论来说,完全美德的观念必然会促使我们得出各种美德相互间具有某种相互关联性质之论断,原因在于:如果欠缺了对其他美德相关要求的考虑或关注,则某一美德显然难以说是一种"完全"或"完满"的美德。比如,如果欠缺了对正义美德相关要求的关注,则相应的品质就难以说得上是完全的仁慈美德,正如一个将本不受自己所支配的钱财用于帮助他人之人,我们不会认为这个人拥有了真正的仁慈美德。从这样的角度来看,完全美德的观念内在地蕴

---

[1] Julia Annas, The Morality of Happiness, New York: Oxford University Press, 1993, p.83.
[2] 张传有:《伦理学引论》,人民出版社2006年版,第96页。

含了美德之间并非为一种互不相干之关系性质的承诺。以上讨论表明：对美德自身结构、完全美德者以及完全美德等问题的考察与美德的统一性问题研究紧密相关，一方面，没有对美德自身结构、完全美德者以及完全美德等问题的考察，我们在美德间关系问题上的探究恐怕就难有突破；另一方面，脱离了美德间关系问题研究导向，则我们关于美德自身结构、完全美德者及完全美德的考察又会由此而失去依傍。由此我们认为，脱离开美德统一性问题的研究，我们就难以在美德自身结构、完全美德者、完全美德等问题上有更为深入的把握，这是抛开美德统一性问题研究给我们的美德理解或美德伦理研究所可能带来的第一个困局。

其次，脱离开美德统一性的观念视角，我们在人的总体道德状况或人格状态的把握问题上就难有合理的解决，并由此可能给我们的交往活动带来某种不便。一般来说，在日常交往活动中，我们对与之相处、共事的人总是有所选择或偏爱的，即我们总是选择或偏爱与某一特定类型的人作为交往或结交的对象，其中一个人的总体道德状况或人格状态可以说就是影响我们选择或偏爱的最为关键的因素，因为正是它在很大程度上决定了这个人到底是怎样的一个人。问题是，虽然我们在日常交往活动中难免要做出取舍，但我们的取舍却又不可能是基于我们对可能交往对象在行为表现上的逐一考察，即我们不可能是在可能交往对象的行为表现进行逐一考察的前提下再考虑其是否值得交往，因为这样做既不现实且实际上也没有太大的价值。为什么这样说呢？以外部行为观察的视角来看，即便一个人被观察到连贯地做出合乎某一（或某些）特定美德要求的行为，我们似乎也难以就此认定这个人就是一个值得信赖的有德之士，原因在于：即便是一个在所有相类似情境中都能够做出特定合乎要求行动的人，他（或她）实际上也并不必然就可认定是一个真正的有美德者，因为兴许他（或她）只是一个拥有所谓的"自然美德"的人，或者说这样的行动兴许只是这个人的特定脾性所造成的，又或者说这样的行动兴许只是一个人刻意做出的有目的性行为（如为了讨好他人）。此外我们也不难知道，从现实情况来看，我们似乎永远无法穷尽所有可能的具体情境，以考察一个人的相应行为是否为真正的美德行为，进而断定这个人是否为一位真正的有美德者。这样，我们对一个人道德状况的了解似乎就需要一种较为简便的方法，以避免陷入某种无穷的追溯或难以实现的考证。应该看到,将一个人的道德状况做一种总体性的考察,能够为我们的日常交往活动带来某种方便。依迪丝·汉密尔顿(Edith Hamilton)曾指出,把一件事物和其他事物联系起来考虑,是一种简化问题的方法,因为"当我们从一个整体来看的时候,那些偶然的、无足轻重的事物就从视野中消失了"①。美德的拥有是决定人道德状况的主导因素,这样,将人的道德状况做一种总体性考察就需要站在一种统一性或整体性的观念视角来看待人的美德拥有,也就是说,我们需要站在一种美德统一性的观念视角,来考察一个人的总体性道德状况或人格状态,以作为这样的人是否值得我们诚心交往的判断依据;与之相反,如果脱离开一种美德统一性的观念视角,我们的日常交往便可能遭遇到某种不便而变得无所适从,因为如果美德之间是毫无关联的话,那么我们究竟拥有了多少美德才有资格配享"好人"的名号就是一个值得深思的问题了。实际上,正是基于一种美德统一性的观念视角,使得我们在日常交往活动中取得了某种简便。更具体而言,在日常交往活动中,我们往往依据一个人整体性的行为表现而推测这个人是否为一个总体道德状况良好之人,并以之作为与其共处的依据。整体行为表现较好者,我们往往认为这个人是一个整体道德状况卓越者,对于这样的人,我们当然愿意与之交往并给予信任;反之,整体行为表现欠佳者,甚或说在道德上具有严重缺陷者,则我们往往会认为这个人是一个整体道德状况欠佳者,对于这样的人,我们往往不太欢迎或至少对其有所警惕。当然,以整体行为表现来推断一个人是否为一个整体道德状况卓越者也并非毫无问题,甚至也无法排除存在误判的可能,但即便存在这样的不足,我们似乎也无法否认:恰是由于这种美德统一性的观念视角,我们在日常交往活动中的简便处理由此而有了相应的理论依据,反之,脱离了这种美德统一性的观念视角,则我们对一个人的总体道德状况或人格状态之把握恐怕就失去了相应的理论依据,从而可能给我们的日常交往活动带来某种不便。

再次,美德教育的叙事性方法离不开美德统一性观念的支持。在美

---

① [美]依迪丝·汉密尔顿:《希腊精神》,葛海滨译,华夏出版社2008年版,第276—277页。

德的教育和养成过程中，所采用方法往往不是单纯的讲道理或道德说教，相反更多采用的是一种叙事的方法。"叙事"即所谓的"讲故事"，人们在先辈的光荣事迹、英雄传说或神话故事的聆听中，在听读故事的过程中受到理想人物（典型形象）的完美人格与伟大事迹的感染，从而燃起对这些理想人物（典型形象）的崇敬与向往之情，并将崇敬与向往的情感转化为自身美德养成的动力，古代传说或神话故事之最大价值恐怕就在于它们所起到的这种叙事作用。一般来说，人的美德养成往往起步于对他人的模仿，而如欲成功地激起学习者的模仿行动，道德榜样本身首先需要能够打动他人，一般认为，能够打动他人的道德榜样其人格形象要体现出某种"美"的特征。关于美德教育的叙事性方法对美德养成之意义，休谟曾说道，"美德置于这样遥远的距离，就宛如一颗恒星，虽然对于理性之眼可能显得如中天之日般光明灿烂，然而是如此无限遥远，以至于既不能用光也不能用热来影响我们的器官。通过我们与那些人的熟识或关系、甚至通过对情况的绘声绘色的描述而使这一美德更接近我们，我们的心将直接被打动，我们的同情将活跃起来，我们的冷淡的赞许将转变为最热烈的友谊和尊重的情感"[1]。这样来看，对于美德学习者来说，理想形象或典型人物的存在对其美德修养的进步确实具有不可或缺之意义，因为唯有如此才能激发起学习者对美德本身的崇敬与向往。需要提到的是，对学习者的美德修养进步来说，理想形象或典型人物本身并不需要是确定的现实存在，恰恰相反，由于现实生活中往往缺乏所需要的理想形象或典范人物，又或者说现实生活中的理想形象或典型人物在道德上往往难以达到完满的程度，因而，以现实中的人物形象作为美德修养的榜样引领常存在一定的弊端，从而难以达到完满的效果。这样来看，美德教育中叙事性方法的运用既可以取材于历史上或现实中的现实人物形象，也可以取材于某种虚构，因而以叙事性方式所进行的美德教育就具有某种优势——能够将完满的人物形象作为我们学习与向往的榜样，而不必纠缠于这样的人物形象是否属于真实的存在。

以完满的理想形象作为美德学习者的崇敬对象，对美德教育来说显然具有极大的意义，之所以如此，其中最为关键之处在于完满的叙事形

---

[1] ［英］休谟：《道德原则研究》，曾晓平译，商务印书馆2001年版，第81页。

象能够令道德教育与"道德美"发生关联,即通过叙事形象之完满性质,达到某种道德教育上的"美感"宣泄,由此在道德与审美之间架起相互贯通的桥梁,而就在这一贯通过程当中,人自身的自由能够得到最大程度的彰显,有论者已认识到这一点,"从本源性的关联审视道德与审美,可以发现道德与审美都张扬人的生命自由价值,显示了人类生命价值的理性精神"[①]。这样来看,美德教育中叙事方法通过理想形象的感染与吸附,而达到激发与吸引学习者以理想形象为榜样,最终实现自身美德养成的不断进步。在叙事方法中,只有凸显理想形象在道德人格上的完满性质,方能起到感染人、激励人的作用,恰如有学者所说,"道德榜样具有感染人的强大力量,而道德榜样之所以能够感染人,就在于其内蕴着真、善、美三要素,是真、善、美的感性呈现……道德榜样之美,是其内在品质所由以表现的形象方面,是道德的形象中得以感染人、感动人的美学因素"[②]。反之,如果美德教育中用于叙事的理想形象本身存在这样或那样的缺陷,那么在美德教育活动中就会形成所谓的"漏桶效应",从而极大地减损理想形象的榜样作用,这样的美德教育显然就难以取得预定的目的。不难看出,理想形象之引入难以离开美德统一性观念的支持,因为理想形象实际上也可看作美德的统一与完整的化身,缺乏美德间的统一与完整的观念支撑,对理想形象的设想无疑就失去了相应的基础。

最后,相比于美德的碎片化学说,美德的统一性学说与人们的日常道德认知实际上具有更大的契合。人们往往可能会这样认为,亚里士多德等传统哲人所主张的美德统一性学说之所以难以令人接受,最主要原因在于它违背了我们的日常道德认知,因此,美德的统一性学说与人们的日常道德认知是不相符的。当然我们需要再次提及的是,美德统一性学说的具体呈现并非只有单一的形式,亚里士多德等传统哲人所主张的美德统一性学说仅是其中的一种模式而已,这一模式并不能等同于美德统一性学说本身。我们还需要再一次提及的是,所谓"美德的统一性"具有如下两个层面的含义:一是指各美德之间所可能具有的某程度上相

[①] 常新:《儒家的道德哲学及其审美境界》,《伦理学研究》2011年第4期,第29页。
[②] 吕耀怀:《道德榜样三要素及其局限》,《道德与文明》2008年第2期,第26页。

互关联的性质,因而在一定意义上人对某一美德的真正拥有离不开对其他相关美德在某程度上的拥有;二是指各种美德相互关联并有着向一种统一的整体性状态靠拢的趋向,在特定的条件下,不排除某一理想性道德人物拥有所有美德的可能,这是该学说所具有的理想性指向部分。从这样的角度来看,与其说美德的统一性学说与人经验性道德认知相违,不如说是美德的碎片化学说与人的经验性道德认知相距更远。正如赫斯特豪斯所说,实际上并非美德的统一性学说,而是美德的碎片化学说违背了人们的道德直觉,因为当我们听说一个真正勇敢但同时也是残忍之人时或听说一个真正仁慈但同时也是懦弱或不诚实之人时,我们往往会感到吃惊与困惑,如果美德之间是可以分离性存在的话,我们为什么还会这样呢?[1] 赫斯特豪斯告诉我们,在日常道德活动中,我们实际上往往预设了美德间的统一,"我们不只是期望一个具有勇敢美德之人能够一贯、可预期地做出勇敢的行为举动,而且我们还期望这个人同时还能够具有仁慈或诚实的品质。我们确实如此期待,因为我们相信各种美德之间组成了某种形式的统一体"。[2] 这样看来,美德的统一性学说与人的经验性道德认知之间实际上并没有想象中的那种对立;相反,相比于美德的碎片化学说,美德的统一性学说与人的经验性道德认知实际上具有更大的内在契合。从这样的角度来看,可以说美德的统一性问题研究不仅具有一定的学术探究价值,而且还具有一定的实践指导意义。

以上的讨论表明,脱离开一种美德统一性的话语背景,我们在美德理解乃至美德伦理的把握方面便会遭遇到各种困局,此即所谓的"失去统一性的美德困局"。应该看到,"失去统一性的美德困局"只是从反面来揭示合理的伦理致思难以离开美德统一性的话语背景,然而这样的处理当然有其局限,因为反面揭示并不等同于正面论证。美德的统一性学说要得到人们更好的接纳,更加需要的是一种合理的论证支撑。

---

[1] Rosalind Hursthouse, On Virtue Ethics, New York: Oxford University Press, 1999, p.155.
[2] Ibid..

第 四 章

美德统一性论证的几个准备问题与不同维度

在前章讨论中，我们分析了美德碎片化学说的三大根源及脱离一种美德统一性的话语背景可能给我们的美德理解或美德伦理研究所带来的困局。虽然前面讨论在一定程度上可看作对美德碎片化理解的部分回应，然而这对美德统一性的辩护问题来说显然是不够的。本章我们意欲在回应美德碎片化学说的同时着手对美德的统一性进行正面的论证，我们的论证之目的在于表明美德之间具有某种程度上的统一性关系，然而这样的论证尚不涉及美德间到底是以何种形式而相互统一的，即我们在这一章的工作主要是要确证美德具有某种统一性关系，但尚未谈及所提出的是何种形式的美德统一论。

第一节　美德统一性论证的几个准备问题

在美德统一性的论证问题上，我们首先需要对与论证相关的一些准备问题进行讨论，这些准备问题我们认为主要有自然美德与完全美德的分辨问题、美德是否可不正当使用的问题、美德间的相容性问题以及美德的可公度性问题。由于这些问题本身虽没有直接指向美德统一性的论证，但却构成了美德统一性论证的准备条件或讨论基础，因而我们说这些问题是美德统一性论证的准备问题。

一　完全美德与自然美德的分辨问题

在美德伦理学的话语中，自然美德（natural virtue）一般指的是各种美德品质的天生秉性，比如一个人可能与生俱来就比他人处事更加冷静、果断、大胆等。当然，自然美德也可以是习得性的，即经由习惯而得但又尚未够资格称为完全美德的特性（traits），"'自然美德'需要被理解为不仅仅只是那些与生俱来的特性，而且还包括那些尚未够资格称为美德的、由习惯而来的特性"①。依照亚里士多德的理解，相比于完全美德（full virtues）或严格意义上的美德（virtues in strict sense，也称真正的美德 true virtues），自然美德欠缺了完全美德所具有的关键性因素——努斯或实践智慧（nous，努斯在实践事物中的作用即为实践智慧 phronesis or practical wisdom②，实践智慧则可看作为实践领域中的努斯）。亚里士多德强调，完全美德之所以不同于自然美德，是因为自然美德是甚至儿童与野兽都可生来就有的品质，它们由于没有努斯的帮助而显然是有害的，但严格意义的美德由于包含了实践智慧，因此能够避免自然美德所具有的相应缺陷。

在亚里士多德那里，完全美德与自然美德的分辨不只是涉及两种不同品性在完满程度上的不同，而且还牵涉至两种不同品性分别是以怎样的一种关系和状态而存在的问题。亚里士多德说道，有些人认为一个人不可能获得所有的美德，因此"美德"之间是可以相互分离的，但这种说法只适用于自然美德而非真正美德，"说到自然的德性，这是可能的。但说到使一个人成为好人的那些德性，这就不可能。因为，一个人如果有了明智的德性，他就有了所有的道德德性"③。这样来看，我们所说的"美德的统一性"，所指向的只能是严格意义的美德，它显然不包括类似

---

① Shane Drefcinski, A Defense of Aristotle's Doctrine of the Unity of Virtues, Doctoral Thesis of University of Minnesota, 1996, p. 368.

② 国内学者有时也将 phronesis 翻译为明智。我们知道，阿奎那在对亚里士多德的美德理论进行改造的过程中，就将亚里士多德的 phronesis 改为拉丁化的 prudence（即明智）。这里我们遵循国外多数学者将 phronesis 译为 practical wisdom（即实践智慧）的做法。此外要提到的是，依据亚氏的说法，实践智慧可看作为是实践领域中的努斯，至于"实践智慧"究竟是一种单一的品性还是美德构成的一个部分，不同学者往往会依据自身的讨论需要而持不同取舍，但应该承认的是，亚氏本人在这一问题上的具体看法显然具有一定的模糊性，两种态度实际上都可从亚氏的相关论述中找到支持的依据。

③ ［古希腊］亚里士多德：《尼各马可伦理学》，廖申白译，商务印书馆2003年版，第190页。

于美德的自然美德或不完全美德。为什么我们要对"美德的统一性"中的"美德"进行必要的限定呢?原因是在日常生活中,我们对"美德"一词的使用实际上并非十分严谨,或用有些学者的话来说,"美德的一个问题是——用某种方式来说——使用得过于容易。'美德'是一个日常生活中的口头用语,许多论者常常是在口头用语的层面而不是在经过仔细推敲的层面来使用它。对'美德'的日常式使用导致了该词的某种混乱以及一些误导性的举荐"①。我们认为,美德的统一性学说之所以在近现代以来遭到某些论者的责难或拒斥,这与他们对"美德"一词的某种非严谨使用恐怕不无关系。由此来看,完全美德与自然美德间的分辨对于美德的统一性论证来说,显然具有某种密切的关联。

然而,亚里士多德关于完全美德与自然美德间的分辨遭到了一些论者的质疑或批评,这些质疑或批评可概括为这样两种观点:第一种观点认为亚里士多德对完全美德与自然美德的分辨可能带来美德理解的无限拔高,并由此而导致现实中无人能够称得上为"有美德之人"的问题。在亚里士多德看来,严格意义的美德离开了实践智慧就不可能产生,因此各种道德美德由于实践智慧的原因而联结成一个密不可分的整体,"而一个人如果拥有了实践智慧,他就拥有了所有的道德美德"②。如果说人对美德的拥有是整体性的拥有,那么从日常道德经验的角度来看,这似乎是不可能的事情,因为如果说一个人对某一美德的缺失便是对所有美德的缺失,其逻辑结果就是在现实生活中没有人能够真正地拥有美德。我们认为,某一特定形式的美德的统一性学说虽可能与人们的一般道德经验有严重冲突,但并不等同于美德统一性学说本身也必然如此,在本章第三节我们对此进行更为详细的讨论。

第二种观点认为自然美德与完全美德具有完全同等的作用,因此两者之间的分辨没有太大的意义。一般认为,自然美德与完全美德都属于人的一种特定的行为倾向,同时两者在展开过程中都具有特定的情感附

---

① Blaine J. Fowers, "From Continence to Virtue: Recovering Goodness, Character Unity, and Character Types of Psychology", Theory of Psychology, 2008, p. 630.
② [古希腊]亚里士多德:《尼各马可伦理学》,廖申白译,商务印书馆2003年版,第189—190页。

着，因此自然美德与完全美德间分辨之关键无非是因为前者欠缺了后者所具有的实践智慧，这样来看，自然美德与完全美德之不同就仅在于理智方面的某种差异。然而，以理智因素的有无作为完全美德与自然美德之分辨标准遭到了一些具有功利主义倾向的美德论者的质疑。在《不安的美德》（*Uneasy Virtue*）一书中，朱丽亚·德里弗（Julia Driver）站在功利主义的立场对亚里士多德式的美德理解提出了挑战。在她看来，亚里士多德的美德理解[①]没能关注到涉及无知（ignorance）或认知性不足（epistemic defect）的相关美德，由此德里弗提出所谓的"无知的美德"以作为对亚里士多德式美德理解的一种修正。在德里弗看来，亚里士多德式的美德理解是一种极端理智主义的美德理论，我们应该抛弃这样的美德理论而转向一种后果论立场的美德理解。德里弗认为，所谓的美德应该与其所可能实现的某种结果相关，因此美德应被理解为一种系统地产生良好结果的品质特性。[②] 如果说理智因素对于道德美德来说并非是必要的构件，则由此可推断完全美德与自然美德之分辨既无可能也无必要了。实际上，以某种结果作为美德的评判标准似乎在国内学界也并不鲜见，由朱贻庭主编的《伦理学大辞典》，其关于"美德"这一词条便有这样的解释，"不同时代、社会和阶级，对美德有不同的理解，反映了不同时代，不同阶级所处的地位条件和道德要求……区别美德和恶德，主要看行为对集体、对社会所起的作用，凡是有利于集体、社会及其成员的发展和进步，才是美德"[③]。应该看到，作为人的一种卓越的内在品质，美德的认定当然脱离不了某种目的论的考虑，但这并不等于需要将美德与某种目的性结果作直接的关联，恰恰相反，将美德与某种目的性结果作直接的关联，是将美德的认定从属于某种目的考虑，这实际上属于前面所提到的规则伦理的美德理解，这样的美德理解显然具有极大的片面性。我们认为，如果将美德理解为人所具有的某种特定的卓越品质而不只是一种直接的行动倾向，那么我们就必须承认真正的美德品质与貌似

---

① 这里的"亚里士多德的美德理解"主要指的是亚里士多德关于道德美德与实践智慧（理智）之间是不可分割的论断。在亚里士多德看来，脱离开实践智慧（理智），便不可能有真正的道德美德。

② Julia Driver, Uneasy Virtue, Cambridge: Cambridge University Press, 2001, pp. 1–16.

③ 参见朱贻庭主编《伦理学大辞典》，上海辞书出版社2002年版，第91页。

的美德品质之间存在很大的不同。在美德伦理的语境下，美德不是一种直接的行为倾向，正如苏珊·斯塔克（Susan Stark）所说，美德伦理学所说的美德"不仅牵涉至一个人做正确的行动，而且还牵涉至这个人对相关的道德因素具有正确的感受"[①]。这样来看，真正的美德不仅牵涉至连贯性的正确行动，而且还关联着恰当的情感体验；与之不同，非完全美德或自然美德由于欠缺了理智因素的充分参与和积极作用，其对善的关注往往显得直接而片面，由此不仅难以产生连贯性的正确行动，且在情感体验方面往往也容易陷入某种极端当中，更多时候可看作为一种直接的行动倾向。在我们看来，（真正的）美德是行善的意向、知善的能力以及行善的技能之综合统一，它有着自身特定的内在结构，绝非是一种直接的行动倾向。因而，将完全美德与自然美德分辨开来不仅是可能的，而且也是必要的。

如果说完全美德与自然美德之分辨是可能且必要的，那么它们间的主要差异又是什么呢？在谢恩·德雷弗辛斯基看来，在亚里士多德的道德理论中，自然美德与完全美德之间主要有如下几个方面的不同：一是不同于严格意义的美德，自然美德在儿童和野兽那里也可发现；二是不同于严格意义的美德，自然美德常常是有害的，比如，具有勇敢自然美德的人常常看不到前面所具有的危险而贸然地行动；三是不同于严格意义的美德，自然美德是既可用于产生良善行为也可用于产生罪恶行为的一种能力，如具有慷慨自然美德的人可能会为一位吸毒成瘾朋友的吸毒行为提供资助，而具有勇敢自然美德的人可能会将自身的"勇敢"指向抢劫；四是那些仅拥有自然美德的人缺乏一种终极性目标的观念，因此其行为缺乏稳定性方向的引导；五是即便是在行为表现方面，那些仅具有自然美德之人也不能像真正的有美德者那样在行为上满足如下三个标准：首先，自然美德的拥有者不是出于完全的知识而行动；其次，自然美德的拥有者不是出于抉择而行动、不是为了德行本身的缘故而选择它们；最后，不同于真正的有美德者，有自然美德之人不是出于一种稳定

[①] Susan Stark, "Virtue and Emotion", Noûs, 2001, 35 (3), p. 400.

的品质而行动。①

我们基本上赞同德雷弗辛斯基关于亚里士多德对自然美德与完全美德的分辨所做的归纳，但我们认为在亚里士多德那里似乎存在着一种对自然美德过于贬抑的倾向。在我们看来，自然美德虽属于一种不成熟或不完全的美德品质，但其本身并非没有任何积极性的道德价值。自然美德不同于美德的假象②，美德的假象不属于美德的范畴，但自然美德在某种意义上仍可以说得上是一种"美德"，只不过是一种不合格的、有待提升的"美德"③。美德的假象本身没有任何的积极性道德价值（但却可以具有其他的非道德性价值），然而自然美德却具有一定的积极性道德价值，比如，我们似乎更倾向于认同与接纳一个具有自然美德的人而非相反，这本身就说明自然美德在一定意义上是值得肯定的。因此，我们认为亚里士多德在自然美德与完全美德间的分辨问题上有一定的偏颇之处，应对之进行一定的修正。以亚里士多德的相关观点为基础，我们认为自然美德与完全美德间的分辨主要体现在这样的三个方面。

第一，从生成的角度来看，自然美德的生成可以看作一种自发过程的结果，因此自然美德也可称之为"自发的美德"。作为一种自发形成的品质特性，自然美德显然没有得到人自身理性的充分参与和积极作用，因此它具有很大程度上的天然性或单纯性特征。与之不同，美德不仅仅是人的一种内在品质，准确来说它是人的一种卓越的内在品质，其形成与作用和人的知识或智慧密不可分，包含了人之理性因素的充分参与和积极作用，因此美德具有鲜明的智慧型或反思性的品格。与此相关，自然美德在作用发挥方面往往体现出一定的直接性，因而出于自然美德的行为具有一定的单纯性色彩，即所谓的"真"，但由于缺乏理智因素的充分参与和积极作用，导致出于自然美德的行为通常具有一定的局限，其

---

① Shane Drefcinski, A Defense of Aristotle's Doctrine of the Unity of Virtues, Doctoral Thesis of University of Minnesota, 1996, pp. 348-349.

② 我们所说的"美德的假象"指的是虚假的美德行为或美德表现，如，一个本不具有慷慨美德的人为了在人前炫耀自己，假装做出慷慨的行为举动以让人觉得自己是一个具有慷慨美德的人。

③ 我们知道，"美德"一词有泛指意义上的美德与特指意义上的美德之别。泛指意义上的美德包括了不完全美德（自然美德被包含于其中）与完全美德，泛指一切不同程度上的可称赞的品质特性，这一层面的美德我们以加上双引号的美德代称；特指意义上的美德仅指完全美德，是完全美德的简称形式。

作用范围、作用环境、作用条件或作用对象都可能具有一定的局限。但完全美德由于包含有理智因素的充分参与和积极作用，所以在作用发挥上能够避免自然美德所具有的局限。

第二，自然美德是一种自发形成的品质，其作用也具有相当的自发性色彩，因此出于自然美德的行为往往带有某种非自觉性的特征，出于自然美德的行为往往缺乏一种终极目的的引领而与人的直观或直觉具有更为紧密的关联，因此这样的行为不仅显得零散而缺乏可预见性，而且还容易受到所处情境或所处状态（如行为主体自身的情绪问题）的影响；与之不同，完全美德某种意义上可看作为人道德智慧的内化结果，其作用发挥不仅具有反思性的品格，而且还与某种总体性善的终极目的指向紧密相关。因此，出于完全美德的行为不易受所处情境或所处状态的影响，从而体现出相当的稳定性与连贯性特征。

第三，即便是在外显特征基本相同的行为活动中，出于完全美德的行为与出于自然美德的行为两者间也具有极为不同的道德意蕴——在出于完全美德的行为那里，行为是基于慎思与选择的结果。因此，这样的行为不仅在对善的关注方面体现出某种综合或宏观的视域，而且还有着恰当有度的情感附着；与之不同，出于自然美德的行为更多可看作是基于某种内在的自发性冲动，因此，这样的行为不仅在对善的关注方面缺乏某种综合或宏观的视域，而且在情感反应方面也往往难以达到恰当有度，由此出于自然美德的行为往往容易出现偏差甚或导向错误。

自然美德与完全美德间的分辨是可能且必要的，但问题是，现实中是否真的存在所谓的完全美德或严格意义的美德呢？这里我们有必要对前述情境主义对美德概念实在性所提出的挑战做出一定的回应，因为如果不存在品质特性这样的东西，不存在人们通常认为的那种坚定品质，或者说不存在通常意义上的道德美德，那么完全美德与自然美德间的分辨也就失去了相应的意义。针对情境主义的批评，美德伦理的支持者回应指出，情境主义者至少在如下几个方面犯了错误[1]：首先，情境主义者

---

[1] 关于美德伦理学家对情感主义者的批评做出的回应，作者参考了赵永刚在《美德伦理学：作为一种道德类型的独立性》一书中所作的相关讨论（参见赵永刚《美德伦理学：作为一种道德类型的独立性》，湖南师范大学出版社 2011 年版，第 111—115 页）。

对所引用的实验材料的解读存在可商榷之处。针对吉尔伯特·哈曼与多里斯利用米拉格拉姆的"服从权威"实验以否定品质特性的存在，纳福斯卡·阿芬纳索利斯（Nafsika Athanassoulis）批评道，我们完全可以对这样的实验结果做出一种不同的解释——大部分人都是遵照命令行事的，只有极少数人会尊重其内在意愿而拒绝外在的权威。因此，我们不必非要从这样的实验结果中得出如哈曼那样的悲观论断。[①] 迪安娜·弗莱明（Diana Fleming）对此也有类似的看法，在她看来，我们有很好的理由去质疑情境主义的实验本身以及情境主义者对这些实验所作的阐释。弗莱明说道，从一种纯粹的方法论立场来看，情境主义所采用的实验方法并不适合于探究品质是否存在这样的问题，这样的实验方法只是设计用来研究在具体情境中引起行为变化的变量，而不是用来探究在一段较长时期里行为是否具有连贯性的特征。[②] 也就是说在美德伦理学家看来，如果对品质特性的研究之目的是预测一段时间里主体的行为倾向，那么，拥有某种品质特性就并不意味着一个人的行为活动与其品质特性之间是一种绝对的对应关系，影响人行为的是多种因素综合作用结果，内在品质只是其中的一种因素（尽管可能是最为重要的一种）。我们当然不能保证人的外在行为与其内在品质之间总是一致，或至少我们不能保证大多数人的外在行为与其内在品质之间总是一致。因而，从解释方法的角度来看，美德伦理学家对情境主义者所用材料的阐释之合法性提出了质疑。

其次，有美德伦理学家从概念分析的角度回应了情境主义对品质概念实在性的挑战，我们以贝撒·琼斯（L. Besser-Jones）的相关观点为讨论对象。在琼斯看来，情境主义者的观点虽非没有一定道理，然而他们所阐述的内容并不能反映品质概念的全部本质或作用，最为重要的是，它理解不到品质归因中的评价性要素的意义。[③] 也就是说，品质归因的核心意义在于这样的归因使得我们能够看到其拥有者的内心世界，特别是行为

[①] Lorraine Besser-Jones, "Social Psychology, Moral Character, and Moral Fallibility", Philosophy and Phenomenological Research, 2008, 76 (2), p. 324.

[②] Diana Fleming, "The Character of Virtue: Answering the Situationist Challenge to Virtue Ethics", Ratio (new series), 2006, 19 (1), p. 38.

[③] Lorraine Besser-Jones, "Social Psychology, Moral Character, and Moral Fallibility", Philosophy and Phenomenological Research, 2008, 76 (2), p. 314.

者的信念及其所珍视的东西，这些评价性要素的把握对我们关于一个人的道德性的认知是不可或缺的，也是不可替代的。基于此，琼斯认为道德品质由这样三个部分构成：道德信念、行为倾向以及影响一个人行为倾向的道德承诺的本质与程度。道德品质与行为倾向并非绝对地一致，信念与行动也并不常常对等，因此，我们不能仅以一个人的外在行为来判断其道德承诺的全部内容。① 也就是说，内在品质并不直接对应于特定的外在行为，而特定的外在行为背后也蕴含有各种复杂的作用因素，所以我们不能简单地从一个人的某种外在行为来判断其内在品质，因此情境主义者基于一种"一次性实验"来断定品质的有无是不能成立的。再次，由于情境主义是以社会心理学的研究成果为基础而对品质概念的实在性进行责难，有些美德伦理学家干脆也利用这种社会心理学研究成果来回应其挑战。迈克尔·温特（Michael Winter）和约翰·陶尔（John Tauer）认为，实际上，我们的行为是复杂的，它是内在道德人格与各种情境之综合作用的结果。在他们看来，大多数社会心理学家认为，我们具有两个最为基本的社会性需要——有关自身的善感受（feel good about ourselves）以及对这个世界形成一种正确的观念（accurate view），前者与我们的直接感受相关，后者则与我们的内在观念特别是道德观念相关。而当这两者发生冲突的时候，我们便往往会选择满足前一种需要而放弃后一种需要，因此影响我们的行为的最大因素往往是直接的情境影响而不是内在的品质倾向。然而在温特和陶尔看来，现实中我们不难发现，肯定会有人宁愿牺牲自身的善感受（即某种形式的自我牺牲）也要维护自身对这个世界所形成的正确观念（即依循内在的品质倾向），从而不受微妙或强烈的情境因素的影响。②

在我们看来，情境主义存在的最大问题在于其对美德或品质特性所采取的特定理解。在情境主义那里，美德或品质特性被认为与特定的行为倾向之间具有某种直接的联系，因此一个人具有某种美德，这个人就

---

① Lorraine Besser-Jones, "Social Psychology, Moral Character, and Moral Fallibility", Philosophy and Phenomenological Research, 2008, 76 (2), pp. 317–320.

② Michael Winter and John Tauer, "Virtue Theory and Social Psychology", Value Inquiry, 2006, 40, p. 81.

应该能够被观察到经常性地展现出相应的行为举动，不难看出，这是将美德理解为一种直接的行为倾向（direct behavioral disposition）。问题是，将美德理解为一种直接的行为倾向与美德伦理学家的相关理解显然并不一致，恰如罗伯特·亚当斯（Robert M. Adams）所言，"情境主义者关于品质特性理解的一大弊病在于他们倾向于假定所有的品质特性都只是一种可称之为'直接的行为倾向'的东西……然而非常值得怀疑的是，一种直接的行为倾向可以充分地构成一种美德"①。这样来看，情境主义对美德概念实在性的否定可以说并不成功。② 美德概念具有实在性的特征，或者说美德这一概念具有相应的道德心理事实。美德是存在的，当然也存在着类似于美德的自然美德，因此我们需要在严格意义的美德品质与非严格意义的美德之间做出分辨，因为我们所说的"美德的统一性"所指的只是严格意义上的美德间的相互统一，而这样的关系并不适合于拓展至类似于真正美德的自然美德，原因在于自然美德自身的存在与作用往往会囿于某种特定具体之善而体现出较为明显的局部性或局域性的特征，彼此间可以说并不存在相互关联的性质。因此，可以认为自然美德之间是可以相互分离而存在的，彼此间并没有形成某种必然的关联，但这样的理解不能延伸至对完全美德间关系的考虑。由是观之，如果不在完全美德与自然美德（不完全美德）之间做出细致的分辨，则有关美德统一性问题的考察就必然会陷入某些不必要的纠缠甚或混乱。由此我们认为，完全美德与自然美德间的分辨构成了美德统一性论证的首个准备问题。

---

① Robert M. Adams, A Theory of Virtue: Excellence in Being For the Good, Oxford: Oxford University Press, 2006, pp. 120 – 121.

② 赵永刚认为，从对情境主义的反驳中，我们只能否定情境主义的观点，而不能正面论证或确定品质特性的实在性特征，因此品质特性只是一个哲学上符合常识与直觉的假设。同时，赵永刚指出情境主义的批评也并非毫无道理，它至少提醒我们：作为人内在品质特性的美德，其作用不是无条件的，而是会受所处情境的某种限制（参见赵永刚《美德伦理学：作为一种道德类型的独立性》，湖南师范大学出版社 2011 年版，第 118、123—127 页）。我们认为，情境主义的批评当然包含了一定的合理性因素，并且情境主义的挑战在某种程度上提升了我们对美德（伦理）本身的认识，正如 Robert M. Adams 所说，"美德是真实的，是人类生活中最为卓越的东西，但美德是一种拥有依赖性和条件性的美德。我们是依赖性的动物，且在美德与恶习这样的问题上我们也是依赖性的"（Robert M. Adams, A Theory of Virtue: Excellence in Being for the Good, Oxford: Oxford University Press, 2006, p. 161）。

二 美德是否可不正当使用的问题

"人谁无过？过而能改，善莫大焉。"(《左传·宣公二年》)人都是会犯错误的，即便是道德修养很高的人也可能会做错事。然而，主张有德之人恰是因为其身上所具有的美德而犯错或恰是由于美德拥有的原因而使得一个人犯下更大的过错却是另一迥异的问题了。所谓美德的不正当使用（misuse virtue 或 bad use of virtue），粗略上来说指的是美德可用于邪恶或不正当的行为目的，或用琳达·扎格泽博斯基（Linda T. Zagzebski）的话来说，"'（美德的）不正当使用'意味着错误的行动"[①]。由此在我们看来，所谓的美德的不正当使用，其含义包含了这样的两个方面：一是恰是由于某一美德的原因而使得一个人做出错误的行动；二是恰是由于某一美德作用而使得一个人做出更具破坏性的不正当之事。在宽泛的意义上，美德可理解为一种值得称赞的品质特性，因此，有合理的理由认为美德对于我们这个世界来说总是好的，各种美德由此在作用指向上就形成了某种合力，彼此间因而组成一个紧密的整体关系；反之，如果说美德是可不正当使用的，那么这就意味着某一美德的作用发挥有可能形成对另一美德的作用发挥的某种破坏，如此（至少是）某些美德在作用指向上就很可能是相互排斥的，彼此间当然也就难以形成某种紧密的整体。由此来看，在美德统一性论证的具体展开前，美德是否可不正当使用的问题显然是一个绕不开的论题。

在亚里士多德那里，道德美德源于灵魂中无逻各斯的部分，但却又并非完全与逻各斯无关，即道德美德本身虽然并不直接拥有逻各斯，但它却能够遵从逻各斯的教导，因而道德美德是包含了逻各斯的作用从而使得一个人能够出色地完成自身活动的品质。[②] 由于有了逻各斯的引领，亚里士多德否认了美德可产生错误行为的可能，在他看来，与自然美德没有逻各斯（或努斯）引领而容易导向错误不同，真正的美德由于有了

[①] Linda T. Zagzebski, Virtues of the mind: An inquiry into the nature of virtue and the ethical foundations of knowledge, Cambridge: Cambridge University Press, 1996, p. 91.

[②] [古希腊]亚里士多德：《尼各马可伦理学》，廖申白译，商务印书馆2003年版，第32—45页。

逻各斯的帮助而能够"使得行为完善"①。实际上,恰如我们已认识到的,今天已完全被看作是一个道德方面用词的"美德",在古希腊人那里所对应的是一个具有更为宽泛意义的词语——arete(卓越),用于人身上时,arete 指的是人在各个方面达致某种优秀的状态,这样的 arete 当然不可能会产生对人自身不利的后果。可以这样认为,在古希腊人那里,根本不存在美德可以被不正当使用的可能。对古希腊人来说,对 arete 的不当使用就如同将一个人的手或脚从其身体上切割下来,虽然我们还将已切割下来的手或脚称为"手"或"脚",但它们显然已不再是真正意义上的手或脚了。从这个角度来看,美德的不正当使用问题在希腊哲人那里显然不可能会被当作是一个有意义的话题。

首次提出美德是否可不正当使用这一问题的哲学家是奥古斯丁。在奥古斯丁看来,美德是一种经由它我们可正当地生活的心灵上的好品质,没有人可对美德进行不正当使用,因为它是上帝直接灌入到我们身上的东西。② 在美德是否可不正当使用的问题上,阿奎那在继承奥古斯丁的立场之同时也在一定程度上推进了该问题的讨论。阿奎那认为,使某一行为达致完满状态需要满足这样的两个条件:一是行为本身需是正当的;二是行为者的倾向(disposition,或译为心理定式)不能成为相互冲突的行动的共同原则。③ 阿奎那所说的完满行为的第二个条件所指向的正是针对美德的不可不正当使用这一问题,因为在阿奎那看来,相同的倾向如果可以涵括相互冲突的行动,只能表明这一倾向本身不是一种好的倾向,既然我们认为美德是一种稳定的、好的行为倾向,因此我们就不能认为美德可容纳相互冲突的行动,即美德只能产生好的行动而不能产生坏的行动。当代美德伦理学家罗萨琳·赫斯特豪斯在《美德伦理学研究》一书中也讨论了美德是否可不正当使用的问题。赫斯特豪斯说道,当我们一般地谈论美德时,我们会将美德看作是一种使其拥有者好的东西,而有美德者即是一个行动得好的道德优秀者或值得钦佩的人,这看来是最

---

① [古希腊]亚里士多德:《尼各马可伦理学》,廖申白译,商务印书馆 2003 年版,第 189 页。
② E. M. Atkins and Thomas Williams (eds.), Thomas Aquinas Disputed Questions on the Virtues, Cambridge: Cambridge University Press, 2005, p. 13.
③ Ibid., p. 14.

第四章 美德统一性论证的几个准备问题与不同维度 135

明显不过的;然而当涉及具体的美德事例时,我们就不会这样自信了,因为我们可能会说一个人会过于大方或过于诚实,又或者会说这个人大方或诚实"过了头",具有仁慈美德的人有可能因为其仁慈而经不起别人的哀求从而违背了本应遵守的承诺,而"勇敢美德"如果为亡命之徒所拥有则可能使他干出更多的恶事。① 当然,赫斯特豪斯并不赞同美德是可不正当使用的观点,相反她认为,好人有可能恰是因为其好品质而使其错误地行动这一说法听起来是古怪的,"就我自身的直觉而言,我们所说的'美德'这一词语本身就意味着它是某种使其拥有者好的东西,人可能会'聪明过了头',但却不会'明智过了头'"。②

然而,美德不可被不正当使用的观点受到了常识性观念甚或是一些学者的质疑与挑战。我们首先考察一下常识性观念对美德是不可被不正当使用这一观点的挑战。从日常生活经验来看,有时候有的美德之在场或作用似乎不仅无助于其拥有者避免道德上的犯错,相反它可能会促使其拥有者犯错或使其在错误道路上走得更远,恰如赫斯特豪斯所说,"一般观点认为,一个人所拥有的仁慈美德有时可能会使他犯错,比如他可能会为避免伤害另一个人的感情而没有履行本应遵守的承诺,或一个亡命之徒所具有的'勇敢'使他可能做出比他如是一个懦弱之徒所本来不会做出的更大破坏"③。我们现在来回应一下这种基于常识经验而对美德不可被不正当使用所提出的挑战。首先,以一个人恰是由于仁慈而没有履行所应遵守的承诺从而使其犯错这一观点为例,我们可以这样回应:第一,美德不是一种直接的行动倾向,相反其具体展开涵摄了意、情、知、行等多方面的内容。由此,我们说美德是一种具有"多轨迹"形态的意向。由于美德的具体展开涵摄了多个方面的内容,所以,我们对美德行为的理解就不能仅着眼于某个单一的内容(如外显行为)。这样来看,一个人由于仁慈美德的作用而使得其为了避免伤害他人而选择放弃履行先前所作的承诺,就很可能只是他(或她)依据某种特定环境而做

---

① Rosalind Hursthouse, On Virtue Ethics, New York: Oxford University Press, 1999, pp. 13 – 14.
② Ibid., p. 13.
③ Ibid..

出的合理行动而已,这样的举动可能并不算是一种道德上的犯错行为;相反,如果一个人只是机械地依照原则行事,所做出的行为举动就反而很可能显得不近人情而不合乎真正的美德要求。① 第二,这个人所拥有的"仁慈美德"很可能只是一种有待进一步完善的仁慈美德(即不完全的仁慈美德)而不是一种完全的仁慈美德,或用赫斯特豪斯的话来说,"认为恰是一个人的仁慈而使得他在某一特定场合下犯错,我们可以说,他所拥有的不是真正的美德而只是美德的一种误导形式(misguided form),或只是美德的一种滥用形式,又或者,这个人所拥有的只不过是一种极度不完善而尚需进一步发展的仁慈美德"②。其次,以一个亡命之徒恰是由于拥有了"勇敢美德"而使他的行为更具破坏性作用这一观点为例,我们认为这恐怕与我们日常语言使用习惯具有很大的关系。在日常语言使用中,我们习惯地将行事果断大胆的人称为一个"勇敢"的人,而往往不再对这样的"勇敢"进行进一步的考究。然而我们知道,"美德"不是一种直接的行为倾向,因此,果断大胆并不能说就是真正的勇敢美德,虽然从口头上我们往往将一个行事果断大胆的人说成是"勇敢的人",但这样的"勇敢"与美德伦理所说的"勇敢"显然并非同一回事,恰如学者所说的,"我们可以说亡命之徒是大胆的,但他并不拥有勇敢的美德"③。这样看来,日常道德生活中我们认为美德可不正当使用的观点很可能只是源于我们对道德语言的某种不严谨使用所造成的。

不仅如此,美德不可被不正当使用的观点还受到一些学者从学理角度提出的挑战。相对容易回应的是朱丽亚·德里弗的观点。前面讨论中说到,德里弗是一位具有鲜明的功利主义色彩的美德论者。在她看来,美德是一种系统地产生良好结果的品质特性,在少数情形下,美德可能

---

① 比如,康德为了强调义务的至上性,主张人应该为了义务而义务,认为人无论在任何时候都应遵循义务而行动,哪怕履行义务会带来明显的伤害后果。以康德所举的例子为例,如果一个杀人犯正在寻找他意图中的加害者,这时恰好他要寻找的人正躲在你所知道的某个地方,康德说,如果杀人犯问你这个人躲在哪里,不管后果如何你都应如实回答、不应撒谎,因为后果如何不是你该负责的,但如果你撒谎了,所破坏的那个一贯原则却是你要负责的,因此你不应撒谎,而应如实告诉杀人犯这个人躲在哪里。

② Rosalind Hursthouse, On Virtue Ethics, Cambridge: Cambridge University Press, 1999, p. 14.

③ Ibid..

会产生危害性的结果,但只要这种品质特性一般地来说能够产生善,它就可理解为一种美德,正如车座上的安全带一般情况下对坐车人来说是有保护作用的,但也不能排除有系着安全带而带来更大伤害的可能。① 针对德里弗的挑战,我们可从以下两个方面进行回应:一是德里弗的美德概念是一种后果论式的美德概念,这与美德伦理学对美德的一般理解存在较大的出入,因此,德里弗的学说难以构成对美德不可被不正当使用观点的真正挑战;二是我们有必要将有美德之人可能犯道德过错与有美德之人恰是由于其所具美德而做出道德上的过错两者分辨开来。我们着重谈谈第二个方面。我们知道,由于环境的不熟悉或信息掌握的不完全等原因,出于美德的行动也可能导致一定的伤害,如一个不懂得医学常识的热心人急于扶起跌倒的老人,就可能会造成对跌倒老人的二次伤害。实际上,亚里士多德就承认有美德的人也并非总是与道德过错无关,亚氏在好几个地方都说到有美德的人并不总是成功地达至目标,相反他有时会错过目标。比如在探讨大方美德时,亚氏就表示大方之人在给予时可能存在过度的做法,而在为自己考虑时则表现出某种不足。② 实际上,亚里士多德不但承认有德者偶尔会错失其目标,而且还认为有德者也可能会做出道德上的错误行为,"因为,一个人在做出这种伤害时,他就是在行不公正,他的行为就是一个不公正的行为。但是这并不等于说他就是个不公正的人或坏人"③。这样来看,德里弗的观点似乎更多是强调拥有美德从总体上、但却不是在每一具体境况下都带来好,因而有美德者也存在做错事的可能,因此,德里弗似乎在人恰是由于其美德而做错事(即美德可不正当使用)和出于美德的行为也可能导致不良的行为后果两者间存在某种模糊,她对美德不可被不正当使用观点的挑战由此可以说并不成功。

对美德的不可被不正当使用观点的另一更为棘手的挑战来自麦金太尔关于"纳粹的勇士是否拥有勇敢美德"的提问。麦金太尔在批评亚里

---

① Julia Driver, Uneasy Virtue, Cambridge: Cambridge University Press, 2001, pp. 1 – 16.

② Shane Drefcinski, A Defense of Aristotle's Doctrine of the Unity of the Virtues, Doctoral Thesis of University of Minnesota, 1996, pp. 162 – 163.

③ [古希腊]亚里士多德:《尼各马可伦理学》,廖申白译,商务印书馆2003年版,第153页。

士多德的美德统一性学说时提出,完全美德可以与邪恶目的相结合,由此证明美德统一性的说法是没有道理的。麦金太尔以一个纳粹战士为例,认为这名纳粹战士拥有一般可称之为恶的目标或企图(即为纳粹的事业而征战),然而他在战斗中的勇敢表现应该算作是拥有勇敢美德的表征。麦金太尔认为,否认纳粹战士所具有的"勇敢"为真正的勇敢或认为此时的"勇敢"不再是一种美德,都会在美德的"重新教育"这一问题上无法给出令人满意的回答,因为它混淆了那些需要进行道德的重新教育之人与不再需要道德的重新教育之人两者间的差别。[1] 易言之,在麦金太尔看来,纳粹的勇士与一般人在面对危险的情况下之表现是不同的,后者往往需要经过与勇敢美德相关的道德教育及自身努力方可在危险面前做到勇往直前,而前者则并不需要进行类似的道德教育即可如此行事,两者之间的差异是如此明显,因此麦氏认为纳粹的战士无疑拥有真正的美德,否则情况就不可能是这样的。对于纳粹的敌人来说,怯懦的纳粹士兵显然比勇敢的纳粹士兵更容易对付,如果说纳粹战士具有勇敢的美德,那么勇敢美德在这里似乎就是帮助了纳粹的事业,勇敢美德此时帮助了纳粹的邪恶目的,换句话来说,勇敢美德在这种境况下被不正当使用了。

针对麦金太尔的"纳粹勇士"案例,实际上其他学者对此曾有过专门的讨论,概括起来有这样的四种回应:第一种回应态度是否认麦金太尔的相关观点,即认为纳粹战士的"勇敢"所体现的只是一种行为倾向(disposition)而非勇敢美德,因为勇敢美德必须具有一种评价性因素渗入其中,而不只是一种简单的行为表现或行为倾向。[2] 第二种回应是认为这样的行为倾向可以说是真正的勇敢,但勇敢并不总是作为一种美德在发挥作用的。持这一观点的典型人物是菲力帕·弗特(Philippa Foot)。弗特认为,美德这一词语所标示的能力是一种产生好行为与好欲望的能力,但就好像毒药或炸药并不总是如它们在一般情况下那样发挥作用一样,美德因而也不能说总是产生好的行为。弗特说,如果 P(比如砷)是一

---

[1] [美]麦金太尔:《追寻美德》,宋继杰译,译林出版社 2003 年版,第 227—228 页。
[2] Linda T. Zagzebski, Virtues of the Mind: An inquiry into the nature of virtue and the ethical foundation of knowledge, New York: Cambridge University Press, 1996, p. 92.

种毒药,这并不意味着 P 在任何地方的出现都是作为一种毒药而发挥作用,即有时候 P 就并不是作为一种毒药而在发挥作用。类似地,当凶手利用他所具有的勇敢去做邪恶的行为时,这个凶手所具有的勇敢就不是作为一种美德在发挥作用。弗特认为我们之所以没有称凶手的行为是一种"勇敢行为"并非因为其行为不勇敢,而是因为"勇敢在这里没有获得其典型的发挥"[1]。第三种回应是认为纳粹战士拥有勇敢的行为倾向,且这一行为倾向在这样的情境下属于真正的美德,但美德并非在每一情境下都能带来好的行为后果,这一观点由格里高利·特里安诺斯基(Gregory Trianosky)所提出。[2] 第四种回应认为纳粹士兵所体现的行为倾向是勇敢,且勇敢总是一种美德、总是值得去拥有的,原因并非在于美德总是能增进拥有者及这个世界的善,而是在于这种行为倾向的拥有总是能使其拥有者及所在世界更加接近一种更高程度的可欲求状态,因此即便勇敢美德在纳粹战士身上既不利己也不利人,它也仍然属于一种美德,因为这个世界拥有了它比缺乏它更加接近一种完满的状态。[3] 不难看出,以上四种回应中,只有第一种回应可看作是对美德可不正当使用观点的反对,而其他三种回应在一定程度上都可看作为对美德可不正当使用观点的赞同。

在我们看来,如果考虑到美德自身的结构问题,那么我们就需承认一种评价性的观念因素在美德中所起到的关键作用,欠缺了这一评价性观念因素的考虑,则相关的美德理解就显然存在某种偏颇,从这样的角度来看,我们认可上述第一种回应态度,即从美德结构中所包含的评价性观念因素这一角度来看,我们认为麦金太尔的"纳粹勇士"案例并不能构成美德是不可被不正当使用观点的真正挑战。当然,由于涉及美德自身结构的讨论问题,因此此处似乎不方便做过多的展开(稍后的统一性论证中我们会再论及这一问题)。简单来说,"纳粹勇士"的勇敢缺乏善的价值指向这一观念因素,所以并不能认为是与真正的勇敢美德无任

---

[1] Philippa Foot, Virtues and Vices and Other Essays in Moral Philosophy, Berkeley and Los Angeles: University of California Press, 1978, p. 16.

[2] Linda T. Zagzebski, Virtues of the Mind: An inquiry into the nature of virtue and the ethical foundation of knowledge, New York: Cambridge University Press, 1996, p. 93.

[3] Ibid., p. 101.

何差别,"纳粹勇士"所具有的勇敢可以说并非为真正的勇敢美德。① 我们认为,退一步而言,即便假定这位纳粹战士身上所具有的"勇敢"是一种真正的勇敢美德,实际上也难以构成对美德不可被不正当使用观点的真正挑战。亚里士多德在阐述什么样的行为方算得上为真正的美德行为时指出,有美德的行为必须是经过自身选择而做出的,否则只能说是一种非自愿的行为。比如,当某个人处于一种无法忍受的压力下行动时,他往往会倾向于做出一些他在正常情况下无法做出的行为。② 应该看到的是,一个人的行为活动不仅仅只是其内在品质作用的结果,现实中人的行为往往还受到诸多外在因素的影响,在某些特定环境下(如战争)个人的内在品质对自身行为的影响甚至会降至极为微弱的程度,又或者说,美德的正常性作用发挥可以说既不是无限也不是无条件的,有美德的人所做出的行动可能也会并非出于其真实所愿。从这样的角度来看,对美德所可能起到的作用显然不能做无限夸大,也许是这样的原因,有学者认为美德"不能够充分限制社会的错误发展"③,就其认识到美德之作用具有局限性而言,显然不无道理。由此来看,即便我们承认纳粹战士所拥有的是真正的勇敢美德,但其勇敢参战很可能只是非其所愿④,其所表现出的勇敢似可看作是所谓的"非自愿行为",因此不能用来作为美德不可被不正当使用的否证。这里我们需要强调的是,美德的不可被不正当使用指的是美德的拥有者不可以利用自身所具有的美德用于不正当的行为目的,但却不能排除有美德者本身有被他人(包括组织、集团甚或是国家)所利用的可能,这种情况下,一个有(勇敢)美德的人就有可能比一个缺乏(勇敢)美德的人产生更大的破坏作用。

有论者认为,一个有德者之所以会做出错误的行为举动,兴许并非是因为他缺乏某一美德的结果,而是因为他缺乏与这一美德相关的其他

---

① 更为详细的讨论,请参看拙作《美德是可不正当使用的吗——兼谈美德伦理的一些基本问题》,载于《华中科技大学学报》2014 年第 1 期。

② [古希腊]亚里士多德:《尼各马可伦理学》,廖申白译,商务印书馆 2003 年版,第 59 页。

③ 陈泽环:《多元视角中的德性伦理学》,《道德与文明》2008 年第 3 期,第 36 页。

④ 当然,如这位纳粹战士是甘愿为纳粹事业而征战,则其所持观念就可被认为存在一定问题,这种情况下,其"勇敢"就夹杂着一种错误的或至少是有问题的观念因素,我们就可认为这样的"勇敢"并非为真正的勇敢美德。

美德的缘故。① 比如，一个拥有仁慈美德的人可能会由于自身的仁慈而做出某种具有偏袒性色彩的不公行为，那说明这个人显然缺乏了正义美德品质的在场与作用，因为如果他（或她）拥有正义美德，就不可能做出偏袒性的行为举动。与之相关，如果美德之间在一定程度上是相互关联的，那么就可排除美德可被不正当使用的可能，因为出于某一美德而做出的错误行为，实际上就意味着对其他相应美德要求的某种破坏，从这样的角度来看，美德是否可不正当使用的讨论，构成了美德统一性论证的另一准备问题。

三 美德间的相容性问题

经验观察中人们发现，不同的美德往往对应着不同的行动倾向或价值指向，而有些行动倾向或价值指向之间至少从表面上来看彼此间似乎是紧张与对立的。与之相应，有些美德似乎难以被同一道德人格所同时拥有，这一现象引发了哲人们关于美德间是否具有相容性特征这一问题的讨论兴趣。所谓美德的相容性（the compatibility of virtues）指的是美德与美德之间在根本上是相容而非冲突的，因而美德的相容性学说所主张的是美德之间不存在根本上的相互冲突，由此养成某一美德不会以放弃或牺牲对其他任何美德的拥有为代价，或用 A. D. M. 沃尔克（A. D. M. Walker）的话来说，美德相容性学说"认为对一个人来说完全地养成所有的美德是可能的，其本质指向的是养成某一美德不会威胁或限制对其他任何美德的拥有"②。不难看出，如果否认美德间是相容的，即主张有些美德相互间存在根本上的冲突，那么就等同于承认（至少是）有些美德之间难以共处于同一道德人格，其逻辑结果即是否认美德间具有相互统一的可能。由此来看，在美德统一性论证的具体展开前，有必要探讨一下美德间是否具有相容性特征这一问题，可以认为，美德的相容性问题构成了美德统一性论证的又一准备问题。需要指出的是，美德的相容性学说只是否认美德之间在根本上的对立，而非要否认各种美德在行

---

① Cf. John G. Giuliano, Virtue and Action: A Study of the Unity of Virtues, Doctoral Thesis of University of California, 1978, p. viii.

② A. D. M. Walker, "Virtue and Character", Philosophy, 1989, 64, p. 349.

为层面所可能具有的冲突,"它并不否认令人痛苦的道德两难的存在——它承认当不同美德所相关的考虑指向互不相容的行为时,美德之间在某些具体情境中可能会陷于冲突,只不过这样的冲突仅发生在具体的行为层面"[1]。

在苏格拉底、柏拉图、亚里士多德乃至阿奎那的道德理论中,美德不仅居于其道理理论的核心位置,而且他们都倾向于认为,各种美德彼此间是相容的,因此一个人至少从逻辑上来说能够拥有所有的美德。可以进行更为具体的讨论。在苏格拉底看来,尽管美德多种多样,但它们都具有同一种性质,因而美德自身是一个单一的实体,而各种美德都被看作是同一知识的不同呈现。[2] 也就是说,在苏格拉底那里,虽然从表象来看存在着各种不同的美德,但就美德自身而言,它实际上是一种单一的性质,学理上伦理学家将这样的观点称之为美德的同一论或超强形式的美德统一论。[3] 可以看到,苏格拉底的美德同一论既否定了美德的多样性特征,同时也否定了美德间存在相互冲突的可能,或者可以这样说,在美德同一论的形式下,苏格拉底为美德间的绝对相容做了特殊的承诺或辩护。柏拉图虽然不赞成苏格拉底将美德理解为一种单一性"知识"的做法,但在美德间关系问题上,他又回到与苏格拉底相类似的立场。在柏拉图看来,理性(或理智)能够代表整体灵魂进行谋划,所以它应该占据领导的地位。理性的最大功能在于把握到最高善——善本体或善自身,个体或城邦(个体与城邦在柏拉图那里是同构的关系)所拥有的善或美德实际上都是对善本体的模仿或分有。因此,无论在城邦内部还是在个体身上,美德与美德之间都不可能存在相互冲突的可能,因为在柏拉图那里,各种具体善都受到善本体之节制从而在整体的既定秩序中有其确定的位置,都有向最高善作靠拢的趋势并且受到最高善的调节,各种具体善由此呈现出相互协调与相互支持的关系。亚里士多德或阿奎那尽管在某些问题上与柏拉图不尽一致,但在美德间的相互关系问题上

---

[1] A. D. M. Walker, "Virtue and Character", Philosophy, 1989, 64, p. 349.

[2] 参见中译本《柏拉图全集》(王晓朝译,人民出版社2002年版)中的《普罗泰戈拉篇》(349B-C,361B)、《美诺篇》(73C,88D)。

[3] 关于苏格拉底所持有的是何种形式的美德统一论,可看本书第二章相关讨论,也可参看拙作《苏格拉底的美德统一论探析》,《江汉论坛》2012年第5期,第99—104页。

基本上遵循了柏拉图的路线。由于阿奎那的美德理论基本上可看作是对亚里士多德美德理论的继承与发展，这里我们仅谈及亚里士多德的相关观点。在亚里士多德看来，道德美德本质上属于品质的范畴，是灵魂中虽无理性但却能够遵循理性引导的部分之卓越状态，因此，严格意义的美德离不开本质上为理智美德但却以实践为关涉对象的实践智慧的作用，反过来说，脱离了道德美德，实践智慧作为一种切入实践的理智美德的地位也难有保障。因此在亚氏那里，真正的美德与实践智慧之间是一种相互依赖的紧密关系：离开实践智慧，人所可能形成的只是非严格意义的美德或者说自然美德；而脱离了道德美德，所谓的实践智慧就会蜕变为庸俗性的聪明。① 在此基础上，亚里士多德认为由于实践智慧的作用，各种美德相互间组成了一个密不可分的整体关系，实际上也就意味着由于实践智慧的作用，各种美德取得了彼此相容的性质。亚氏对此有更为明确的阐述，他说："德性不会与德性相反。因为它的本质乃是服从理性，所以，理性指向哪里，它就朝向哪里，既然这正是所选择更好的东西。"② 由此来看，传统哲学家基本上持有一种美德间相容的观点，正如麦金太尔所说，"亚里士多德和阿奎那尽管在许多重要的方面都与柏拉图意见相左，并且彼此也不尽一致。这三位哲学家有一个共同的预设，那就是，有一种宇宙秩序指定了每一美德在人类生活总体和谐体系中的位置"③。

然而，不同的美德相互间可和谐地共处于同一道德人格的观点似乎与人们的日常道德经验并不十分相符。不仅如此，从学理上来看，特别是在一些秉持自由主义价值信念的学者看来，不同美德对应于不同的价值追求，因而价值追求间的对立必然导致美德间的冲突，这些学者由此对希腊哲人所持有的美德相容性学说进行了批评。在他们看来，在柏拉图、亚里士多德等哲人那里，他们的美德相容性学说最后都求诸一个整体性的宇宙秩序，而这样的处理在今天显然是难以令人满意的。也就是

---

① ［古希腊］亚里士多德：《尼各马可伦理学》，廖申白译，商务印书馆2003年版，第188—189页。

② ［古希腊］亚里士多德：《亚里士多德全集》（第八卷），苗力田主编，徐开来译，中国人民大学出版社1992年版，第297页。

③ ［美］麦金太尔：《追寻美德》，宋继杰译，译林出版社2003年版，第180页。

说，至少在有些现代学者看来，美德与美德之间并非是如希腊哲人所主张的是一种相互协调的和谐关系，恰如麦金太尔所说，"现代传统与此（指统一性的价值秩序——引者）截然对立，它主张，人类利益的多样性与异质性，致使人们的追求不能在任何单一的道德秩序中得到协调，从而任何社会秩序——要么尝试这样一种协调，要么把某一霸权利益强加于其他所有利益之上——都注定要蜕变为一种对人类状况的可怕束缚，并且极可能是一种极权主义的束缚"[①]。应该看到，自由主义对一种冲突性的价值选择可谓是情有独钟，或换句话来说，可选择的冲突性价值的强调是现代自由主义的核心构件之一。在古典自由主义代表人物以赛亚·伯林看来，存在一个客观价值的世界，但不同价值之间会相互冲突，如正义对于一些人来说是绝对价值，但它与某些同样被看作为终极价值的价值——宽容、同情等价值可能是不相容的。伯林认为狼的完全自由是羊的死亡，因此这个世界上有些价值彼此间是无法兼容并存的。人类有些价值之间不能并存，我们注定要选择，每一种选择都可能包含不可弥补的损失。[②] 如果说价值间的冲突无法避免，而不同美德又对应着不同的价值追求，其逻辑结论只能是（至少是有些）美德间是相互冲突而无法并存的，这一点已为麦金太尔所认识到，他说道，自由主义的观点"需要一般利益的异质性，又需要美德的异质性，并且对这类理论家（即自由主义者——引者）来说，对有关美德的对立主张的选择在道德生活中的核心地位不亚于对一般利益的选择"[③]。换言之，在有些论者（如自由主义者）看来，如果人类利益本身是一种异质与对立的存在样态，而不同美德对应于不同的利益要求或价值追求，那么不同美德之间就不可避免地呈现出异质与对立的特征，因此至少是对有些美德来说，它们是无法共存于同一道德人格的。

问题是，现实世界中价值的异质与对立可以得出人在道德行为选择上冲突（道德冲突）的结论，但却不能由此得出作为内在品质特性的美德之间是冲突的结论。正如前面提到，道德冲突并不等同于美德间的冲

---

① [美]麦金太尔：《追寻美德》，宋继杰译，译林出版社2003年版，第180页。
② 张汝伦：《良知与理论》，广西师范大学出版社2003年版，第143页。
③ [美]麦金太尔：《追寻美德》，宋继杰译，译林出版社2003年版，第180页。

突，美德的相容性学说可以容纳道德冲突的存在。道德冲突或道德两难指的是行为主体在道德行为选择中所面临的一种两难状态，处于冲突中的人被要求在两种对立的道德价值之间做出选择，并通过这样的选择来展现自己的道德行为目的。[1] 不难看出，道德冲突侧重于人在异质与对立的道德价值之间做出非此即彼的行为选择问题，但除非我们将美德看作是一种与特定价值指向具有直接对应关系的行为倾向，否则对道德冲突存在的承认就不会等同于对美德间冲突存在的承认。美德当然不是一种与特定价值指向具有直接对应关系的行动倾向，相反它是人所具有的一种卓越的内在品质，或者用加里·沃特森的话来说，美德是一种对相关方面有"恰当关注"的心理定式。但为什么有论者往往将美德与特定的价值指向做直接对应的处理呢？赵汀阳在《论可能生活》一书中提到，"现代主流伦理学虽不都是规范伦理学（即规则伦理学——引者），但却都是在规范问题的层面上去思考伦理学。规范试图规定关于利益的权利，所以，与规范搭配的是利益问题"[2]。由此来看，由道德冲突的存在而延伸至美德间冲突的主张，实际上只是一种规则伦理论者所习惯了的思维使然。在规则伦理论者看来，每一种美德实际上就是一种特定的"规范"，不同的规范对应于不同的价值指向，这样，在一个异质与对立的价值世界里，各种美德间的关系当然就被认为是难以相互协调的冲突关系。问题是，美德与价值指向之间并非直接的对应关系，或者是，美德不仅只是一种对规则的"遵守"，而更多可看作是人"去做"的特定方式。进一步而言，作为人的一种卓越的内在品质，美德的具体展开实际上是极为丰富的，它可以将各种异质或对立的行为选择纳入其中。因此，从道德行为冲突的存在并不能推断出作为品质特性的美德之间也是相互冲突的。

当然，我们否认美德之间在根本上存在相互冲突的可能，而不是要否认出于不同美德的行为之间存在偶然的冲突。比如，我国传统上有所谓的"忠孝不能两全"的说法，所说的实际上就是在某个特定情境下（如国家处于存亡兴废的关键时刻），我们很难同时兼顾"忠德"与"孝德"所提出的相应行为要求，如此，我们只能行忠德为国尽力而暂时将

---

[1] 参见朱贻庭主编《伦理学大辞典》，上海辞书出版社2002年版，第22页。
[2] 赵汀阳：《论可能生活》，中国人民大学出版社2010年版，第67页。

孝德的要求置于一旁。不难看出,"忠孝不能两全"当然不是说我们在忠德与孝德两者间只能做非此而即彼的选择,因为一个人尽管在特定时候难以做到"忠孝两全",但我们仍然不可否认这个人可以将忠德与孝德和谐地纳于一身,我们只是认为:由于形势所迫,使得一个人身上的"忠德"与"孝德"在其行为活动中难以同时得到彰显而已。奥诺拉·奥尼尔认为,"当原则不具有内在冲突时,它们就是相容的,且至少可以在某些情境中得到共同例证……在特殊情况下,这些偶然冲突不是原则之间的冲突,而是遵从原则的方式之间的冲突。它们不是行为类型之间的冲突,而是某种行为类型的表现之间的冲突……认为原则之间的偶然冲突必然会导致原则之间的冲突这一观点是不着边际的"①。与此相类,美德间在行为要求上的偶然冲突当然也不能等同于各种美德本身之间的相互冲突。应该看到,虽然生活中我们发现有些美德相互间在行为要求上确实存在尖锐的对立,但似乎我们总是可以设想某个理想性的道德人物能够将这些看似冲突的美德完满地集于一身。由此可以这样说,尽管有些美德在行为层面可能存在一定的对立或冲突,但美德之间应该说并不存在根本上的对立。由于美德间在行为层面的冲突并非是必然的,我们因而也可将这样的冲突称为美德间的偶然冲突。② 当然,美德间的偶然冲突还表现为这样的一种可能——对于某些特定人物(如战士或将军)来说,由于其长期所处的特殊环境,使得在这些人物身上有些美德之间(如仁慈与勇敢)往往呈现出某种对立的态势,即在这些人物身上,某些美德之间往往呈现出冲突的可能,如战士由于需要在战场上英勇杀敌,所以往往难以养成仁慈的美德。我们认为,上述所提到的情形最多只是表明处于某种特殊环境下的特定人物不利于养成某些特定的美德,但并不能表明这些美德之间是相互冲突的,因为它并不意味着在其他人身上这些美德之间也必然会如此表现。

总的来说,美德的相容性学说并不否认美德间的偶然冲突或并不否

---

① [英]奥诺拉·奥尼尔:《迈向正义与美德:实践推理的建构性解释》,应奇等译,东方出版社2009年版,第165—166页。
② 南希·谢尔曼认为美德之间不可能存在本质性的冲突,但却可能存在偶然性的冲突(Nancy Sherman, The Fabric of Character: Aristotle's Theory of Virtue, New York: Oxford University Press, 1989, p. 3)。

认美德间在行为要求上存在难以两全的可能,正如有学者所说,"美德的相容性学说并不否认存在令人痛苦的道德两难:它允许在某些具体情境中,附着于不同美德的考虑会赞同互不相容的行为选择,但主张这样的冲突仅发生在局部性的行为层面。因此,虽然一个人不可能总是能够在践行正义行为的同时也能够践行仁慈的行为,或者不能在既做到忠诚的同时又不失诚实,但作为一个仁慈且正义之人却是完全可能的,当然一个人也可以具有忠诚的美德同时也具有诚实的美德"①。因此,美德间从根本上来说是彼此相容的,从这个角度来说,一个人拥有所有的美德是完全可能的。

四 美德的可公度性问题

我们这里所说的"美德的可公度性"(commensurability of virtues)是受麦金太尔的"道德的无公度性"(incommensurabiltiy of morality)和万俊人的"可公度性道德"(commensurable morality)之启发而得到的一个概念。在我们看来,美德的可公度性问题所要探讨的是在一种多元文化传统或同一文化传统的不同历史时期,生长于不同文化传统内部或同一文化传统的不同历史时期的不同美德之间是否具有可通约或可公度的问题,换句话来说,美德的可公度性问题所要探讨的是附属于各不同文化传统或同一文化传统不同时期里的不同美德之间是否具有普遍适用的性质。不难知道,在一种价值认知高度统一的有限群体生活中,关于美德的认知与理解往往能够取得某种高度的共识,但到了利益日益分化、价值认知日趋多元的现代社会,特别是从更为宽广的不同文化社会来看,对美德的认知与理解似乎就难以取得这样的共识了,恰如有学者所言,在现代社会里"每个社会部分都不仅有自己的利益,而且有自己一套的美德名单。在这样的一个世界里,关于令人钦慕的道德品质,不存在共识的、有意义的表述"②。这样来看,我们的美德统一性问题研究,显然应该包含对美德的可公度性问题这一论题的讨论。

---

① A. D. M. Walker, "Virtue and Character", Philosophy, 1989, 64, p. 349.
② Robert B. Louden, "On some vices of virtue ethics", in Roger Crisp and Michael Slote (eds.), Virtue Ethics, New York: Oxford University Press, 1997, p. 215.

需要提及的是，美德的可公度性与道德的可公度性应该说是两个具有不同内涵的概念。在我们看来，道德的可公度性有狭义的"道德的可公度性"与广义的"道德的可公度性"之分。狭义的"道德的可公度性"指的是侧重于从规范的视角来探讨在不同文化传统、不同道德谱系背景下寻求一种适用于全人类的道德规范的可能，"道德金规""普世伦理"（又称全球伦理）的谋求是其主要的理论探究旨趣。广义的"道德的可公度性"指的是从不同文化传统及同一文化传统不同历史时期的背景下寻求可公度化或可普遍化的道德的可能。从更广的视域来看，美德伦理可看作为广义道德的一个子系统，从这样的角度来看，"美德的可公度性"可归属于广义的"道德的可公度性"。这里我们想顺便讨论一下万俊人与麦金太尔的"道德的（无）公度性"概念在具体含义上的细微差别。在我们看来，万俊人通过对不同文化传统中的道德共识的探询，试图在不同道德文化传统中寻找到一条走向"普世伦理"的道路，① 其所说的"可公度性道德"似应属于我们所说的狭义上的"道德的可公度性"。而麦金太尔从一种文化多元论与历史主义的道德立场出发，认为各不同文化传统内部或同一文化传统不同历史时期所形成的是各种相互独立与相互封闭的道德谱系，因而它们之间具有不可通约性或无公度性的特点。② 显然，麦金太尔所谈到的"道德的无公度性"属于我们所说的广义的"道德的（无）公度性"。这样来看，我们关于"美德的可公度性问题"的讨论，与麦金太尔的相关讨论似具有更为亲近的关系。

依附于不同文化传统或同一文化传统的不同历史时期的美德之间是否具有可公度的性质呢？在《追寻美德》一书中，麦金太尔对此问题的回答是否定的。麦金太尔说道，"美德概念在荷马、索福克勒斯、亚里士多德、《新约》以及中世纪思想家们彼此之间千差万别。他们给我们提供了各种截然不同、互不相容的德目表；对于诸不同美德的重要性他们各有不同的排列次序；并且，他们还有截然不同、互不相容的美德理论"③。

---

① 参见万俊人《寻求普世伦理》（北京大学出版社2009年版）与《现代性的伦理话语》（黑龙江人民出版社2002年版）两书。

② 参见［美］麦金太尔《追寻美德》（宋继杰译，译林出版社2003年版）和《谁之正义？何种合理性？》（万俊人等译，当代中国出版社1996年版）两书。

③ ［美］麦金太尔：《追寻美德》，宋继杰译，译林出版社2003年版，第229页。

可以进行更为具体的阐述。也就是说，在麦金太尔看来，在《荷马史诗》中，美德附着于人所承担的职责或角色，"一个履行了社会指派给他的职责的人具有美德"，"'善'完全在于社会职责的履行"①，因此在荷马那里，有美德的人指的是能够履行其所承担的社会职责的人，"有美德的"被等同于"履行了社会职责的"。荷马之后，美德概念逐渐为人所专有而仅指向行为者自身及其所具特性。在亚里士多德那里，美德与人自身的意愿及其目的追求相关，人所应追求的目的（telos）决定了何种行为习性属于真正的美德，当然，美德践行本身反过来又构成了善生活的一个至关重要的组成部分。《新约》中的美德概念虽然也有某种目的论的特征，但与亚里士多德的美德理论相比，两者在所推崇的德目清单方面却有较大的差别，比如，《新约》推崇了一些不可能为亚里士多德所认可的德目清单（如谦卑、顺从等）。而近代以来，代表新兴资本主义利益的思想家（典型的如富兰克林）则开出了具有功利主义色彩的德目清单，在他们看来，美德之所以值得欲求，是因为它们有助于社会功利的增进。有鉴于西方不同历史时期对美德概念的不同解读，麦金太尔总结说，从历史来看，"我们至少遇到了三种非常不同的美德概念：美德是一种使个人能够履行其社会角色的品质（荷马）；美德是一种使个人能够朝向实现人所特有的 telos 而运动的品质，无论这目的是自然的抑或是超自然的（亚里士多德、《新约》、阿奎那）；美德是一种有利于获得尘世或天国的成功的品质（富兰克林）"②。麦金太尔最后说道，"我们实在不难得出结论说，有许多对立互竞且不可相容的美德概念"③。

问题是，美德概念的互竞与多样是否意味着不同历史时期所尊奉的美德彼此间是不可通约的呢？或者说，是否并不存在普遍适用的美德项目？在多样且异质的美德项目背后是否存在着一种可通约的美德概念？恰如麦金太尔所问："我们能否从这些对立互竞、多种多样的主张中清理出一种统一的、核心的美德概念，对于这一概念我们能够给出一种比迄

---

① ［美］麦金太尔：《伦理学简史》，龚群译，商务印书馆2003年版，第31—32页。
② ［美］麦金太尔：《追寻美德》，宋继杰译，译林出版社2003年版，第235页。
③ 同上书，第229页。

今所有其他解释都更为有力的解释?"① 在此问题上，麦金太尔的回答与其先前的原有立场显得有较大的出入。在他看来，在对立与多样的德目清单背后，确实存在着一种对美德本质的可通约性理解，"美德是一种获得性的人类品质，对它的拥有与践行使得我们能够获得某种内在于实践的利益，而缺乏这种品质就会严重地妨碍我们获得任何诸如此类的利益"②。我们认为，麦金太尔所谓的"实践的内在利益论"当然不免存在某种较大的争议，但抛开这一具体论断来说，其所说的多样性的德目清单背后存在着一种可通约的共通本质则显然不无道理，恰如有学者所说，"的确存在着一种共通性的美德的核心概念，即美德是人的一种卓越，这是毫无争议的"③。实际上，美德具有可公度性特征还可得到我们日常生活经验的某种佐证，特别是在世界交往日趋频繁的今天来看更是如此，因为不同民族、不同文化传统的人们在行为习性与行为的道德认同方面的差异实际上并没有所想象的那么大，这本身就说明了人们对何谓道德美德的理解具有某种可通约的性质。此外，从学理上来看，可公度性似乎可理解为美德自身所应具有的一种基本属性，没有这一可共度性特征，我们对美德的分析或讨论似乎就变得无以可能，正如扎格泽博斯基所说，"除非我们假定大多数经细心挑选的'美德'是真正的美德以及假定美德并不具有严格的文化专属性特征，否则我们对美德的讨论将是不可能的"④。

当然，承认美德具有跨文化、跨历史的可公度性或可通约性特征并不等于否认美德具有某种程度的相对性特征。亚里士多德说道，道德美德通过习惯养成，因此它的名字"道德的"也是从"习惯的"这个词演变而来。⑤ 不同文化传统、不同历史时代由于具有不同的风俗习惯，因此它们所倡导的德目清单显然会具有一定程度的差异，这显然是一个不可

---

① ［美］麦金太尔：《追寻美德》，宋继杰译，译林出版社2003年版，第236页。
② 同上书，第242页。
③ Linda T. Zagzebski, Virtues of the Mind: An inquiry into the nature of virtue and the ethical foundation of knowledge, New York: Cambridge University Press, 1996, p. 88.
④ Ibid., p. 89.
⑤ ［古希腊］亚里士多德：《尼各马可伦理学》，廖申白译，商务印书馆2003年版，第35页。

否认的客观事实。这样来看，由于文化传统、历史时代之差异等原因，美德的存在无疑具有一定程度的相对主义特征，即便是相同的德目，也很可能会由于所处的文化传统或历史时代的不同而在作用发挥方面呈现出一定的差异。但美德所具有的一定相对主义特征的事实能否说明美德的存在只能是地域性或历史性的呢？在《自我的根源——现代认同的形成》一书中，查尔斯·泰勒认为，一般来说，人们可以从最具普遍意义上的道德思维中挑选出三个轴心性的道德价值，这三个基本道德价值在泰勒看来是在每一文化传统都推崇的，它们分别是对他人的尊重与对他人的义务（尊重）、对生命意义的充分理解（责任感）以及我们对过完满生活的理解（人的自我尊严）。① 也就是说，在查尔斯·泰勒看来，尽管从表面上来看各文化传统可能盛行不同的道德文化，但这些不同道德文化之间实际上都共享着一些共同的核心性价值。因而，表面上不同的道德文化实际上具有可通约的道德价值内核。在我们看来，查尔斯·泰勒的观点当然也可以拿来阐释美德的公度性问题。应该说，从所推崇的德目清单来看，不同文化传统、不同历史时代所推崇的德目清单实际上并没有像有些论者所说的那样大，恰如有学者所说，"尽管不同的时代、不同地方对美德的认定存在一定的差异，但人们在何谓有德者与何谓缺德者的理解问题上还是体现出很大程度上的一致性"②。在《道德原则研究》中，休谟曾直言人们对美德的认定具有相当的普遍性特征，"且不论审慎、小心谨慎、大胆进取、勤奋、刻苦、省俭、节约、理智健全、明智、明辨，我是说，且不论单单其名称就直接表明其价值的这些禀赋，还有许多其他禀赋，它们是甚至最坚决的怀疑主义者任何时候都不能拒绝予以称赞和赞许的。自我克制、冷静、忍耐、坚贞、坚毅、深谋远虑、周密、保守秘密、有条理、善解人意、殷勤、思维敏捷、表达灵巧，这些以及成千上万的此类美德，没有人会否认是卓越的品质和优点"③。由此来看，尽管我们承认美德的存在具有一定的相对主义特征，但这种相

---

① [加] 查尔斯·泰勒：《自我的根源——现代认同的形成》，韩震等译，译林出版社 2001 年版，第 19—20 页。

② Linda T. Zagzebski, Virtues of the Mind: An inquiry into the nature of virtue and the ethical foundation of knowledge, New York: Cambridge University Press, 1996, p. 87.

③ [英] 休谟：《道德原则研究》，曾晓平译，商务印书馆 2001 年版，第 94 页。

对主义并不影响作为人卓越品质的美德所具有的可公度性特征。

当然，承认美德具有可公度性的特征，我们还需要探讨这样的一个问题：即不同文化传统、不同历史时代所推崇的"美德"是否都能够被称之为真正的美德呢？我们认为，美德之所以具有跨文化传统、跨历史时代的可公度性或可通约性特质，其根源就在于美德不仅具有相应的社会调节功能，而且它还是人的一种理性认知的结晶或产物。美德本身包含了人的理性认知，也正是从这个意义上，可以说美德与规则之间并不存在截然的对立关系。① 美德所具有的理性因素决定了关于美德的认定绝不可能只是局部性或地域性的，即理性因素的存在与作用使得美德的认定必然具有相当的普遍性特征。康德曾说，从直观层面来看，道德似乎只是人的一种主观设定，但其根基却是理性动物所具有的纯粹理性，是纯粹理性在实践上的应用，因此，道德本身必然具有可普遍化的性质。② 虽然康德所说的"道德"主要是基于一种规范的角度，但不难想象它实际上也可指向所谓的美德。应该看到，美德的可公度性特征实际上还附带有一种判别的功能，即可用于判别那些难以加以普遍化、可公度化的特定"美德"并不属于真正的美德，也就是说，流行于某些民族或某些历史时期的特定"美德"，如后来被发现并不具有可公度性或可通约性的特征，我们就可以之为基础而认定这些所谓的"美德"实际上不能算作是真正的美德。③ 只要拒斥一种在美德与规则间作截然对立的立场，那么我们就可以拥有某种一般性原则来判断特定"美德"是否属于真正的美德，恰如有学者所说的，"我们要确立美德的一般原则并根据这些原则审查人类已存在过的美德，认定人类已经存在过的美德哪些是真正的美德，

---

① 在《迈向正义与美德：实践推理的建构性解释》一书中，奥尼尔批评了将美德（代表特殊主义的道德要求）与规则（代表普遍主义的道德要求）做截然对立的观点（参见 [英] 奥诺拉·奥尼尔：《迈向正义与美德：实践推理的建构性解释》，应奇等译，东方出版社 2009 年版）。

② [德] 康德：《实践理性批判》，韩水法译，商务印书馆 1999 年版，第 17—24 页。

③ 比如，由于特定生存环境与封闭性条件，历史上的爱斯基摩人曾以将濒临死亡的无助老人放逐而死视为一种"美德"，但随着与外界交往的增加以及自身开化程度的提高，这一做法即便在当今的爱斯摩人看来似乎也难以再被称为"美德"，而只是属于源于历史原因而形成的某种恶俗。

哪些不是真正的美德，在此基础上构建适合当代人类生活的美德"①。由此来看，我们不仅承认美德是公度的，且我们认为依据这一可公度性特征，我们还可以对不同民族、不同历史时期所盛行的所谓"美德"是否为真正的美德进行某种裁定。

第二节 美德统一性论证的不同维度

应该看到，前述对美德统一性论证的几个准备问题的讨论只是为我们的具体论证工作做了一些必要的准备，但尚未真正触及美德统一性论证的核心任务。美德的统一性学说要获得更为坚实的基础从而得到人们更为广泛的认同，需要有合理且令人信服的论证。在我们看来，在美德统一性的论证问题上，可以从以下三个不同维度进行具体的展开：一是从对美德自身结构的分析出发，探讨美德的构成要素以及这些要素彼此间的相互关联状态，表明美德之间具有相互依存、相互作用的紧密关系，这一维度的论证我们可称之为美德统一性在微观维度的论证；二是从对人格的分析出发，表明美德的统一性以人格为其存在形态，或者说人格是美德统一性的现实载体，人在对自身人格美的追求过程中促使自身所具有的美德向着一种统一性的方向发展，这一维度的论证我们可称之为美德统一性在中观维度的论证；三是从人对幸福追求的分析出发，表明幸福作为各美德的总体指向，具有整合与统领各种美德走向统一的引领作用，幸福的追求在一定意义上可以说是美德统一性的目的指向与动力，这一维度的论证我们可称之为美德统一性在宏观维度的论证。当然，三个不同维度的论证的目的在于表明美德之间确实具有某种相互统一的关系性质，至于各种美德到底具有何种程度的统一性关系或者说在美德统一性问题上我们应该持有的是何种形式的美德统一论，需要留待下一章内容再进行讨论。

一 美德的内在构成要素及其相互作用：美德间某种统一之必然

作为人的一种特定内在品质，美德有其自身的结构及其相应的构成

---

① 江畅：《德性论》，人民出版社2011年版，第39页。

要素。在《美德的道德心理学》(*The Moral Psychology of the Virtues*) 一书中，N. J. H. 邓特指出，"美德由各种情感、以情感为基础的各种欲望以及关于善或有益事物的承认与接纳的某种复杂结构所组成，任何一种单独因素都不能构成美德"[①]。杨国荣在美德的结构问题上也有类似的诠释，他认为我们应从三个不同方面来把握美德自身的结构问题：首先，美德表现为一种为善的意向，这种为善的意向不同于偶然的意念，而是一种稳定的行为倾向。其次，一个有美德的人不只是一个有行善意向的人，他（或她）还应是一个努力使自身行为选择合乎善的要求，因此，具体、现实的美德，总是蕴含着知善的能力，而抽去了知善能力的所谓"美德"，将流于空洞的"应该"，从而很难视为真正的美德。再次，除了具有行善的意向、知善的能力之外，美德还包含着情感的维度，美德所内含的情感因素，总是表现出健全的趋向，体现为情感的稳定性与情感的正当性。[②] 应该看到，从一种较为全面的视角来看，对美德的理解需要把握其自身结构及其相应的构成要素，这是很早以来美德伦理学家就已注意到了的事情。[③] 我们对美德的理解与把握当然也需要遵循这样的方向。概要地说，在美德的结构及其构成要素问题上，我们认为美德主要由为善的价值指向（也可称之为向善的意向）、实践智慧及特定的情感附着这三大内在因素所组成。从美德的构成要素来看，为善的价值指向表明美德涉及我们在行动中所具有的价值承诺，美德只关乎善的价值选择，恶的价值选择与美德本质是不相容的，这是美德结构中的观念性因素；特定的情感附着涉及的是我们的情感反应，特别是关涉到行动中快乐与痛苦的情感体验，拥有美德意味着以某种方式习惯化我们的情感反应，这是美德结构中的情感因素；实践智慧涉及的是所要去做正确事情的思索与领会，拥有美德意味着拥有好的实践推理或实践理智，这是美德结构

---

① N. J. H. Dent, The Moral Psychology of the Virtues, New York: Cambridge University Press, 1984, p. 20.

② 杨国荣：《伦理与存在——道德哲学研究》，华东师范大学出版社2009年版，第152—154页。

③ Cf. 1. Julia Annas, The Morality of Happiness, New York: Oxford University Press, 1993, pp. 48 – 49; 2. Nancy Sherman, The Fabric of Character: Aristotle's Theory of Virtue, New York: Oxford University Press, 1989, pp. 1 – 4.

中的理智因素。可以这样说，正是基于对美德自身构成要素及其相互关系的考察分析，我们可以推断出各种美德之间具有某种相互统一的关系。下面我们进行更为具体的讨论。

其一，我们先对美德结构中的善的价值指向这一观念性要素进行考察。在前面的讨论中，我们阐释了美德是不可被不正当使用的问题，这意味着美德不只是人的品质特性，而是人的一种卓越的品质特性。作为人的一种卓越的品质特性，一个真正拥有美德的人总是能够想方设法将自身所拥有的美德转化为现实的行动，以使得自己及所处的这个世界变得更加美好，正如扎格泽博斯基所说，"一个有美德的人不仅是一个具有热心肠的人，而且还是一个成功地使这个世界变得更好的人……如果某一品质的拥有不能使作为整体的世界变得更好，我们不会认为这样的品质可算作是一种美德"[1]。如果说美德是一种可令自己及所处世界变得更好的卓越品质，那么这就意味着美德是一种有着善的价值指向的卓越品质。由此来看，善的价值指向是任何一种美德所应包含的必要构件，恰如有学者所指出的，"一个人对某一特定美德的理解与这个人对生活中何谓善的东西或何谓值得践行的东西具有紧密的关联"[2]。也就是说，只有以善为价值指向的品质特性才有可能被看作是真正的美德品质，从这个角度来看，善的价值指向可看作为美德的本体依据，是美德之为美德的心理本体。

由于蕴含着善的价值指向，所以出于美德的行动往往在为善方面体现出某种自律性甚或是自然性的特征。我们知道，正确的道德行为既可能是因为对既定义务遵循的结果，也可能是相应主体自身的内在品质使然，出于义务而履行正确的行动表明的是人之为善是源于对外在义务的敬重，这是一种他律，人的相应道德行为可看作外在义务对主体所施与的某种压力之结果；但出于内在美德而做出的道德行为却扬弃了行为的他律性特征，这样的行为应该看作是出于主体内心的真情实意，所以出

---

[1] Linda T. Zagzebski, Virtues of the Mind: An inquiry into the nature of virtue and the ethical foundation of knowledge, New York: Cambridge University Press, 1996, p. 100.

[2] Jean Porter, "Virtue and Sin: The Connection of the Virtues and the Case of the Flawed Saint", the Journal of Religion, 1995, 75 (4), pp. 525–526.

于美德的行动可以看作是一种自觉的为善,相应的行动体现出极为鲜明的自律性甚或是自然性的特征。出于美德而行动扬弃了对义务或规则的外在遵循,凸显了人在道德行为中主体能动的一面,使得人在道德行动中实现了由某种外在强制而转为一种自律自为,使得从道德的视角来看,相比于出于义务而行动,出于美德而行动显然更加值得肯定。之所以如此说,正是因为美德包含善的价值指向这一观念因素,使得拥有美德之人在行善活动中,实际上就是将内在的为善意向做某种自然的展开,使得真正的美德者,不管其身处何种境况,总是想方设法将内在的为善意向落实于现实的行动当中,从而使得真正的有美德者在为善方面体现出某种相对稳定的特征。N. J. H. 邓特已认识到这一点,他说道,"能够令一个人在各种难以预测的复杂环境下做出恰当的行动,所依靠的不是规定他应该如何行事的准则,因为它们并非总是起作用的,这个人之所以能够如此行事完全是源于他对他人福祉的关心并乐意使他人福祉变成一种现实的稳定意向,正是这种意向使得他能够一贯地恰当行事"①。

真正的美德蕴含了为善的价值指向,这一点其实已为亚里士多德所认识到。亚氏在解释何谓真正勇敢的人时说道,"勇敢的人是出于适当的原因、以适当的方式以及在适当的时候,经受得住所该经受的,也怕所该怕的事物的人"②。也就是说,在亚里士多德看来,真正勇敢的人并非是对什么都无所谓、对什么都毫无畏惧的人,勇敢之人实际上也有其所害怕的东西——不义之事或可耻的勾当。与此相应,亚里士多德将真正勇敢的人与貌似勇敢的人分辨开来,他认为一个即便连自个生命都不顾的人不一定是一个真正的勇敢之人,这个人有可能只是以死来逃避某些自己所本应面对的事物,这样的人与其说是勇敢的人,毋宁称他为怯懦的小人更为合适,"以死来逃避贫困、爱或其他任何痛苦的事物却不是一个勇敢的人,而毋宁说是一个怯懦的人的所为"③。因此,某种行为倾向(如勇敢)如果欠缺了善的价值指向,这样的行为倾向就无以成为真正的

---

① N. J. H. Dent, The Moral Psychology of the Virtues, New York: Cambridge University Press, 1984, p. 30.
② [古希腊]亚里士多德:《尼各马可伦理学》,廖申白译,商务印书馆2003年版,第80页。
③ 同上书,第81页。

美德，由此可见善的价值指向可看作是美德的本质性构成要素。从真正的美德需包含了善的价值指向这一观念要素出发，我们可以将一些貌似的美德行动与真正的美德行动相区别开来。比如，为什么说歹徒在抢劫银行中的大胆行为并不是一种真正的勇敢行为呢？原因就在于抢劫银行显然缺乏一种善的价值指向，这样的行为当然不能被看作是一种真正的勇敢行为。

问题是，如果说善的价值指向是美德的内在构成因素之一，而善的理解与认同在不同的历史时代或不同文化传统中又往往具有一定的差异。那么善理解的差异是否会带来美德理解的相对主义甚或导致美德理解的某种混乱呢？或者这样说，在某（些）历史时代或某（些）文化传统中，由特定的环境或认识性因素使然，生活于其中的人们对何谓善的理解往往具有较大的差异，那么，这些不同人群所认定的相应"美德"是否可称之为真正的美德呢？比如，有的时代推崇英雄气概（如古希腊时期），将骄傲或自信视为美德，而有的时代则视英雄气概为大不敬（如基督教时期），将谦卑或顺从视为美德。之所以如此，与不同时代里的人们对善的理解之差异不无关系。在我们看来，善的认定虽可能会随着时代的不同或文化传统的不同而体现出一定的差异，但这并不表示善的认定是相对主义的。应该看到，作为一种具有强烈的目的性考虑的概念，道德意义上的善所意指的主要是作为类整体的人的一种可欲求的性质。从这个角度来说，道德上所说的"善"主要是一种类整体意义的"善"，这样的类整体当然既不是某一历史时期的特定人群，也不是生活于某个特定环境或特定地域中的特定人群，相反它主要指向的一种抽象意义上的人类整体。从这样的角度来看，作为人类整体的道德善当然可以说是普遍主义而非相对主义的，由此也决定了我们对这种道德善的把握与体认虽然难以离开经验的现实，但显然更多依靠的是人理性的反思。道德善需要通过抽象的理性反思方能得以真正的把握，经过理性反思而体认到的道德善又由此而与普遍性发生了必然的联系，道德善由此可以说是一种具有普遍性意味的善，虽然这种普遍性善在现实中的具体呈现可能会随着环境、时间、地点的不同而有一定差异。

这里我们想再回应一下前述"纳粹战士的勇敢是否为真正的勇敢美德"这一问题，因为如果承认纳粹战士为了邪恶目的（为纳粹事业而征战）所展现出的勇敢为真正的勇敢美德，其逻辑结果则是否定了善的价值指向在美德构成中的核心地位。反之，如果我们否认纳粹战士的勇敢为真正的勇敢美德，某种程度上似乎又犯了非历史主义的错误，这似乎陷入了一种理论两难。在我们看来，我们在这一问题上之所以会陷入一种两难，根源在于我们尚未对这一问题有更为清晰的把握。应该这样说，我们将所有"二战"时的德国士兵笼统地称为纳粹战士，对（至少是）某些德国士兵来说恐怕是不公平或有欠考虑的。我们知道，德国由于在"一战"中的战败，受到协约国（特别是当时的死敌法国）的强力压制，所以在当时一般德国人看来，要实现自身民族的再度伟大与复兴，必须打破这种强加于德国的不合理束缚。所以从这样的角度来说，我们不能否认至少有部分德国人积极参战完全是基于某种朴素的爱国心使然。由此我们可以假定存在这样的一位德国士兵，他相信自己的国家正受到敌对国家的无理压迫、只有奋起反抗才能求得自身民族的生存与发展，这位士兵除了勇敢作战之外对纳粹其他非人道事业既无兴趣也不参与。现在我们需要回答的是：这位士兵所展现出的"勇敢"是不是真正的勇敢美德？我们认为，亚里士多德关于"普遍的无知"与"个别的无知"的分辨可以为该问题的回应提供某种借鉴。应该承认，由于某种原因，一定的无知总是难以避免的，但有的无知是源于特定的时代或整体的生活环境，而有的无知则只是因为个体自身在理智上的懒惰或偏执。前者属于普遍的无知，而后者属于个别的无知。不难看出，普遍的无知源于个体所难以把握的某种客观因素，而个别的无知则主要是因为特定个体自身的某种原因。因此，普遍的无知在相当程度上不该由特定个体所负责，而个别的无知则需要相应的个体负责。回到我们的问题，由于特定的历史环境使然，第一次世界大战后一般的德国民众普遍认为自己国家与民族受到敌对国家的无理压制与剥削。在这样的环境下，我们难以奢求当时的一般德国民众持有今天我们在国际问题上的视野与看法，可以这样认为，"为国家民族而战"对当时德国民众来说可看作前述中所谓的"普遍的无知"，并且由于这种"普遍的无知"而造成他们在"善的价值指向"的理解问题上的某种偏差。这样来看，至少是从观念动机问题上，我们可以说有些德国士兵所持有的观念（英勇作战以拯救国家民族）仍属于一种善的价值选择。与此相应，其所具有的勇敢品质可以说（其他条件不变的情况下）是一种真正的勇敢美德。当然，普遍的无知应该说是一种相对的无知而不是绝对的无知，正如亚里士多德所说的，"一个人除非疯了，否则绝不会对这些全然无知"①。这样来看，这位德国士兵由于历史的原因，怀有在我们看来可予以谅解的特定民族意识，但即便如此，他也应该懂得即便为了国家参战是应该的，然而为此而虐待战俘或杀害手无寸铁的平民（包括犹太人）显然是不对的。也就是说，如果这个德国士兵在积极参战的同时也参与了纳粹的其他邪恶事业，那么我们就可以认定其参战的观念并非为了所谓的善，与此相应的勇敢表现因此就缺乏了善的价值指向，因而难以被认定为真正的勇敢美德。因此在我们看来，所谓的"纳粹战士的勇敢是否为真正的勇敢美德"这样的发问本身就值得存疑，原因在于我们忽视了这位所谓的"纳粹战士"很可能只是一名普通的德国士兵，其英勇作战只是出于朴素的爱国心。因此我们认为，麦金太尔所举的这一案例既不能否认美德是不可被不正当使用的，同时也无法否认美德自身构成包含了善的价值指向这一观念性要素。

总的来说，我们认为真正的美德包含了善的价值指向这一观念性要素，这里的"善"所指向的是类整体意义上的善，因而也可以说是一种普遍性意义上的善。善的价值指向表明美德只关乎善的价值选择，从某种意义上可以将之理解为美德之为美德的心理本体，换句话说，美德之所以为美德，从根本上看就在于它包含了善的价值指向并把这一善的价值指向内化为人的行为习性。美德包含了善的价值指向这一观念要素表明：各种美德以善的价值指向为其生成的逻辑前提，而善的价值同时又可看作为各种美德所共有的价值指向，由此可以说，善的价值指向可以说是各种美德得以相互统一的心理本体。

其二，我们来对美德构成中的特定的情感附着这一情感要素进行考察。"情感"所对应的西方哲学用词一般为"emotion"，它与"feeling"（含义最为广泛的感情或感受）、"affection"（喜爱所产生的感情或感受）、"sentiment"（与态度相关的感情、情绪或感受）相近。在汉语中，"情

---

① ［古希腊］亚里士多德：《尼各马可伦理学》，廖申白译，商务印书馆2003年版，第63页。

感"与"感情"一词两者间往往很难予以严格的分辨,人们一般将之作为可互换使用的词。一般来说,情感往往被理解为比较强烈的感情或感受,其具体表现有喜欢、厌恶、喜悦、愤怒、高兴、悲伤、爱慕、恐惧等。在情感的来源问题上,人的情感是以本能、欲望、感觉为基础,相对于理智而言的心理状态,这种心理状态是由某种事件引起,伴随产生生理反应和心理反应,并且兼具行为和动机两种性质。[1] 因此应当说,情感既展现了行为主体本真性的深层欲求,同时又展现了行为主体内在的心理能力或心理能量。人的情感虽然复杂,但从总体上看我们可将之划分为肯定性情感与否定性情感,前者指的是情感主体对特定对象表示肯定的情感,一般以"喜悦"或"快乐"为其表征;后者指的是情感主体对特定对象表示否定的情感,一般以"厌恶"或"痛苦"为其表征。[2] 不难看出,肯定性的情感反应或否定性的情感反应喻示了行为主体所欲求的或所意欲避免的东西,我们不仅可以通过行为主体对某事物的情感反应明了其对该事物的态度或认知倾向,而且我们还可以通过了解一个人对周遭事物的情感反应来把握这个人所具有的内在品质,恰如马克斯·韦伯所说,"谁把握了一个人爱的秩序,谁就能理解了这个人"[3]。

许多情感本身是中性的或是与价值无涉的,如我们常说人具有喜、怒、哀、乐、爱、恶、欲这七种情感或感受,但我们一般不会因为一个人仅仅具有喜、怒、哀、乐、爱、恶、欲这些情感反应而责备或赞扬这个人。但是,虽然许多情感本身与价值无涉,但这些情感的具体体验却存在正当与否的问题,比如,在面对一个陷入困境的无助者而自己又难以提供相应帮助时,如果此时我们产生的是一种内疚之情或产生的是对困苦者的悲悯之情,说明我们此时的情感体验或情感反应是恰当的;反之,如果我们对此无动于衷甚至感受到某种快乐,则表明我们此时的情感反应是不恰当的。当然也要注意的是,有些情感本身即附带有鲜明的

---

[1] 张春兴:《现代心理学:现代人研究自身问题的科学》,上海人民出版社2009年版,第329—330页。

[2] 江畅:《德性论》,人民出版社2011年版,第404页。

[3] [德]马克斯·韦伯:《爱的秩序》,转引自万俊人主编《20世纪西方伦理学经典》,中国人民大学出版社2004年版,第224页。

价值性色彩，如仁慈、同情、恻隐、怜悯、关怀等，这些情感本身就具有正面的道德价值，我们可称之为正面的道德情感；而如自私、贪婪、猜忌、残酷等，这些情感本身就具有负面的道德价值，我们称之为负面的道德情感。恰当的情感反应指的是行为者具有健全而稳定的情感反应习惯，而美德所包含的情感要素所说的恰是行为者所应具有的健全而稳定的情感反应习惯。因而附着于美德的情感反应往往能够将情感的稳定性与情感的正当性有机地相结合，喻示了出于美德的行动不仅可展现为特定形式的行动，同时还包含着恰当的情感反应。如此来看，拥有美德并非是机械地遵照要求而行动，它还包含了适宜性的情感反应，这样的情感反应使得出于美德的行为往往具有浓厚的人情味，体现了道德行为对人性本身的深层照顾。在《现代道德理论的精神分裂症》一文中，迈克尔·斯托克批评了规则伦理（即其所说的现代道德理论——作者）在人的行为动机与行为理由间所造成的某种分离，从而使得出于规则的行为难以避免带来现实道德生活中的某种意义或价值之损失或毁坏。[1] 从这样的角度来看，出于美德的行动似乎与人现实的道德生活之间具有更为切近的联系，其中最为关键的原因，就在于美德所具有的适宜性情感附着。因此可以这样说，美德的拥有不仅涉及我们的某种习惯性行事方式，同时还涉及我们的某种情感反应习惯，恰如学者所言，"养成一种美德牵涉至以某种方式习惯化我们的情感反应"[2]。

问题是，情感本身是丰富而复杂的，且不同美德所具有的情感反应往往又有所不同（当然有些美德之间可能包含了类似的情感反应）。一般来说，附着于某一特定美德的情感往往体现为对某特定对象的向往与追求，即体现为对该特定对象有一种爱的附着（loving attachment），而我们正是经由所"爱"的对象，将相应的价值指向与情感反应融合起来，有学者已认识到了这一点，"经由爱的附着，我们将某些价值融入我们的生活之中，在我们的感受、欲望和行动中体现它们"[3]。特定美德所附着的

---

[1] 参见迈克尔·斯托克《现代道德理论的精神分裂症》，载徐向东编《美德伦理与道德要求》，江苏人民出版社2007年版，第59—69页。

[2] Julia Annas, The Morality of Happiness, New York: Oxford University Press, 1993, p. 48.

[3] N. J. H. Dent, The Moral Psychology of the Virtues, New York: Cambridge University Press, 1984, p. 86.

特定情感不仅宣示了其对所关注对象的"爱",而且还具有将这种"爱"落实为现实行为的冲动,从这个角度来看,得到成功实施的美德行动往往能够给相应主体带来某种精神上的愉悦,个中缘故与行动中主体实现了对所关注对象的"爱"显然密不可分。由于真正有德者在其美德行动中往往能够收获到某种精神快乐,所以,我们也可以行动中精神快乐的是否在场来判断一个人是否真正地拥有某一美德,正如亚里士多德所说,"一个人若不喜欢公正地做事就没有人称他为公正的人;一个人若不喜欢慷慨的事情就没有人称他慷慨,其他美德亦可类推"①。当然我们也可以做进一步的推断,即如果行为者在合乎美德要求的行动中没有产生相应的快乐情感,相反产生的是痛苦的情感体验,那么我们就可以认定这个人实际上并不具有相应的美德品质,相反可能具有的是与美德相反的不良品质,"仅当一个人节制并且以这样作为快乐,他才是节制的。相反,如果他以这样作为痛苦,他就是放纵的。同样,仅当一个人快乐地,至少是没有痛苦地面对可怕的事物,他才是勇敢的。相反,如果他这样做带着痛苦,他就是怯懦的"②。美德行动的实施往往伴随着某种快乐的情感体验,这似乎可看作为美德行动自身展开的某种自我保护机制,因为唯有如此,美德行动本身才能够取得相应行为主体的内在接受与认同,美德行动的持续展开由此才有了某种保障,休谟已认识到这一点,他说道,"既然美德是一个目的,并因其自身的缘故而成为合乎人们需要的东西,无需任何付费和奖赏,只是为了它带来的直接的愉悦,那么,必须有某种为美德所触动的情感,某种内在的趣味或感受,或无论你愿意称它是什么东西"③。进一步来说,特定的情感附着是美德的内在构成要素,只有培养起特定的情感反应习惯,我们才有可能真正养成相应的美德。与之相关的是,通过特定情感因素的养成,当然也能够推动一个人对某特定美德的养成。比如,培养起对弱者具有同情的情感反应习惯,这种同情的情感反应习惯必然会有助于他(或她)养成关心他人、帮助他人

---

① [古希腊]亚里士多德:《尼各马可伦理学》,廖申白译,商务印书馆2003年版,第23—24页。
② 同上书,第39页。
③ [英]休谟:《道德原理探究》,王淑芹译,中国社会科学出版社1999年版,第110页。

的仁慈美德或者说慷慨美德；而一个对不公现象抱有愤慨情感的人则往往能够推动他（或她）养成所谓的正义美德。特定的情感培养之所以有助于特定美德的养成，主要原因就在于特定的情感体验与特定的美德之间往往具有某种亲缘性的关系，两者在某种程度上可以说是一体而两面的关系。

问题是，如果与各美德所相应的是不同的情感附着，那么，这些情感彼此间是否具有某种同向的作用性质而从中起到某种黏合作用？又或者它们彼此间呈现的是一种相互拒斥关系而从中使得美德间呈现对立的分离关系？我们认为，作为美德自身构成的情感因素在各美德身上的具体呈现虽往往不同，但从一种整体的视角来看，它们彼此间呈现的应是一种具有同向性质的相互作用与相互促进的关系。可从这样的两个层面来进行阐释：第一，作为美德自身构成的情感因素并非是一种盲目的非理性情感或机械性感受，相反，这样的情感渗入了道德理性的积极作用，使得这样的情感负载着特定的价值指向而使得彼此间具有某种共性的因素。N. J. H. 邓特指出，"（美德中的）情感并非是赤裸裸的非理性或机械式反应，并非是与一个人的善恶观念毫无瓜葛的东西。相反，情感依赖于、体现了或扮演了善与恶、何谓重要或何谓微不足道的观念"[1]。与此相类，在南希·谢尔曼（Nancy Sherman）看来，附着于美德的情感本身涉及了善恶的考虑，"（美德中的）情感并非是盲目的感觉，而是牵涉至我们关于这世界上何者为善及何者为恶的判断"[2]。应该看到，实际上人往往通过自身的情感体验而将特定对象赋予了善的或恶的价值属性，"情感的特性在于它对所指向的目标赋予了善的或恶的价值属性"[3]。一般来说，我们往往将合乎道德要求的情感体验习惯称之为所谓的"道德感"，健全、稳定的道德感在日常道德生活中常常是以某种直觉式的作

---

[1] N. J. H. Dent, The Moral Psychology of the Virtues, New York: Oxford University Press, 1984, p. 70.

[2] Nancy Sherman, "Character Development and Aristotelian Virtue", in David Carr and Jan Steutel (eds.), Virtue Ethics and Moral Education, London and New York: Routledge, 1999, p. 44.

[3] Tad Brennam, "Stoic Moral Psychology", in Brad Inwood (ed.), The Cambridge Companion to Stoic, Cambridge: Cambridge University Press, 2003, p. 269.

用发挥来体现特定主体的道德认知与道德判断，使得具有这种道德感的行为主体在其道德生活中，能够体现出孔子所谓的"从心所欲而不逾矩"的自然性为善。道德感的存在表明附着于各美德身上的情感体验虽在具体表现方面呈现出多样与差异，但从整体的角度来看，它们彼此间实际上有共同的价值指向，即以善的实现与完成为其共同的目标指向，如此而使得相应的行为主体不断地向着一种更高的道德目标迈进。在此过程中，相应行为主体的美德结构不断得到优化，所拥有的美德也由此而向着一种统一与完满的方向发展。第二，特定情感在相应美德中的正常作用需要与之相关的其他情感的支持或辅助，由此附着于美德的各种情感之间形成了一种相互支持、相互辅助的作用关系。这里我们想稍作进一步的展开。在前述情境主义对美德伦理挑战的讨论中我们提到，情境主义在某种程度上包含了一定的合理因素，它提醒我们：大多数人所具有的美德实际上都难以说是"坚强的"，相反可认为具有一定的脆弱性特征，其作用发挥一定程度上难免会受到所处情境的影响。在《论人的脆弱性与依赖性》一文中以及在《依赖性的理性动物：为什么人类需要美德》一书中，麦金太尔批评了现代道德哲学过度夸大了人在道德行为中的自主性与独立性，遗忘或忽略了作为动物（虽然具有理性）的人类自身所具有的脆弱性和依赖性的一面。[1] 麦金太尔的相关讨论给我们的启示是：如果说人类自身具有一定的脆弱性与依赖性，那么作为人特定的内在品质特性的美德也必然具有一定的脆弱性与依赖性，或至少对大多数的一般有美德者来说是如此。美德之所以具有一定的脆弱性与依赖性特征，其中最为重要的原因在于它从根本上来说并非是人性的自发生成，"美德不是人性的自发倾向，而是人智慧作用的结果，因而它容易受到人本性自然倾向的侵蚀，也会受到外在诱惑或压力的冲击"[2]。美德的脆弱性与依赖性表明一般人身上的美德之正常作用不仅需要一定外在环境的支持，同时也需要美德自身内部各构成要素间的协调

---

[1] 参见 1. 麦金太尔《论人的脆弱性与依赖性》，《伦理学研究》2003 年第 3 期；2. Dependent Rational Animals, Illinois: Open Court, 1999。

[2] 江畅：《德性论》，人民出版社 2011 年版，第 46 页。

作用，当然也包括与美德相应的各种情感体验间的协调作用。① 为什么这样说呢？在现实道德生活中，美德中相应情感的作用发挥难免会受到其他不良情感的影响或干扰，如此，这种与某一美德所相应的情感之正常作用发挥就往往需要与其相近的、但属于其他美德所相应情感的在场与辅助。比如，与正义美德相应的义愤情感的正常性作用发挥，往往离不开与勇敢美德所相应的无畏情感的在场与支持，以克服某些可能抑制义愤情感正常性作用发挥的不良情感之干扰；反之，如果一个具有正义情感的人但同时却是一个缺乏勇敢气概或大方情感的人，其正义情感是否能够正常地发挥作用显然就非常值得怀疑了。不难看到，从与美德相应的情感之正常作用发挥的角度来看，可以说与某一美德相应情感的正常作用发挥往往难以离开与之相关的与其他美德相应的情感的在场与作用，由此我们认为附着于美德的各种情感之间是一种相互支持、相互辅助的作用关系。总而言之，作为美德构成中的情感因素并非是与价值无涉的，由此决定了与各不同美德所相应的情感相互间不仅有着共同的价值指向，且彼此间还呈现为一种相互支持与相互辅助的紧密关系。

其三，我们再来对美德构成中的实践智慧这一理智要素展开考察。从美德伦理的视角来看，一个具有善的价值指向以及健全而稳定的情感反应习惯的人，严格来说还不能被看作是一个真正的有美德者，因为这样的人还可能会由于昧于自身所处的境遇，从而没能成功地做出恰当的行为选择，恰如有学者所说，"具体的、现实的德性，总是蕴含着知善的能力；抽去了知善能力的所谓'德行'，将流于空洞的'应该'，而很难视为真实的德性"②。应该看到，一个有美德的人当然也并不总是能够将其所具有的美德成功地命中所指向的道德目标，但一个人如果总是错失自己声称所拥有美德指向的道德目标，那么我们就很难认定他（或她）真正地拥有了这一美德。这样来看，美德无疑需包含有一定的知善能力，正是这种知善能力使得美德的拥有者往往能够命中其所指向的道德目标。

---

① 南希·谢尔曼认为，从一种直觉的观点来看，情感因素才是美德的中心，"它们之所以是中心，是因为作为道德的存在，我们不仅关心我们怎样行动，而且关心我们怎样感觉，即我们的情感状态及我们的态度和感受是什么"（Cf. Nancy Sherman, Making a Necessity of Virtue, Cambridge: Cambridge University Press, 1997, p. 28）。

② 杨国荣：《伦理与存在——道德哲学研究》，华东师范大学出版社2009年版，第153页。

美德所包含的这一知善能力我们把它称为实践智慧（practical wisdom），属于美德构成中的理智因素。①

美德包含有理智的因素其实早为哲学家们所注意到，或更准确地说，美德与理智（智慧）间的紧密关系实际上很早就进入了哲学家们的视野。如在苏格拉底看来，对美德的讨论或使用不能仅停留在表象的层面——如诚信即欠债还钱、勇敢即奋勇无畏——这样的结果只会导致各说各话式的自相矛盾甚或滑向一种相对主义，要避免这种自相矛盾或相对主义，需要寻求到美德的真正本质。苏格拉底认为，在多样性的美德项目背后隐藏的是一种本质性的东西——"知识"，因此苏格拉底主张"美德即知识"或者说"美德即智慧"，通过将美德与"知识"② 的合一来凸显真正的美德与理智间的紧密关联。亚里士多德批评了苏格拉底将美德看作是"知识"的形式这一观点，认为这样的说法过于极端，但亚氏赞同苏格拉底将美德与（实践）智慧做紧密关联的做法，"他（指苏格拉底——引者）认为所有德性都是明智的形式是错的。但他说离开明智所有的德性就无法存在却是对的"③。亚里士多德反复强调真正的美德难以离开实践智慧的作用，由此，学者们认为，在亚里士多德那里，实践智慧已被看作是嵌入美德自身结构中的理智因素并在其中发挥着关键性的作用④。如果说真正的美德离不开实践智慧的参与，那么实践智慧在美德中到底起着怎样的作用呢？在亚里士多德看来，一切连续可分的事物都存在过度、适中与不及这三种状态，过度与不及是恶的特点，而适中或中道则是美德的特点。因此，美德是以在行为活动与情感反应中达到适度为目的，

---

① 应该说明的是，"实践智慧"在亚里士多德等传统哲学家那里似乎更多指向的是一种独立于美德之外的理智美德。但也不能否认的是，即便是在亚氏那里，就完全美德难以离开实践智慧的作用而言，这样的"实践智慧"实际上也可以看作是（完全）美德的内在构成部分。因此，除非是执着于一种文本的概念解读，许多现代西方学者在论及亚氏的"实践智慧"时，往往把它当作是美德构成中的理智因素来理解。本书对"实践智慧"的处理与这些现代学者的做法是一致的。

② 当然，苏格拉底这里所说的"知识"与我们通常理解的科学知识并不相同，请参看本书第二章的相关讨论。

③ [古希腊]亚里士多德：《尼各马可伦理学》，廖申白译，商务印书馆2003年版，第189页。

④ 这样说并非是指亚里士多德本人对此有明确的交代，而是说依据亚氏的相关论述，我们可以做这样的理解。

它既要避免不及，同时也要避免过度，所以美德所要命中的适中或中道是最难事，当然这也恰是美德拥有的价值所在。问题是，拥有美德的人为什么总是能够命中中道，使得在其行为活动与情感体验总能够达到合宜的状态呢？在亚里士多德看来，正是实践智慧的存在与作用，使得拥有美德的人总是能够命中中道这一目标，"德性使得我们的目的正确，明智则使我们采取实现那个目的的正确的手段"①。在此基础上，亚里士多德认为是否包含了实践智慧这一要素是区分自然美德与严格意义上的美德之关键所在。前面讨论中提到，自然美德是一种与美德品质十分相似的自发性品质，它在儿童或野兽身上都可发现。与真正的美德不同，自然美德缺乏了实践智慧的积极参与和作用，而缺乏了实践智慧的参与和作用，自然美德由此容易导向错误，所以亚氏认为自然美德显然是有害的。② 从亚里士多德关于完全美德与自然美德之分辨来看，亚氏对实践智慧在美德中的地位与作用是极为重视的，某种程度上，亚氏实际上将实践智慧与道德美德看作是一种相生相伴、相互构成的关系，他说："离开了实践智慧就没有严格意义的美德，离开了道德美德也不可能有实践智慧。"③

　　亚里士多德之后，对理智因素在美德构成中的地位与作用之强调并没有出现退减的趋势，至少对斯多亚学派来说是如此。在第三章的讨论中我们提到，虽然不同的（早期）斯多亚学派哲学家在美德的理解问题上的立场并不完全一致，但他们都共享有这样的一种观念：美德是"一"，是克服妨碍人遵循自然或宇宙秩序的可靠力量，由于这种力量之渊源在于人对自身理性的遵循，所以美德即是理性或知识，或者说美德是同一理性或同一知识的不同呈现。不难看出，在斯多亚学派那里，对美德的理解体现出一种极端理智主义的色彩。应该看到，斯多亚学派对美德的极端理智主义理解实际上反映的是西方哲学的某种通病，这种通病至少延伸到近代，比如在斯宾诺莎甚或是康德那里，有美德的人实际上就被等同于其理性往往能够战胜自身情感欲望的坚定意志者，"有美德

―――――――
　　① ［古希腊］亚里士多德：《尼各马可伦理学》，廖申白译，商务印书馆2003年版，第187页。
　　② 同上书，第189页。
　　③ 同上书，第190页。

的"某种意义上被等同于"理性的",美德理解的极端理智主义特征不可谓不明显。与之不同,近代情感主义者在美德的理解问题上又走到了理性主义者的反面。在情感主义者看来,理性思考对于行动来说基本上是无力的,是情感的力量影响了一个人的如何行动,因此美德中真正起作用的是情感而非理性或理智。如此,在情感主义者看来,情感与美德间的关系比理智与美德间的关系要为密切,更为极端者甚至有将美德与情感做相互等同的处理,"我们称之为德性或恶行的一切,要么是某种情感,要么是由它而来的某种行为"①。在我们看来,无论是理智主义的美德理解还是情感主义的美德理解实际上都存在一定的偏颇,可以说属于不同方向上的两个极端。应该看到,理智因素在美德构成中确实具有极为重要的作用,但理智因素只是美德构成中的一种因素而非全部,恰如我们前面提到的,除了理智因素外,美德构成中还包含有情感、观念等其他因素。包尔生认为,冲动构成了美德的基础,但冲动本身并非美德,冲动要得到理性的形塑才可能成为真正的美德。② 与包尔生看法相近的还有美国当代哲学家梯利,在他看来,"美德是理性的冲动,即实现道德目的的冲动,它是由理性引导,由观念控制的冲动"③。由此来看,一方面,我们既要反对在美德理解问题上的一种去理智化或非理性主义的立场;但另一方面,我们也要警惕对美德理解采取一种极端理智主义的态度。因此,我们认为,真正的美德显然难以离开理智因素在其中的积极作用,但理智因素只是美德构成中一种因素而非其全部,因此理智因素在美德中的作用是有限而非无限的。

这样来看,如果我们不是将美德理解为一种直接的行为倾向(Robert M. Adams 语),而是将之理解为一种对相关方面能够有一种"恰当关注"(Cary Watson 语)的卓越品质,那么我们就必然需要承认理智因素在美德构成中的积极作用。理智因素使得美德不是一种盲目的冲动而成为人的一种卓越的内在品质,使得拥有美德的人能够在适宜环境下"有所为"

---

① [英]哈奇森:《论美与德性观念的根源》,高乐田等译,浙江大学出版社 2009 年版,第 99 页。

② [德]包尔生:《伦理学体系》,何怀宏等译,中国社会科学出版社 1988 年版,第 405 页。

③ [美]梯利:《伦理学导论》,广西师范大学出版社 2002 年版,第 204 页。

而在非适宜环境下"有所不为"。可以这样说，恰是理智因素的存在与作用，使得拥有美德者一般地能够命中正确的目标，而失去了理智因素的作用，真正的美德便难以产生，因为没有理智因素的积极作用，相应的品质就无法成为一种卓越的品质，恰如亚里士多德说的，失去了理性（努斯）作用的品质就如同一个强壮身躯没有视力一样，"由于没有视力，他在行动时就摔得更重"[①]。由此来看，理智因素在美德中的一个重要作用即是其关于何谓正确的思索与领会，"一个真正勇敢的人是敢于面对真正威胁的人，但如果一个人只是为了微不足道之事而这样做，那我们就不得不说他误解了人生的意义，而相应的行动当然也难以说是真正的美德行为"[②]。当然，在亚里士多德那里，实践智慧被认为是一种整体性的存在，即认为人对实践智慧的拥有是一种"全有或全无"式的拥有，人要么完全地拥有实践智慧，要么在实践智慧上一无所有，我们并不赞同亚氏的这一观点，在稍后的讨论中对此再予以回应。

实践智慧这一理智因素的最大特征在于其具有显明的跨领域性作用的特征。阿奎那在谈到亚里士多德将实践智慧作为各种美德相互统一之关键时说道，"关于实践智慧，很显然的是它具有一种普遍性的意味，其原因在于它将所有的道德问题都作为自身所处理的领域，因而所有的道德美德都在一定程度上参与了它"[③]。从作用性质上来看，实践智慧当然不仅仅是一种工具性的作用，其本身还渗入了极为显明的善的目的考虑，所以有学者说"精明的考虑不足以构成实践智慧"[④]。在我们看来，实践智慧之所以说能够具有跨领域的作用特征，其原因除了理性因素本身的某种特质以外，实际上与实践智慧所蕴含的善的目的考虑也有莫大的关系。

以上的讨论实际上可以概括为这样两个方面：第一，美德自身有着

---

① ［古希腊］亚里士多德：《尼各马可伦理学》，廖申白译，商务印书馆2003年版，第189页。

② Julia Annas, The Morality of Happiness, New York: Oxford University Press, 1993, p. 76.

③ E. M. Atkins and Thomas Williams (eds.), Thomas Aquinas Disputed Questions on the Virtues, Cambridge: Cambridge University Press, 2005, p. 91.

④ Monica Mueller, "Calculative Deliberation is Insufficient for Practical Wisdom", The Journal of Value Inquiry, 2009, 43, pp. 150–151.

复杂的结构,或者说美德是所蕴含的自身各构成要素的一种有机组合,这些构成要素彼此之间呈现的是一种紧密相连的关系,恰如有学者所说,"美德是由各种情感、以情感为基础的各种欲望以及关于善的或有益的事物的承认与接受的某种复杂结构所组成,任何一种单独因素都不能构成美德"[①]。美德是其所蕴含各构成要素的一个有机整体,我们可将这一整体称之为"美德自身的统一性",指的是美德自身各构成要素之间组成的是一种有机的统一整体。当然,尽管各要素之间是一种有机的统一整体,但各不同要素在美德中的地位与作用当然是有一定差异的,在我们看来,善的价值指向这一观念要素在美德构成中居于一种核心性的作用地位,是决定某种品质之为美德的核心要素,可以将之视为美德之为美德的心理本体,而其他两大要素——情感因素和理智因素——实际上都可看作是为善的价值指向这一观念要素而服务。第二,无论是善的价值指向的观念要素、特定情感附着的情感要素还是实践智慧的理智要素,它们的存在与作用可以说都具有某种普遍性的特征,或者说美德的各构成要素具有的跨领域性作用的特征。我们认为,从以上两个方面的概括可以做这样的推断:一方面,如果说美德各构成要素具有跨领域性的作用性质,那么当然也可以说美德本身也必然具有一定的跨领域性的作用性质,如此使得每一种美德在有其所关注的主要领域的同时,也在一定程度上对其他美德所相应的领域有所关注,美德间的这种相互关注的作用性质我们可以将之称为美德作用的相互性(the reciprocity of the function of the virtues)。关于美德在作用发挥上的相互性特征,阿奎那曾对此有相关的阐述,他说,一个在感觉欲望方面能够成功地抵制快乐的人,往往也是一个在危险面前能够成功地抵制鲁莽行动的人,类似地,一个在死亡来临时能够保持临危不惧的人,也往往能够抵挡住各种感官享受的诱惑。[②] 另一方面,如果说美德之间在作用发挥上存在某种相互性的特征,这就决定了任何一种美德其正常性的作用发挥,实际上都不仅仅是

[①] N. J. H. Dent, The Moral Psychology of the Virtues, New York: Cambridge University Press, 1984, p. 20.

[②] E. M. Atkins and Thomas Williams (eds.), Thomas Aquinas Disputed Questions on the Virtues, Cambridge: Cambridge University Press, 2005, p. 247.

某一美德自身的事情，或者说，任何一种美德作用的正常性发挥，实际上都需要与之相关的其他美德的协助或支持。从这个角度来说，我们认为任何一种美德的正常性作用发挥，都需要与之相关的其他美德的在场，比如，正义美德的正常性作用发挥，离开了勇敢美德或慷慨美德的在场与协助，往往就显得难以为继。这样来看，任何美德的正常性作用发挥实际上都需要与之相关的其他美德的在场与协助，由此可以认为，对任何一种美德的欠缺，实际上都会影响到我们对其他美德的稳定拥有，或者说，对任何一种美德的欠缺，实际上都可能造成我们对其他美德拥有的某种障碍，这一点已为学者所认识到，"缺乏任何一种道德美德都会造成主体对目标领悟之可靠性的一种威胁，如一个对钱财或荣誉过度喜好的人，只要发现其他事物（包括道德）妨碍了自己所欲追求目标，就会觉得它们（包括道德）都是可以放弃而不值一提的。结论就是分割开来的美德都不是有保障的"[1]。此外还需要提到的是，现实环境的复杂与多样往往也是某单独的美德所无法应对的，或换句话来说，现实环境的有效应对往往需要人在美德养成方面朝着尽可能完满的方向发展，"尽管这种美德的完满性在现实的人类生活中难以实现，但美德统一的观念有助于我们明白这样的道理：只养成少数的美德会使人难以应付他们所面对的复杂生活环境"[2]。综上所言，从美德内在构成要素及其相互关系之分析出发，一方面我们可以说美德在作用发挥上具有某种相互性的特征；另一方面我们也可以说任何一种美德的正常性作用发挥在某种程度上都需要与之相关的其他美德的在场与协助，由此我们可以推断，在美德的存在与作用上，各种美德之间显然具有某种相互统一的关系。

二 完善的人格：美德统一性的存在形态

如果说美德之间具有某种相互统一的关系，那么美德的这种统一性

---

[1] Elizabeth Telfer, "The Unity of the Moral Virtues in Aristotle's 'Nicomachean Ethics'", Proceedings of the Aristotelian Society, New series, 1989, 90, p. 44.

[2] Blaine J. Fowers, "Form Continence to Virtue: Recovering Goodness, Character Unity, and Character Types of Positive Psychology", Theory of Psychology, 2008, p. 642.

在人身上又到底是以怎样的形态存在的呢？我们认为，作为对人总体性品质评价的人格，表征的是人在品质修养方面的整体表现，而完善的人格表征的则是一个人在品质修养上的健全与完满，因此完善的人格可视为美德的统一性在人身上的存在形态。关于完善的人格可看作为美德统一性的存在形态，杨国荣在《伦理与存在——道德哲学研究》一书中说道，"从人的存在这一维度看，美德同样并不仅仅表现为互不相关的品质或德目，它所表征的，同时是整个的人。美德的具体表现形式可以是多样的，但作为存在的具体形态，美德又展现为同一道德主体的相关规定。美德的这种统一性往往以人格为其存在形态。相对于内涵各异的德目，人格更多地从整体上表现了人的存在特征"[①]。不难看出，杨国荣这里所说的"人格"实际上指的便是"完善的人格"而非普通的人格。人格之状态所展现的当然不是人在某一或某些美德上的拥有状况，相反，它所展现的是人在美德拥有上的整体状况，由此，一个人所拥有的美德越是完整与完满，就说明这个人的人格境界越高，当然也标示这样的人格就越完善。由此来看，完善的人格所对应的是相对完整的美德拥有，表征的是对具有统一性关系的美德的较为完善的拥有，从这个意义上说，可以认为完善的人格或理想的人格是美德统一性的现实载体。

这里需要对我们所说的"人格"进行更为具体的阐述。"人格"（personality）一词最初源于古希腊语"persona"，意指戏剧中演员所戴的面具，面具随着人物角色的不同而更换，所体现的是角色的特点和人物的性格特征。人格有不同方面的具体含义，比如有法律意义上的人格，有道德意义上的人格，有文学意义上的人格，当然也有心理学意义上的人格等。各种不同含义的人格实际上可归结为这样的三种解释：一是指人品，所表征的是人的整体性的品质状态，指代的是人深层意义的道德自我，这是伦理学或日常道德生活对"人格"一词所取的较为常见的理解；二是指权利义务主体的身份资格，这是从法律意义上对"人格"一词所取的理解；三是指人的个性，与性格同义，这是从心理学角度对"人格"

[①] 杨国荣：《伦理与存在——道德哲学研究》，华东师范大学出版社2009年版，第149页。

一词所作的解释。① 人格的具体含义虽各不相同,我们可得出不同理解的各种"人格",但实际上真实存在的人格只有一个,即虽然我们可以从不同角度的诠释而得出不同形态的人格,如所提到的道德人格、法律人格或心理人格等,然它们实际上都只是人的同一个人格的不同呈现,"对于一个人来说,人格只有一个,人们从不同角度看出的人格只是同一个人格在不同方面的不同呈现而已"②。人格作为角色特点和人物性格特征的综合表征,较为直观地体现了人所具有的深层规定,主要包含有观念、能力、知识和品质四个方面的要素。但各构成要素在人格中的作用与地位当然也并非完全相同,其中品质要素对于人格的整体状况起着决定性的作用,是其中最为关键的要素,决定着人格的整体性的善恶性质。③ 与之相应,在各种不同的人格形态中,道德人格无疑在其中占据了核心性的作用,可以这样认为,道德人格在相当程度上决定了人格的整体面貌,因而日常生活中我们通常所说的"人格",其主要指向的便是所谓的道德人格。

　　心理学研究表明,每个人都有其特定的人格,同时也有使自身人格向着完善方向发展的需要。在《动机与人格》一书中,人本主义心理学家马斯洛(Abraham H. Maslow)提出了著名的"需求层次论",认为人的需求实际上呈现为一种由低而高的金字塔式的层次递进关系,其中较高层级需求的出现虽需要以较低层级需求的满足为条件,但它们本身的满足或由此而带来的满足体验却是相对独立的,且这样的满足体验要比在较低层级需求那里所得到的满足体验具有更高的价值与更大的吸引力。在马斯洛看来,在众多需求层次中,自我实现的需要居于需求层级的顶端,是人所向往与追求的最高需求,而一旦这样的需求获得了满足,人就能够得到一种所谓的"高峰体验"。④ 自我实现是人的最高需要,那么这种所谓的自我实现到底又包含了怎样的具体内容呢?在马斯洛看来,

---

　　① 张春兴:《现代心理学——现代人研究自身问题的科学》,上海人民出版社 2005 年版,第 327 页。
　　② 江畅:《德性论》,人民出版社 2011 年版,第 125 页。
　　③ 同上书,第 125、228 页。
　　④ [美] 马斯洛:《动机与人格》,许金声等译,中国人民大学出版社 2007 年版,第 172—174 页。

自我实现虽然包括诸多方面的内容,即人的自我实现是人在多个方面的成长与完善,但其中最为关键的无疑是人在人格方面的成长与完善,"在人的内部存在着一种向一定方向成长的趋势或需要,这个方向一般可以概括为自我实现,或心理健康成长……也就是说,他有一种内部的压力,指向人格的统一和自我发展,完全的个别化和统一性,指向探索真理、成为有创造力的、成长美好的人,等等。即人是如此构造的,他坚持向着越来越完美的存在前进,而这也就意味着,他坚持向着大多数人愿意叫作美好的价值前进,向着安详、仁慈、英勇、正直、热爱、无私、善行前进"①。也就是说,从人心理需求的层面来看,人有追求自身(道德)人格完善的发展需要,这可看作是人的自我实现需要的最为核心的内容。

人有追求自身人格完善的发展需要,从另一个角度来看也可视为人在生活中对美的追求,或者说,完善人格或理想人格的追求与美的追求在本质上具有共通之处,正如狄德罗所说的,"真、善、美是些十分相近的品质"②。完善的人格或理想人格通常可看作在道德修养上处于起步或成长阶段之人的学习榜样。完善人格的追求与美的追求之间之所以存在共通之处,原因就在于完善的人格在本质上也是一种美——道德美,"道德榜样之美,从本质上来说,是一种特殊的社会美——道德美"③。人格的完善从某种角度来看也可以说是一种人格之美,人格美的追求对于人自身来说具有某种自发的冲动,是人追求自身存在完满性的一种自发需要,恰如克里斯蒂娜·科尔斯戈德(Christine M. Korsgard)所说的,"我们打量周遭的事物,总觉得它们应该更好、更加完美,它们应该是另外一副模样;我们打量我们自身,总觉得我们应该更好、更加完美,我们应该是另外一副模样"④。也就是说,生活于这个世界上,人总是要有所追求的,总是会对所生活的现实有所不满,当然也包括对自身存在的某

---

① [美] 马斯洛:《人的潜能和价值》,华夏出版社1987年版,第75页。
② 参见北京大学哲学系美学教研室编《西方美学家论美和美感》,商务印书馆1980年版,第135页。
③ 吕耀怀:《道德榜样三要素及其局限》,《道德与文明》2008年第2期,第26页。
④ [美] 克里斯蒂娜·科尔斯戈德:《规范性的来源》,杨顺利译,上海译文出版社2010年版,第1—2页。

种不满。从这样的角度来看，人对自身人格的完善追求确实具有自发的一面，同时也可以说是人的一种自然的需要。我们认为，人对人格完善的追求既是自发的，同时也可以说是自然的，因为它展现的是人生存本真的一面，是人对各种处身其中的现实的不断超越，因而也可以看作是人自身的生命自由得以完全绽放的需要。

人格的完善主要涉及的是人格要素的是否健康、人格结构的是否完整、人格性质的是否道德、人格层次的高低和人格是否具有鲜明的个性特色这五个方面的内容，换言之，人格的完善涉及的是人格的健全性、人格的道德性、人格的高尚性及人格的个性化这四个主要特征。[①] 应该看出，人格是否完善主要取决于人格的是否健全与道德，人格中相应的品质构成越是完整与完善，则这样的人格就越是有可能称得上是一种完善或理想的人格，从这样的角度来看，人格的完善性实际上主要取决于人在道德品质或者说美德养成上的健全性与完善性。也就是说，如果一个人在美德的拥有问题上体现出较为健全的特征，且不存在其他方面明显性的缺陷，那么我们就可以说这是一个人格较为完善的人。

通过前面的论述可知，完善的或理想的人格可视为美德的统一性在人身上的存在形态，人在对自身人格完善的追求中，不断使得自身所具有的美德向着一种统一性的完满方向发展。由此我们认为，人对自身人格完善的追求，可视为美德间相互统一的内在动力机制。更具体而言，理想人格追求对于美德统一性论证的主要意义在于这样的三个方面：第一，正如我们先前所说到的，人具有追求自身人格完善的自然倾向，人在对自身人格完善的追求过程中，使得自身所具有的美德向着不断丰富与不断完满的方向发展，从而使得自身所具有的美德向着一种统一的方向发展；第二，完善的人格当然也可以说是一种理想性的人格典范，它可以作为一般道德学习者在美德修养上的模仿对象与向往目标，人在对理想人格的模仿或追求过程中，不断使得自身的美德养成取得进步与完善，从而使得自身在美德的拥有问题上不断得到进步，而所拥有的美德自然也由此而不断趋向于一种完满或统一的状态；第三，人格作为一种对人品质状态的总体性评价，本身就具有某种规范引领的作用，人们在

[①] 江畅：《德性论》，人民出版社2011年版，第222页。

赞扬或钦慕健全而完整的人格形象或者说在谴责或鞭挞残缺或不良的人格形象的过程中，会不断敦促相应主体在美德修养问题上做出努力，由此而使得其所拥有的美德向着更加完善的方向发展。总的来说，美德的统一性并非虚无缥缈的信条，它通过人对自身人格完善的追求而具有鲜明的现实品格，也就是说，人在对自身人格完善的追求过程中，使得自身所具有的美德走向一种统一的状态。

三 幸福追求：美德统一性的目标指向

美德伦理往往采取一种目的论的进路，以说明美德追求对人生活本身的某种意义；反之，如果脱离开某种目的论的考虑，则美德追求之意义以及美德存在之价值似乎就难以得到合理的解释。因此，除极为个别的美德理论之外（较为著名的如迈克尔·斯洛特的关怀美德伦理），当代盛行的美德伦理理论往往具有鲜明的目的论色彩。前面提到，在伯纳德·威廉姆斯看来，苏格拉底所说的"一个人该怎样生活"（how should one live）这样的问题绝非是一个无关紧要的问题，其所要追问的是一个人如何才能过上一种整体性的好生活的伦理问题，它显然不同且优于诸如"我现在要做的义务是什么"这样的道德追问。[①]"一个人该怎样生活"的追问所对应的是一种整体的角度来看，一个人该追求怎样一种终极性生活目的的问题，哲学家们通常将这种具有终极性意味的生活目的称之为幸福。应该看到，将幸福作为我们生活追求的终极目的既可以说是人通过反思所取得的结果，同时可以说是源于某种自明的直觉。从反思的方面来看，人对自身生活的反思会得出我们仅有一种生活可过，因此我们最终会想到某种宽泛意义上的整体性生活的观念，并联想到这种整体性生活具有某种终极的目的指向，这一终极目的指向即人们通常所说的幸福；从自明的直觉方面来看，每一个人可以说都欲求幸福，没有人会拒绝幸福，人所有活动从最终指向的角度来看可以说都是为了取得幸福。

需要注意的是，将生活的终极目的冠之以"幸福"之名并非没有任

[①] Bernard Williams, Ethics and the Limits of Philosophy, London: Fontana Press, 1985, pp. 1 - 21.

何风险,其中最大的风险即是"幸福"概念本身容易带来某种理解上的偏差,原因在于"幸福"既是一个日常生活中的用词,同时也可以是一个哲学思辨上的用词,为了避免"幸福"这一概念在理解上可能存在的偏差,需要对之进行进一步的规定。我们知道,伦理学所说的"幸福"(英文对应词为 happiness)从词源上来看可追溯至古希腊的"eudaimonia"。关于"eudaimonia",亚里士多德在《尼各马可伦理学》一书中对之进行了这样的界定:(1) eudaimonia 被理解为生活得好和做得好;(2) eudaimonia 是自身即善的事物,其他事物有作为手段而成为善的,也有既作为手段同时也作为目的而成为善的,但 eudaimonia 只能作为目的,在 eudaimonia 之上没有进一步的其他目的,eudaimonia 因而可说是终极性的最高目的;(3)它是理性动物(人类)所专有的,eudaimonia 是合美德的活动,离开美德,人不可能取得 eudaimonia;(4) eudaimonia 的获取虽然要依赖于一定的外在条件,但 eudaimonia 的获取基本上是可以预期的,因而具有相当的稳定性特征。[①] 从亚氏以上所做出的规定来看,可以看出,以"幸福"(happiness)作为"eudaimonia"现代译词,可以说是一种在多种选择中择优性的做法,或者这样说,在如何翻译"eudaimonia"的问题上,恐怕"幸福"只是一个相比较而言为更好的选择,但并不表示这一翻译本身是毫无问题的。在《美德伦理学研究》一书中,赫斯特豪斯比较了"eudaimonia"的几种不同的现代译词,最终倾向于"happiness"这一用词,不过赫斯特豪斯也承认"happiness"的用词并非完全没有问题,因此需要对之进行必要的限定。在赫斯特豪斯看来,对"eudaimonia"的现代翻译,通常可将之译为"幸福"(happiness)或"兴盛"(flourishing),也有人将之译为"康福"(well-being)。赫斯特豪斯分析道,实际上每一种译法都有其相应的缺陷:"flourishing"的问题是似乎也可以将之用在动物甚或植物身上,但"eudaimonia"只是对理性动物来说才有可能获取的事物,因此,"flourishing"可能包含了"eudaimonia"本没有的一些含义;"happiness"的问题是它包含了某种主观的因素,因此容易陷入某种主观的相对主义之中,导致你有你的"happiness"而我有

[①] [古希腊]亚里士多德:《尼各马可伦理学》,廖申白译,商务印书馆 2003 年版,第 9—34 页。

我的"happiness",即"happiness"本身所具有的某种主观成分使得其似乎难以具有普遍的性质,但"eudaimonia"却是个普遍的可通约性概念,它不仅具有某种客观的标准,而且还具有鲜明的普遍性特征,即不存在你的"eudaimonia"和我的"eudaimonia"不同的可能;"well-being"的问题是它并非是一个日常用语,且它也缺乏相应的形容词。赫斯特豪斯认为,就"happiness"容易导向某种主观的相对主义而言,"flourishing"和"well-being"都似乎要比"happiness"更适合作为"eudaimonia"的现代译词,但是赫氏认为通过对"happiness"一词加以必要的限定,它显然要比其他两个译词要显得更为恰当,因而赫氏主张以"真正的幸福"(true happiness)或"值得拥有的那种幸福"(the sort of happiness worth having)作为"eudaimonia"的现代翻译。①

在我们看来,以"真正的幸福"或"值得拥有的那种幸福"来取代"幸福"这一用词,当然有其值得肯定的地方,但如此似乎又带来概念使用上的某种繁杂和不便。因此在我们看来,我们似乎不必对所谓的"幸福"附加一些额外的修饰词,因为这样不仅可避免概念使用上的某种繁杂,而且也可使得我们的用词与人们的日常生活用词具有更加贴近的关系。应该看到,将"真正的幸福"或"值得拥有的那种幸福"看作是人生活所追寻的终极目的,实际上并没有在"何谓幸福"这一问题上做出更多的有效解释。问题是,什么是幸福呢?正如亚里士多德所说的,关于什么是幸福的确是一个充满争议的问题,而且一般人的意见与哲学家的意见往往并不一致,一般人往往将幸福等同于某种可见或可感知的东西,如快乐、财富或荣誉,由此造成不同的人对幸福有不同的看法,甚至同一个人在不同时期也可能会将幸福理解为不同的东西;与之不同,哲学家对幸福的理解往往体现出强烈的思辨性特征,但不同哲学家在此问题上似乎也并没有达成一致意见。② 如果说在何谓幸福的问题上难以形成共识,那么我们在美德伦理研究中引入幸福的目的考虑似乎存在是否合适的问题,兴许是因为这一原因,有些当代美德伦理学家(如迈克

---

① Rosalind Hursthouse, On Virtue Ethics, New York: Oxford University Press, 1999, p. 10.
② [古希腊]亚里士多德:《尼各马可伦理学》,廖申白译,商务印书馆2003年版,第9—10页。

尔·斯洛特、克里斯蒂娜·斯旺顿等）就倾向于一种非幸福论的美德伦理学，"不是所有的美德伦理学都需要是幸福论的"①，认为美德伦理研究应抛开幸福论的考虑以使得自身理论避免一些难以解决的纠缠。而在另一些学者看来，即便承认美德伦理研究难以脱离开幸福论的考虑，然而将美德与幸福紧密地相捆绑却并非是没有问题的做法。尼可拉斯·艾沃利特（Nicholas Everitt）认为，将美德与幸福紧密地联系在一起所带来的实际情形要比我们所想象的要更为复杂，"美德伦理试图将人们所想要的、幸福和美德这三种观念有机地联结在一起。但即便其中任何一种关联为真，也不足以支持整个递进式的关联为真。换句话说，即便人们所想要的是幸福，但认为这种幸福依赖于美德的拥有却需要大量的论证；反之，我们可能都同意幸福和美德之间的关联为真，但由此而认为人们所想要的就是这样的一种幸福也需要大量的论证。我们所不能做的是：认为这两种关联都是真的，但却不给出任何的支持性论证"②。艾沃利特的观点表明：我们在何谓幸福、幸福与美德间的关系等问题上需要谨慎地应对，其中任何一个环节都要谨防犯了独断论的错误。应该看到，在何谓幸福、如何才能取得幸福的问题上，哲学家们确实容易在此处陷入某种独断的错误，比如，亚里士多德将人的最高幸福最终归结为一种理智的沉思活动，这样的幸福理解显然带有某种哲学思辨上的偏好，或至少与一般人的幸福观念具有较大的出入。

在我们看来，美德伦理研究显然难以脱离一种幸福目的论的考虑，脱离开一种以幸福为终极目的追求，有关美德的探讨便不免会遭遇一些难以解决的困难，有学者已认识到这一点，"从实质的意义上看，善的追求总是内含着对幸福的向往；略去或疏离了幸福，存在的完善便不免流于抽象化和虚幻化。当理性从实践的层面关注整个人生时，便不能不涉及幸福的问题"③。实际上，关于美德伦理难以脱离某种目的论的考虑，我们在前述"斯多亚学派对美德的一元论理解"的讨论中已有论及，即

---

① Christine Swanton, Virtue Ethics: A Pluralistic View, New York: Oxford University Press, 2003, p. 102.

② Nicholas Everitt, "Some Problems with Virtue Theory", Philosophy, 2007, 82, p. 279.

③ 杨国荣：《伦理与存在——道德哲学研究》，华东师范大学出版社2006年版，第272页。

当美德伦理抛却了一种目的论考虑时，便可能导致美德理解问题上的某种偏离，恰如麦金太尔所指出的，"当目的论被抛弃时，各种美德之所以被实践就不是某种在美德本身之外的善，而只能是美德自身成了美德被实践的目的，美德成了自身实践的报酬、自身践行的动机。这是一种斯多亚主义的美德理解模式，现当代大多数人的美德理解就是遵循了斯多亚的模式"①。问题是，如果说美德伦理研究难以脱离（幸福）目的论的考虑，但我们似乎又难以在何谓幸福这一问题上达到相应的共识，那么问题的症结究竟在哪里呢？在我们看来，造成在幸福理解问题上的某种众说纷纭局面之根源在于人们在幸福本身与幸福之具体内容两者间存在某种混淆，或换句话来说，人们往往将对幸福本身的理解等同于对幸福之具体内容的探讨。在《伦理学原理》一书中，摩尔批评了先前哲学家将对"什么是善"的探讨等同于对"什么是善的事物"的探讨，因而犯了所谓的"自然主义的谬误"的错误。在摩尔看来，"善"本身是一单纯的概念，是不可以再进一步分析的，因此对"什么是善"的追问在某种程度上可以说是一个不当的追问，"如果我被问到'什么是善'，我的回答是：善就是善，并就此了事。或者，如果我被问到'怎样给善下定义'，我的回答是，不能给它下定义，并且这就是我必须说的一切"②。回到我们的问题，"幸福"无非就是人天然具有的一种幸福感，某种意义上相当于摩尔所主张的"善"是一个单纯的概念，因此本身应是不可通过下定义的方式来进行进一步解释的。也就是说，所谓的"幸福"实际上是一个单纯的概念，从这个意义上可以说幸福是不可再进一步解说的概念。幸福虽不可言解说，但却具有直觉性的普遍性质，换言之，幸福作为人对自身美好生活及其状态的一种总体性的直观感悟，其本身是普遍性的，我的幸福、你的幸福或他的幸福就作为一种"幸福"而言，彼此间具有类似的基本特性，因而相互间存在"可通约"的可能。另一方面，幸福作为人对自身美好生活及其状态的一种总体性的直观感悟其本身虽不可言说，但通往幸福之道路却是可以言说的，或者说，幸福本身虽不可进一步分析，但关于如何才能获得幸福或幸福具有怎样的构成要素这

---

① [美]麦金太尔：《追寻美德》，宋继杰译，译林出版社2003年版，第296页。
② [英]乔治·摩尔：《伦理学原理》，长河译，上海人民出版社2005年版，第11页。

样的问题却是可以分析讨论的,正如赵汀阳所说,"幸福感虽不可说,但通向不可说的事情的方式却是可说的,关于这一方式的问题才是真正有意义的问题。于是,对幸福的追问就可以转换成对获得幸福的方式的追问"①。

不难看出,获取幸福的方式与幸福的构成要素之间显然具有极为紧密的关系,因为有关幸福获取方式的探讨必然涉及对幸福构成要素的讨论,反过来,对幸福构成要素的讨论实际上又在一定程度上指明了如何取得幸福的问题。那么,幸福到底又有着怎样的基本构成呢?有关这一问题的讨论,曾存在一种较为极端的观点——即认为幸福就在于美德的拥有与践行之中,即将幸福的取得与美德的拥有与践行相等同起来,斯多亚学派可视为这一观点的突出代表。② 在我们看来,在幸福的构成问题上,我们应该效仿亚里士多德在《尼各马可伦理学》中的做法,即将一般流行的观点与哲学的反思相结合,因为由此而得到的回答一方面不至于囿于形上的抽象思辨而缺乏现实的关切,另一方面又不至于停留在世俗性漂浮不定的意见而缺乏本质性的洞察。应该看出,与美德概念一样,"幸福"也可以说既是一种思辨上的哲学用语,同时也是日常生活中的口头用语。从后者来看,对"幸福"一词的使用实际上也存在着某种"过于容易"的问题——即人们往往是在一种宽泛而非严谨的意义上使用"幸福"这一概念。比如,一个情窦初开的少女在刚坠入爱河时,可能会情不自禁地想:"我是这世界上最幸福的人!"但后来的事情发展可能会让她觉得当初的想法是多么的幼稚;又比如,一个饥肠辘辘的人在饱餐一顿后可能会不自觉地感叹自己是如何的幸福,但旁观者可能会对这样的幸福感受不屑一顾。从这样的角度来看,前述中赫斯特豪斯主张需要对"幸福"一词予以必要的限定,显然不无道理。那么,我们所说的"幸福"到底是何种意义上的幸福呢?在我们看来,幸福当然涉及一种主观性的心理体验,所以前面提到的女孩与饥者的"幸福"确实也属于一

---

① 赵汀阳:《论可能生活》,中国人民大学出版社2010年版,第15页。
② 参看拙作《美德与幸福:有益、阻碍抑或同一》,《齐鲁学刊》2011年第3期,第64—65页。国内学者赵汀阳似乎在该问题上也持有与斯多亚学派相似的看法,在他看来幸福就是美德的实现,与利益的谋划没有直接的关联(参见赵汀阳《论可能生活》,中国人民大学出版社2010年版,第15页)。

种真实的幸福体验,但它却不是我们所谈论的幸福或者说不是伦理学意义上的幸福。正如亚里士多德所说,"一只燕子或一个好天气不成春天,一天的或短时间的善也不能使一个人享得福祉。"① 所以,幸福虽如亚氏所说的不需要等到"盖棺"方可"定论",但它显然并非是即时性或偶然性的心理体验。在我们看来,伦理学所说的幸福所指向的主要是人由对自身生活的完满性之反思而得到的一种整体性的直观把握,它既具有主观的心理体验的成分,同时又包含有客观性的普遍内容。现在我们要问,这种客观性的普遍内容到底又是什么呢?

在我们看来,幸福的取得固然难以离开一定的外在条件(如一定的物质基础、正常性的运气等),但幸福的获取主要依赖于美德的拥有与践行,或者说,美德的拥有与践行可视为幸福的主要构成要素,当然也可以说美德的拥有与践行是幸福构成中的客观性的普遍内容。幸福的取得主要依靠的是人对美德的拥有与践行,对此我们可以进行更为具体的阐述。首先,如我们先前提到,美德的拥有与践行本身可看作是人自身不断追求完满性存在的体现,是人对自我实现需要中最核心因素的一种回应与满足。如此,一个人在美德的拥有与践行问题上表现得越是卓越,则其在自我实现方面的需要就越是能得到更好的满足。从这个角度来看,美德的拥有与践行与幸福之间似在本质上具有共通之处,美德的拥有与践行(在其他条件满足的情况下)对于幸福的获取可以说是不可或缺的。② 其次,美德的拥有与践行可看作是幸福取得的有利因素。美德的拥有与践行首先可以改善人自身所具备的内在条件,比如一个人的乐观、积极的人生态度与其所拥有的相应美德品质是紧密相关的,没有相应的健全品质作为内在支撑与保障,一个人往往难以持续地表现出乐观与积

---

① [古希腊]亚里士多德:《尼各马可伦理学》,廖申白译,商务印书馆2003年版,第20页。
② 当代社会出现了不少在商业上成功后做慈善的所谓"慈善家",不少人认为其中作秀多于行善,在我们看来不必对这样的现象持如此消极的态度。在我们看来,这些所谓"慈善家"的行动所表明的是,人有着一种欲使自身更加完满的需要与冲动,这些"慈善家"的行动就其不满足于仅在某一(如商业)领域中的成功、而欲使自己向着一种更加完满的存在发展而言,这样的现象本身可以说蕴含了善的因素。在我们看来,"慈善家"之所以在成功后往往乐于行善(当然不排除有些是为了商业上的利益而假装行善),其中最主要的原因就在于他们对自身幸福的追求,因为幸福主要不是取决于一个人所拥有财富的多寡,而更多地取决于他(或她)对美德的拥有与践行。

极；不仅如此，美德的拥有与践行对人外在条件的改善或事业成功往往也有莫大的帮助，比如一个人的成功与他所具有的勇敢、节制、审慎等良好品质往往难以分开。因此可以这样说，一方面，在一般条件相类似的情况下，一个人的品质状态越是健全与完善，其在事业上成功的几率可以说就越高；另一方面，只有拥有健全与完善的品质状态，一个人才能拥有良好的精神面貌与积极的人生态度，这样的人才有可能获得所谓的幸福。再次，美德的拥有某种意义上可视为幸福的题中应有之义，原因在于幸福本身蕴含着某种评价性的因素，即幸福的获取在相当程度上离不开他人的评价，而要获得他人的肯定性的评价，相应主体就需要拥有良好的内在品质。幸福的取得蕴含着某种评价性的因素，或者说幸福的取得包含了他人对自身的某种认可与接纳，这便是有学者所说的"幸福的社会性"①。可以这样说，一个在物质条件方面极为优秀的人，如果这个人在品质修养方面极度败坏，则他（或她）不仅容易走向事业上的失败（所谓骄兵必败），而且还容易受到他人的道德谴责而不免感受到一定的精神或心理压力，最终难以获得幸福。②

我们曾说过，在幸福的构成或获取问题上，我们需要将一般流行的观点与哲学的反思相结合，因此，我们说幸福的获取主要依靠美德的拥有与践行并非是指美德的拥有与践行是获得幸福的唯一因素，我们的观点毋宁是：在一般条件得到满足的情况下，幸福的获取主要取决于人对美德的拥有与践行。当然在现实生活中，一个人如欲获得幸福，除了在品质修养上做出积极的努力以外，还需要一定外在条件的辅助，比如，一个道德修养极高的人如果接连遭遇到人生的不幸，我们实际上也难以将之看作是一个幸福之人，从这个意义上来看，美德与幸福之间确实不存在所谓的"线性的对应关系"③。此外，这里我们还需要论及这样的一

---

① 高恒天：《道德与人的幸福》，中国社会科学出版社 2004 年版，第 43—44 页。
② 某种意义上，人们恰当的幸福感是社会健康有序的一个表征。反过来说，人们恰当的幸福感本身又需要由健康有序的社会所塑与呵护，恰当的幸福感离不开社会的良好环境，如果社会环境日趋混乱与无序，处于其中的人们的幸福感可能就会发生畸变，并进一步引发社会道德水平的下降，进而导致所谓的恶性循环。
③ "美德与幸福间不存在'线性对应关系'"的说法源出于高恒天的《道德与人的幸福》，其意大概是指美德与幸福间并不存在直接的关联性（参见高恒天：《道德与人的幸福》，中国社会科学出版社 2004 年版）。

种可能：在有些情况下，至少是从物质性利害的角度来看，美德的践行实际上并不总是有利于相应的主体。应该承认，美德的践行在有些时候确实可能给相应的主体带来现实利益上的受损，但这种情况的存在并不影响我们所主张的观点。之所以如此，其中原因主要有这样的两个方面：一方面，虽然我们需要承认美德的践行有时会给相应主体带来某种不利，但这样的情况显然属于偶然的而非必然的；另一方面，应该看到，某些特定境遇下的美德践行之所以可能会给相应主体带来现实利益的损失或伤害，其中最为主要的原因似在于特定的环境或条件，因此它并不意味着人对美德的拥有与践行本身是不利的。这样来看，承认美德的践行有时会带来某种不利结果并不能否定美德的拥有与践行往往是有利于相应主体的观点。

应该承认，追求幸福对每一个人来说似乎都应是一件极为自然的事情。[①] 美德的拥有与践行是获取幸福的主要依靠，而人对幸福的追求又可以说是自然之事，如此，幸福的追求与人自身美德的健全与完善之间就有着极为紧密的关联。易言之，人在追求幸福的过程中，必然需要关注自身美德的养成与完善，从而使得幸福的追求就如同一块具有强大吸附力的磁铁，能够不断地将各种美德吸附到主体身上，从而使得人对美德的拥有不断向着健全与完善的方向发展，各种相互关联的美德由此而向着一种统一的方向发展。从这个意义上看，我们可以将幸福视为美德向着统一性方向发展的目标指向，人在对自身幸福不断追求的过程中，使得其所具有的美德不断向着一种统一的方向发展，幸福的追求由此可认为是各种美德趋于统一的目标指向，是美德间相互统一的外在动力机制。

由以上分析可知，我们不仅可以说各种美德之间具有某种相互统一的关系，而且还可以说美德间的相互统一还有着内在与外在两个方面的动力机制。问题是，如果说美德之间确实具有某种相互统一的关系，那么它到底又是怎样的一种统一性关系呢？这便涉及更为具体的美德统一论的探讨了。我们认为，各种美德之间虽可以说具有一定的统一性关系，但却并非是如苏格拉底、亚里士多德或阿奎那等传统先哲所说的那种强

[①] 参见 1. 赵汀阳《论可能生活》，中国人民大学出版社 2010 年版，第 135 页；2. 江畅《德性论》，人民出版社 2011 年版，第 255 页。

式的统一性关系；相反，恰是由于过往哲学家所持有的强式美德统一论，使得美德的统一性学说长期以来备受诟病。要为美德的统一性学说能提供更好的辩护，不仅需要为美德间的统一性关系做出合理的论证，同时也需要与所谓的强式美德统一论保持适当的距离。

第三节　强式美德统一论的"妄"与"虚"

在美德间的相互关系问题上，诸如苏格拉底、亚里士多德、阿奎那等先哲普遍持有一种强式的美德统一论立场。这里所说的强式美德统一论，指的是主张各种美德之间形成的是一种密不可分的整体关系，由此人对任一美德的真正拥有需要以对其他所有美德的拥有为前提，因此强式美德统一论在有的学者那里往往又被称为美德的整体论。当然需要指出的是，强式美德统一论本身可以说是一个复合的概念，也就是说强式美德统一论本身实际上也包含了不同形式的统一论主张，比如，苏格拉底的美德统一论与亚里士多德的美德统一论都属于所谓的强式美德统一论，但它们两者实际上也存在一定的差异，一般认为，苏格拉底实际上所主张的是一种更为强硬的美德统一论，即一种超强形式的美德统一论。然而，尽管强式美德统一论有不同表现，但就认为各种美德之间组成的是一种密不可分的整体关系而言，它们之间则可谓并无实质的区别。在我们看来，强式美德统一论主要有如下几个方面的理论主张：第一，认为行为主体对任一美德的真正拥有需要对其他所有美德的拥有为前提，而行为主体对任一美德的缺失则意味着对所有其他美德的缺失；第二，认为行为主体所拥有的各种美德在程度上是无差别的，拥有任一美德意味着毫无差别地拥有所有其他美德，因此强式美德统一论否认了真正的有德者彼此间存在不同的道德个性的可能，甚至否认了人们在同一美德的拥有上存在程度不等的可能；第三，认为美德仅与美德相容，任何种类的非美德品质（如自制、不自制、恶）的存在都必然会破坏主体对任一美德的真正拥有，进而使得行为主体丧失对所有美德的拥有。因此从强式美德统一论的立场来看，有德者的道德人格结构在某种程度上可以说是纯粹的，美德被认为是其中唯一的构成要素，如此，在道德人格的认定问题上，强式美德统一论认为一个人要么是拥有美德的好人，要么是在美德问题上一无所有的坏人,恰如有学者所说,"强式美德统一论在道德评价上的不良影响是:它容易将人绝对地划分为好人与坏人这两个阵营"①。不难看出,强式美德统一论包含了诸多极端性的道德意蕴,我们可将之称为强式美德统一论之"妄"。

长期以来,美德的统一性学说往往是以一种强式美德统一论的面目出现,由此,强式美德统一论所具有的极端性道德意蕴使得美德统一性学说在近现代以来遭到了人们广泛的质疑或拒斥,恰如珍妮·波特所说,"今天已很少再有人认为各种美德之间是相互关联的了,美德的统一性学说遭到广泛的拒斥,被当作是与我们道德经验绝对地相冲突的道德学说的一个主要案例"②。实际上,由于传统美德统一性学说所对应的是一种强式的美德统一论,由此导致这一学说在近现代以来不仅在一般人看来难以接受,而且即便在哲学家那里似乎也越来越难以获得原有的那种欢迎与支持,"哲学家加入到宣称各种美德为相互统一的时代无疑是很久以前之事了"③。问题是,正如赫斯特豪斯所说的,"所谓的美德统一性学说实际上可采取令人吃惊的各种形式"④,因此,强式美德统一论的难以令人接受并不意味着美德统一性学说本身的非合理性。应该说,恰是由于传统的美德统一性学说往往是以强式美德统一论的面目出现,而强式美德统一论又蕴含着诸多令人难以接受的道德意蕴,由此导致了人们对美德统一性学说本身的诸多误解或不当指责。这样来看,为使美德统一性学说能够得到更好的理解与接纳,我们在美德统一性问题上的立场就有必要与所谓的强式美德统一论划出必要的距离。强式美德统一论在不同哲学家那里的具体呈现尽管并非完全的一致,但在求证过程中可以说都极为依赖于实践智慧这一概念的作用。然而在我们看来,美德与实践智慧间的紧密关系实际上并不足以推出所谓的强式美德统一论,我们可将

---

① Robert M. Adams, A Theory of Virtue: Excellence in Being for the Good, Oxford: Oxford University Press, 2006, p. 200.

② Jean Porter, "The Unity of the Virtues and the Ambiguity of Goodness", Journal of Religious Ethics, 1993, 21 (1), p. 138.

③ Bonnie Kent, "Moral Growth and the Unity of the Virtues", in David Carr and Jan Steutel (eds.), Virtue Ethics and Moral Education, London and New York: Routledge, 1999, p. 114.

④ Rosalind Hursthouse, On Virtue Ethics, New York: Oxford University Press, 1999, p. 153.

之称为强式美德统一论之"虚"。下面我们进入强式美德统一论之"虚"的具体讨论。

在上一节的讨论中，我们从微观、中观与宏观三个不同维度，对美德间某种相互统一的关系及其动力机制进行了论证分析。与之不同，与强式美德统一论相应的求证过程就显然要更为简单。概括地说，强式美德统一论以真正美德的拥有离不开实践智慧的存在与作用为基准，认为美德之间实际上是以实践智慧为纽带而组成的一个密不可分的整体。关于强式美德统一论的具体求证，伊丽莎白·特尔弗对此曾有过相关的讨论，她在论及亚里士多德的美德统一性学说时曾提到，亚氏的强式美德统一论的论证过程实际上分为这样的两个方面：（一）如果一个人拥有真正的道德美德，他将拥有实践智慧；（二）如果一个人拥有了实践智慧，他将拥有所有的道德美德。[1]

在我们看来，以实践智慧这一单独因素作为美德间相互统一的论证担保显然存在极大的问题，这样的论证可谓并不成功。为什么这样说呢？第一，由对美德的结构及其构成要素的分析可知，美德的构成包含了观念、情感与理智这三大要素，实践智慧这一理智因素只是美德构成中的一种要素而非全部[2]，因此，实践智慧的拥有不能等同于对特定美德本身的拥有，当然更不能等同于对所有美德的拥有。一个人要拥有美德，当然需要培养相应的实践智慧，但与此同时，这个人还需要培养相应的情感反应习惯，特别是需要培养起对善的某种敏感与向往，也就是说，实践智慧的拥有显然只是美德拥有的一个必要条件而非充足条件。第二，从某种意义来说，美德的养成与实践智慧的培育之间实际上是一个难分先后的紧密关系。但从逻辑的角度来看，一个致力于美德修养的人，首

---

[1] Elizabeth Telfer, "The Unity of the Moral Virtues in Aristotle's Nicomachean Ethics", Proceedings of Aristotelian Society, New Series, 1989, 90, p. 36.

[2] 当然，也有学者认为在苏格拉底、亚里士多德等哲学家那里，其所说的"实践智慧"并非是被当作为美德构成中的一种要素，而是被看作一种笼统意义上的道德智慧，如此，实践智慧的拥有某种意义上就等同于对所有道德美德的拥有，也就是说实践智慧可理解为一个人对美德的拥有达致某种程度所呈现出的在道德上的智慧状态。我们认为，如此所理解的实践智慧具有极为强烈的形上色彩与整体论意味（这样理解的实践智慧实际上又回到苏格拉底"美德即智慧"的立场），与我们对实践智慧的处理存在较大的出入，由于篇幅所限，我们在此问题上不做过多的讨论。

先养成的应是并不充分的美德品质或者说还不够资格成为真正美德的非严格意义的美德,在此不断的修养与努力过程中,一个人关于好生活的观念、善与恶的抉择经验、在具体境遇下的判断以及如何行动的能力等才能得到不断地提高与完善,从而最终实现了对特定美德的拥有与相应实践智慧的获得,从这样的角度来看,不可能存在一种由于获得了(特定的)实践智慧就获得了所有的道德美德的可能,美德的拥有与实践智慧的取得都应是一个从量变到质变的渐进过程。第三,从现实生活经验来看,实践智慧的拥有本身当然也存在程度上的问题,也就是说,我们对实践智慧的拥有不可能是一个不存在过程的"全有或全无"式的拥有。在我们看来,实践智慧就其作为美德构成中的理智因素而言,当然只可能存在一种类型的实践智慧,即实践智慧在存在的形式上应该是"一"而不是"多"。但问题是,实践智慧在形式上的单一并不等于其存在程度与具体内容也必然是单一或无差别的。实践智慧自身蕴含着善的价值指向,这是实践智慧区别于世俗性聪明的地方,也是实践智慧在形式上所具有的共通之处。但实践智慧作为一种知善的能力,当然也包含有手段与工具的价值,起到某种认知判断与行动技能的作用,从这样的角度来看,实践智慧在具体内容、完善程度等方面当然也不可能是完全的同一。更具体而言,一方面,在同一有德者身上,其所拥有的实践智慧可随着其道德生活经验的不断积累而逐步取得完善;另一方面,在不同的有德者身上,他们所拥有的实践智慧也往往由于道德生活经验等因素的不同而呈现出一定的差异。由于实践智慧存在程度上的不同,某一有德者所具有的实践智慧可能会处于发展的较高阶段,而另一有德者所拥有的实践智慧则可能处于发展的较低阶段,正如约翰·科克斯(John Kekes)所说,"道德智慧(即实践智慧——引者)的拥有存在着程度上的问题:拥有越多的道德智慧可使生活变得更好,而拥有越少则会使生活变差"[①]。由于实践智慧的拥有存在程度上的差别,所以,实践智慧的取得当然也就不可能意味着对所有道德美德的拥有。总而言之,实践智慧是美德的内在构成要素之一而非其全部,因此实践智慧的获取只是美德拥有的必

[①] John Kekes, Moral Wisdom and Good Lives, Ithaca and London: Cornell University Press, 1995, p.1.

要条件而非充足条件；实践智慧的获取是一个逐步的过程，其本身存在程度上的问题，因此，实践智慧的拥有并不意味着对所有道德美德的全部拥有。由此来看，传统哲学家试图以实践智慧这一单独因素来论证美德相互间是一种密不可分的整体关系，显然难以说得上是成功的。

　　正如上述所提到的，由于传统的美德统一性学说往往以强式美德统一论的面目出现，而强式美德统一论所蕴含的极端性道德意蕴导致了美德的统一性学说在近现代以来的艰难处境。所以，要拯救美德的统一性学说，无疑应该将它与这种强式美德统一论保持适当的距离。可以这样说，传统的美德统一性学说只是美德统一性学说的一种具体呈现而非其全部内容，我们已多次表达了这一观点。综合而言，我们可以得出这样的判断：一是各种美德之间确实具有某种相互统一的关系；二是美德间的相互统一又并非是一种密不可分的整体性的统一。由此来看，我们的讨论逻辑地导向这样的结论：美德之间所具有的是一种弱式的统一性关系。与之相应，在具体的统一论问题上，我们所主张的是一种弱式的美德统一论。下面我们将对这种弱式的美德统一论展开更为详细的分析与辩护。

第 五 章

一种弱式美德统一论的提出及辩护

前面提到,强式美德统一论的所具道德意蕴存在诸多难以令人满意的地方,导致了人们对美德统一性学说的某种抗拒。应该看到,传统美德统一性学说之所以往往导向一种强式的美德统一论,与其所采取的是一种形上的抽象论证有莫大干系。作为一种以实践为导向的哲学探究,美德伦理研究当然难以离开一定的形上思辩,但它显然又难以脱离对现实经验的照顾,否则不管所得到的理论成果多么精致,其意义都会大打折扣,正如休谟在《人性论》一书中所说,"一切深奥的推理都伴有一种不便,就是:它可以使论敌哑口无言,而不能使他信服,而且它需要我们做出最初发明它时所需要的那种刻苦钻研,才能使我们感到它的力量。当我们离开小房间,置身于日常生活事务时,我们推理所得的结论似乎烟消云散,正如夜间的幽灵在曙光到来时消失一样;而且我们甚至难以保留住我们费了辛苦才获得的那种信念"①。质言之,在美德的统一性辩护问题上,我们的讨论当然需要关涉形上的抽象思辩,同时也需要渗入现实的经验考虑。

在我们看来,由于传统美德统一性学说往往所依赖的是一种抽象的形上思辩,由此导致其至少存在如下几个方面的问题:其一,传统的美德统一性学说忽略了美德的存在与作用往往是有条件的这一问题,即美德并非是一种无所依傍即可获取或发挥作用的事物,美德的存在与作用往往体现出对相应条件的某种依赖,我们可将之称为"美德的依赖性"。其二,传统的美德统一性学说往往仅考察了美德与美德间的关系

---

① [英]休谟:《人性论》,关文运译,商务印书馆1980年版,第455页。

问题，而欠缺了美德与其他非美德品质①间相互关系问题之考虑，这是不恰当的。我们知道，美德的统一性问题所探讨的是各种美德之间为何种关系状态的问题，或者说其要探究的是各种美德在人格这一载体中究竟处于怎样的一种相互关系的问题。但同时我们也知道，美德只是人格构成要素的部分而非全部，与之相应，我们如要探讨各种美德在人格中究竟是以何种关系样态而存在的，那么就不仅需要考虑美德与美德间的关系问题，同时也要考虑美德与其他品质间的关系问题，如此才能对美德的统一性问题有更为合理的把握。其三，传统美德统一性学说往往对应的是一种强式的美德统一论，在这样的观点看来，人对美德的拥有是一种"全有或全无"式的拥有。如此，传统美德统一性学说显然就难以容纳人的道德个性的考虑，即在传统美德统一性学说看来，人对美德的拥有是无差别式的拥有，亦即一个人要么因拥有所有的美德而被称为完全的有美德者，要么因在美德养成上的一无所有而被称为道德上的失败者。其四，在现实生活中，美德毕竟是人所拥有的美德，或者更准确地说，现实中的美德只能是特定个体所拥有的美德，是特定个体在其特定生活中可能养成的具体美德。如此，我们所说的美德统一性就并非是一种抽象意义上的美德统一性，相反需要考虑到人所可能过的现实生活。与之相应，有关美德统一性的讨论显然需要考虑到人现实生活所带来的某种限制——即人所能选择的往往只是某种有限的特定生活，也就是说，现实中的美德统一性要以人的特定生活为其阈限。如何克服传统美德统一性学说所具有的上述问题，是我们的美德统一性辩护工作的一个重要任务。在我们看来，在美德的统一性辩护问题上，我们的探究需要超越单纯的抽象思辨，以使得我们的讨论成果既不失形上的思辨支撑，同时又具有现实生活的经验内容，只有这样，才能说我们的美德统一性辩护是基本成功的，也只有这样，才能将美德统一性问题研究所包含的合理内核充分地呈现出来。

---

① 这里所说的"其他非美德品质"指的是美德之外的其他种类的品质特性，通常可包括自制品质、不自制品质以及恶的品质。

第一节 从美德的依赖性与美德的分类到一种弱式美德统一论的提出

所谓美德的依赖性（the dependence of virtue），指的是美德的拥有与作用离不开一定的条件，它包括两个方面的含义：一是指美德的拥有需要一定的条件，一个人要拥有某一（些）美德与这个人自身所处的境况、自身在生活中的际遇、运气甚或脾性等都有一定的关联；二是指美德的作用发挥需要一定的条件，一个拥有美德的人要将自身所拥有的美德转化为现实的行动要受一定条件的制约。

需要承认，"美德的依赖性"这一概念是受玛莎·努斯鲍姆（Martha C. Nussbaum）的"善的脆弱性"（the fragility of goodness）与麦金太尔的"依赖性的理性动物"（the dependent rational animals）这两个概念之启发而提出的。在《善的脆弱性》一书中，努斯鲍姆认为，在古希腊的悲剧思想中有关于运气之作用的大量描述，这些悲剧表明人在相当程度上受制于他所在的环境与运气，好人很可能会由于碰巧发生在其身上的厄运而遭受彻底性的毁灭。因此，人所具有的善并非是如苏格拉底、柏拉图及亚里士多德等人所认为的是完全独立于外部世界而单凭主体自身意愿就可掌控的东西。相反，善具有脆弱性的特征，每一种人类的卓越都需要某些外在资源以及相应的条件才能得以正常地作用。[①] 应该看到，在上述有关情境主义的讨论中，我们虽然认为情境主义对美德伦理的挑战并不成功，但我们也承认情境主义的理论本身并非完全没有合理性可言，情境主义的挑战至少表明：人的品质特性可能并不具有通常所认为的那样的坚定性特征，也可以说品质特性的正常性作用发挥似乎难以完全离开一定的情境制约，这样的启示与我们这里所说的美德的依赖性特征可谓是一脉相承的。关于美德的存在与作用具有一定的依赖性特征，我们可以进行如下两个方面的进一步阐释。首先，人对某些特定美德的拥有需依赖于对某些条件的具有，比如，一个生活物资殷实之人，似乎更有

[①] Cf. Martha C. Nussbaum, The Fragility of Goodness: Luck and Ethics in Greek Tragedy and Philosophy, New York: Cambridge University Press, 2001, pp. 1–25; p. 343.

可能养成慷慨、大方的美德，而一个生活贫困、拮据之人则显然难以养成慷慨、大方的美德。当然这并非是说生活条件好的人往往觉悟也比较高，而是说像慷慨、大方美德的作用发挥往往需要相应的物质条件的辅助，这些物质条件在生活物资较为殷实之人那里相对容易得到满足，而在生活贫困者那里则较难得到满足，使得其缺乏相应的物质条件来养成这样的美德。其次，有德者将自身所拥有的美德转化为具体的现实行动需受到一定条件的制约，比如，一个平时乐善好施的仁慈者，如恰逢他（或她）刚刚历经一场重大的事业挫折或人生不幸，因此情绪处于极度的低落或悲伤之中，这种情况下我们可以料想这个人显然难以如先前那样乐于助人，或即便他（或她）一如既往地对他人提供帮助，我们实在也难想象他（或她）这样行动时依然能够带有恰当的情感反应，我们觉得他（或她）没能如此行事是再正常不过的事情。相反，如果这个人不顾自身的悲惨处境而一如往常地行事，我们反而会觉得这似乎是不可理喻的事情。

在我们看来，美德的存在与作用显然具有一定的依赖性特征，但不同的美德所对应的依赖性程度并不完全相同，换言之，虽然说美德的存在与作用都离不开一定的条件，但不同的美德对条件的依赖却并非是完全相同的。比如，一个人将自身所拥有的慷慨美德展现为现实的具体行动往往与其所拥有的物质条件具有更紧密的关系，但一个人将其所拥有的公正美德展现为现实的具体行动中则与所拥有的物质条件似乎没有太大的关联。一般来说，对条件依赖程度越高的美德，其与特定个体的特殊处境之关联就越为紧密，从人现实生活的视角来看，这样的美德对人来说就越是难以获取，即对人来说，这样的美德在现实生活中就相对难以普遍拥有；反之，对条件依赖程度越低的美德，其与特定个体的特殊处境之关联就越为松散，从现实生活的视角来看，这样的美德对人来说就越是容易获取，即对人来说，这样的美德在现实生活中就相对容易加以普遍拥有。比如说，某些与特定个体的职业或身份联系较为紧密的美德（如僧侣的禁欲、教士的虔诚），往往局限于特定团体的内部成员之间进行提倡与践行，一般不会且也难以将之向社会大众做广泛的推广；而有些美德——如公正、节制、勇敢、审慎、宽容等——对个体的特定处境则往往体现出相对独立的特点，使得人对这些美德的拥有能够体现出较高程度的普遍性特征。与之相关的是，我们在具体的美德统一论的探究问题上，如果没有对所论及的美德项目进行必要的限定或归类，显然就会无限地增加我们讨论的难度，给我们的讨论带来诸多不必要的障碍。从这样的角度来看，在具体的美德统一论探讨中我们显然有必要对可能论及的美德项目进行必要的限定，以方便讨论的顺利展开，正如有论者所说的，"美德统一性学说在传统上依靠的是所谓的主要美德而得到辩护的……因此，当我们探讨美德的统一性学说时，我们首先要弄清楚所谈论的到底是哪些美德"[1]。这样来看，为使我们在具体的美德统一论的探讨中避免陷入一些不必要的纠缠，我们有必要对所谓的美德进行必要的分类，从讨论的需要来看，我们可以将美德划分为主要美德与次要美德这两种不同类型。当然，事情往往有其两面性的特点，将美德划分为主要美德与次要美德，在方便讨论的同时似乎又不免使得我们的相应探究沾染上某种模糊性的弊病。为此我们需要再次强调：伦理学的探究属于一种概然性的探究，它只能寻求到一种概然的、大致的真。

不用说从比较宽泛的人类历史长河来看，即便是从同一文化传统内部来看，人们所推崇的德目清单不仅繁多复杂，而且还难免会沾染上一定的相对主义色彩。由此，哲人们很早便尝试以某种标准将这些纷繁复杂的德目清单划分为不同类型的德目，以方便对美德的认知与把握，这便是所谓的美德分类问题。在美德的分类问题上，哲人们依据不同的标准对美德项目做出过不同形式的分类，G. H. 莱特和迈克尔·斯洛特等以美德项目所关涉对象的不同为基础，将美德划分为"涉己的美德"（self-regarding virtues）和"涉人的美德"（other-regarding virtues）两大不同类型。[2] 在美德的分类问题上，詹姆斯·华伦仕（Jams D. Wallace）的贡献必须提及，他不仅对前人在美德分类问题上的相关努力做了整理与归类，且还以特定的标准为基础，极大地推进了美德分类问题的相关研

---

[1] John G. Giuliano, Virtue and Action: A Study of the Unity of the Virtues, Doctoral Thesis of University of California, 1978, pp. 7 – 12.
[2] Cf. 1. G. H. Von Wright, The Varieties of Goodness, London: Routledge and Kegan Paul, 1953; 2. Michael Slote, "Self-regarding and other-regarding virtues", in David Carr and Jan Steutel (eds.), Virtue Ethics and Moral Education, New York: Routledge, 1999, pp. 99 – 110.

究。① 江畅依据美德在形成渊源上的差异，将美德项目划分为"常识性德目""倡导性德目"和"论证性德目"。② 以上讨论表明，在美德的分类问题上，不同学者依据不同的分类方法往往可得出不同的分类结果，由此可以这样认为：在美德的分类问题上，实际上并不存在一种严格统一的标准与共识。从讨论的需要来看，我们可以依据美德在人类生活中所起作用之不同而将美德项目划分为主要美德与次要美德，这实际上也是希腊哲学家所曾采用过的分类方法。应该看到，将美德项目划分为主要美德与次要美德，其根源最早可追溯至柏拉图。在《欧绪弗洛篇》和《普罗泰戈拉篇》中，柏拉图着重探讨了智慧、勇敢、节制、正义这四种美德，而同样的处理也可见于《国家篇》（又译《理想国》）的相关讨论，虽然柏拉图并没有提出所谓的"主要美德"的概念，但在其相关讨论中，可以说在一定程度上确实隐含了类似的思想。③ 在美德的分类问题上，亚里士多德的贡献主要在于将宽泛意义上的"美德"（实际上指的是一种宽泛意义上的"卓越"或"优秀"——作者）划分为理智美德与道德美德两种不同类型。理智美德属于灵魂中理性部分的卓越，而道德美德则属于灵魂中不拥有理性但却可以听从理性安排部分的卓越。由此，理智美德与道德美德在本性上被看作是两种不同的美德，但亚氏认为理智美德中的实践智慧与道德美德之间是你中有我、我中有你的紧密关系。④ 进入基督教时代，奥古斯丁对希腊时期的所谓"四主德说"进行了宗教式改造，根据信仰的需要而增加了信仰、希望和爱这三种神学美德，这为基督教所谓的"七主德说"奠立了基础。在主要美德与次要美德的分类问题上，当然不能不提及托马斯·阿奎那的理论贡献。在阿奎那看来，审慎、刚毅、节制和正义是四种主要的美德，它们单凭自身就足以作为人类的行事原则，人类如离开这些美德的积极照料便难以获得正常

---

① Cf. Jams D. Wallace, Virtues and Vices, Ithaca and London: Cornell University Press, 1978.

② 江畅：《德性论》，人民出版社2011年版，第69—72页。

③ 应该承认，在柏拉图之前的赫拉克利特甚至是政治活动家梭伦那里，"四主德"这样的说法实际上已初见端倪，但"四主德"这一说法在后世得以广为流传则显然应归功于柏拉图的学说，特别是他在对话录中那充满无限想象的语言魅力。

④ ［古希腊］亚里士多德：《尼各马可伦理学》，廖申白译，商务印书馆2003年版，第189—190页。

的生活。由此阿奎那认为,主要美德之所以被认为比其他美德更为基本与重要,不是因为它们比其他美德更为完满,而是因为人类生活以一种更为基本的方式依赖它们,而其他美德则以这些主要美德作为其存在的基础。①

在我们看来,所谓的主要美德(cardinal virtues)也可称之为基本美德(fundamental virtues)或核心美德(central virtues),指的是在人类生活中起着基础性作用且在美德体系中占据主导性地位的美德;而次要美德(secondary virtues)又称边缘性美德(marginal virtues),指的则是在人类生活中起着辅助性作用且在美德体系中表现为服从性地位的美德。依据各种美德在人类生活中的不同作用及其在美德体系中的不同地位,我们认为正义、节制、勇敢、宽容、诚实等可以看作为所谓的主要美德,而如温和、大方、机智、审慎、谦虚等则可以看作为所谓的次要美德。需要指出的是,关于主要美德与次要美德所包含的具体项目清单的认定当然并非是绝对的。应该看到,不管所列出的是怎样的一种项目清单实际上都难以避免一定的争议,因此,在这样的问题上如果说在大致的方向上没有太大问题似乎就可以了。现在的问题是,在美德分类问题上做出主要美德与次要美德的划分,对于我们的美德统一论探究到底又有怎样的意义呢?

首先,主要美德具有更加显明的美德的专有特性,而次要美德在这一方面则显然有所欠缺。实际上,有许多所谓的"美德"很可能只是人所具有的某种好脾性(good temperament)(比如和蔼、好客、耐心),它们之所以被称为"美德",其中重要原因在于我们日常语言使用上的某种习惯。这些好脾性既难以将之完全排除在所谓的"美德"的行列之外,但似乎又难以说得上是真正的美德品质,因此关于它们的讨论就成为了美德伦理研究的一个大难题,正如 N. J. H. 邓特所说,"我们需要在人的品质特性与脾性、个性和一般的情感倾向之间做出艰难的分辨"②。我们

---

① E. M. Atkins and Thomas Williams (eds.), Thomas Aquinas Disputed Questions on the Virtues, Cambridge: Cambridge University Press, 2005, pp. 246–249.

② N. J. H. Dent, The Moral Psychology of the Virtues, New York: Cambridge University Press, 1984, p. 10.

认为，即便我们承认某些"好脾性"可归于美德之列，但其在人类生活中的地位与作用显然是相对次要的，因此最多可归属于所谓的次要美德。这样来看，将主要美德作为美德统一论探究所讨论的主要对象，不仅可避免一些不必要的争议，而且还能够令我们所可能取得的讨论成果具有更大的确然性。

其次，主要美德对相应的次要美德来说能够起到某种主导性的引领作用。主要美德之所以被称之为"主要的"，一是因为主要美德在人类生活中起着某种基础性的作用；二是因为特定的次要美德往往受制于相应的主要美德，即一定的次要美德往往受到相应的主要美德的引领与制约。在《欧绪弗洛篇》中，苏格拉底认为虔敬是正义的一个部分，在我们看来，苏格拉底的观点并非是说正义是由虔敬和其他美德所构成的，他实际上是认为虔敬美德从属于正义美德，即一个人只有是正义的，才可能说是真正的虔敬。在《美德间的统一、一致与冲突》一文中，罗伦斯·贝克提出了一种所谓的"美德间的序列式统一说"（ordinal account of the unity of the virtues），其核心观点是认为处于较低层级的美德要受到处于较高层级的美德的节制，以此类推，最后得出所有的美德均受处于最高层级的支配性美德——实践智慧——的节制。[1] 应该说，贝克所谓的"美德间的序列式统一说"实际上就隐含了处于较低作用层级的次要美德需要受到处于较高作用层级的主要美德之引领作用的思想。主要美德对次要美德具有某种引领作用还意指主要美德的养成对次要美德的养成具有某种刺激作用，也就是说，一个拥有某一主要美德的有德者，会促使他（或她）努力养成相应的次要美德，从而使得所具有的主要美德更加坚定与稳固。当然，个人在养成与某特定主要美德相应的次要美德的过程中，由于所处环境或经历的人生际遇之不同等缘故，在相应的次要美德的养成问题上往往会呈现形式不一的差异，即要么可能会在相应次要美德的拥有程度问题上存在一定差异，要么可能会在相应次要美德的具体拥有项目上存在一定差异。这样来看，在具体的美德统一论探究中，如将所讨论的美德项目聚焦于所谓的主要美德，就不仅能够使得问题的讨论得

---

[1] Lawrence C. Becker, "Unity, Coincidence and Conflict in the Virtues", Philosophy, 1990, 20 (1-2), pp. 127-143.

到某种简化，而且还能够避免牵涉至由主体特定处境或人生际遇所可能带来的诸多偶然。

有关美德统一论的当代探究，首先应提到的是加里·沃特森（Cary Watson）。在《过度中的美德》一文中，沃特森认为，美德的统一性学说既非完全错误但也不可能是如传统哲学家所主张的那样是一种强式的统一。在他看来，美德间确实具有某种相互关联的性质，也就是说，"如果你要拥有任何一种美德，你至少需要对其他美德所相应的道德考虑（moral consideration）具有某种敏感性，如果你在某一方面完全地丧失相应的敏感性，那么你就难以可信赖地对任何种类的道德考虑具有恰当的关注"[1]。在此基础上，沃特森提出了一种与传统强式美德统一论相比来说远为谨慎的"弱式美德统一论"，即：如一个人拥有任何一种美德，他（或她）将对其他美德相关的道德考虑具有某种敏感性，即在某种意义上，一个人将"在某种程度上"拥有所有的美德。[2] 无独有偶，在《美德伦理学研究》一书中，赫斯特豪斯也持类似的观点。在赫斯特豪斯看来，一方面，我们应该认识到实践智慧不可能是一种分离性的存在——即实践智慧并非是在不同的美德之间形成分离性的局部作用，但同时我们也应该认识到实践智慧也不可能是一种全有或全无式的存在，即实践智慧虽具有一定的跨领域性作用特征，但它也并非是一个严格的整体性存在，实践智慧的拥有当然也存在程度与内容上的差异问题；另一方面，我们承认实践智慧的取得对美德的拥有具有决定性的意义，因此，一个拥有实践智慧的人当然就是一个能够拥有相应美德的人。以之为基础，赫斯特豪斯认为，在美德的拥有问题上，可以认为一个真正拥有某一美德的人也是一个在某种程度上拥有了所有其他美德的人——虽然有时对其他美德的拥有是一种极为有限的拥有。[3] 在美德统一论的主张问题上，赫斯特豪斯不讳言她所赞同的是如加里·沃特森所主张的那种弱式的美德统一论。而在《美德的有限统一论》一文中，尼拉·贝德沃比较了美

---

[1] Cary Watson, "Virtue in Excess", Philosophical Studies, 1984, 46 (1), p. 60.
[2] Ibid., p. 60.
[3] Rosalind Hursthouse, On Virtue Ethics, New York: Oxford University Press, 1999, pp. 153–156.

德的强式统一论（或美德整体论）、美德的碎片化学说以及美德的有限统一论在美德间关系问题上的不同立场，认为强式美德统一论与美德的碎片化学说实际上都蕴含着难以接受的道德意蕴，它们因而都可被归属为错误的两个极端，由此在美德间的关系问题上，合理的选择应是持一种美德的有限统一的立场。[1]

在我们看来，加里·沃特森等学者[2]所倡导的弱式美德统一论，相比于传统的强式美德统一论来说显然具有相当的优势，不仅使得其在理论解释作用方面获得了更大的灵活性，而且也使得其与经验现实之间有了更大的契合。然而，尽管前述学者所倡导的弱式美德统一论具有一定的优势，但显然它也并非毫无缺陷。在我们看来，其中最大的问题就在于他们倡导的弱式美德统一论没能关注到不同类型的美德在统一性方面所可能具有的不同表现。正如我们已提到的，在具体的美德统一论探究中，我们似应将所讨论的项目聚焦于所谓的主要美德，因此我们认为，加里·沃特森等学者所倡导的弱式美德统一论在基本方向上可谓没有太大的问题，但需要对之进行相应的补充与修正。在我们看来，在具体的美德统一论主张中，我们的观点可初步表述为：一个人拥有任何一种主要美德，他（或她）将拥有与之相应的次要美德以及在很大程度上拥有其他的主要美德，并且在一定程度上拥有与其他主要美德相应的次要美德。不难看出，我们所倡导的美德统一论也可归属于一种弱式的美德统一论行列，更恰当来说应该是一种更为精致的弱式美德统一论。之所以说这里我们只是对所倡导的美德统一论进行"初步表述"，是因为截至目前，我们的美德统一论探究仅考虑了美德间的相互关系问题，而没有考虑到美德与其他非美德品质间的关系问题。从我们先前的讨论可知，美德的统一性是以人格为其存在形态，因此，对于美德间统一的具体样态之探讨就需要考虑到在同一道德人格内非美德品质与美德之间究竟处于怎样

---

[1] Neera Badhwar, "The Limited Unity of Virtues", Noûs, 30 (3), pp. 306–329.

[2] 实际上，即便是那些对美德统一性学说持否定性态度的学者，也都承认美德间确实具有一定程度的相互关联的性质，这似可看作对弱式美德统一论的某种承认 (Cf. 1. Robert M. Adams, A Theory of Virtue: Excellence in Being for the Good, New York: Oxford University Press, 2006, p. 175; 2. Gopal Sreenivasan, "Disunity of Virtue", Journal of Ethics, 2009, 13 (2–3), pp. 197–203)。

的一种基本关系的问题。

第二节　非美德品质与美德之基本关系探究

美德统一论的探讨不能脱离开其他非美德品质与美德品质之关系问题的考察,因为其他品质与美德之间究竟是怎样一种相互关系可以从另一角度反映美德间所可能形成的是何种程度的统一体。由前述可知,传统强式美德统一论认为美德间所形成的是一种密不可分的整体关系,因此,人对美德的拥有要么是因"全有"而成为完全的有德者,要么是因"全无"而在其道德人格中美德呈现完全的缺失状态。不难看出,强式美德统一论所隐含的思想是:美德只有与美德才可能呈现相容的品格,与之相应,有德者的品质结构只能是单一性的样态,因此美德不可能与其他的非美德品质共存于同一道德人格。问题是,主张有德者的品质结构是一种单一性样态的观点似乎与我们的现实经验并不相符。应该看到,只要我们认识到人在美德的拥有问题上并非为"全有或全无"式的拥有,我们就必须拒斥有德者的品质结构是一种单一性状态的主张。强式美德统一论之所以在人的品质结构这一问题上陷入某种极端,原因就在于其在美德与其他品质间的关系问题上犯了某种独断的错误。具体来说,其对所谓的非美德品质缺乏一种细致的分析精神,而只是笼统地将之作为一个与美德相对立的整体来对待,由此导致了我们所说的问题。应该看到,所谓的"非美德品质"实际上包含了多种不同类型的品质特性。依据已有的观点,一般认为自制、不自制与恶习这三种品质是最为常见的非美德品质,这些相互不同的非美德品质拥有相应不同的特性,因而在讨论它们与美德之间是何种关系时,不能笼统地将之作为同一类型的品质特性来处理。下面我们将对不同的非美德品质与美德间的基本关系进行具体的探讨,其目的是要为进一步完善我们前已提出的美德统一论主张提供相应的准备。

一　自制品质与美德之基本关系

在对自制品质与美德间的基本关系展开讨论前,我们有必要对自然美德与美德间的关系进行简要的讨论。由前面的讨论可知,自然美德属于一种泛指意义上的"美德品质",所以严格来说,自然美德与美德间的关系问题探究某种意义上说属于美德品质内部间的关系问题的考察,它既不同于美德与美德间的关系问题探究,也不同于非美德品质与美德间的关系问题探究,但它和我们的美德统一论主张似乎又难以完全脱离关系,因此有必要在这里进行简要的讨论。亚里士多德曾说过,自然美德虽不同于真正的美德,但两者却极为相像。① 在我们看来,之所以说自然美德与真正的美德极为相像,原因在于自然美德与真正的美德之间拥有某种亲缘性的关系,托马斯·阿奎那已认识到这一点,在他看来,自然美德就是一种能够以美德所特有的方式而行动的倾向,恰是由于自然美德的作用,使得一个人能够自然地行善,虽然这样的行善缺乏稳定性的品格。② 从这样的角度来看,当自然美德自身的作用发挥在没有受到其他不利因素之干扰或影响的情况下,它往往能够呈现出为善的态势,且这样的为善更多是出于相应主体某种内在的自发倾向,所以出于自然美德的行动往往具有鲜明的淳朴性色彩,也正是因为这样的原因,人们对拥有自然美德之人常常是赞赏有加的。在我们看来,自然美德之所以能够在正常条件下呈现为善的态势,原因在于自然美德往往与善而非恶有着某种特定的联系,从这个角度来看,我们可以说自然美德也具有和真正美德相类似的善的价值指向,当然相比于完全美德,自然美德对善的关注与实现在连贯性与稳定性方面显然具有较大的局限。由于自然美德与完全美德在核心性的价值指向问题上具有同向的作用,由此我们认为,自然美德与完全美德之间具有彼此相容的性质。自然美德与完全美德之间完全可共存于同一道德人格之中,因而可以这样说,一个拥有美德的人,在其总体较为健全的品质结构中,就很可能夹杂着某些非成熟的美德或者说自然美德,即有德者很可能在某些领域所拥有的只是某种(些)特定的自然美德。

现在我们来讨论自制品质与美德间的关系问题。首先要说明的是,

---

① [古希腊]亚里士多德:《尼各马可伦理学》,廖申白译,商务印书馆2003年版,第189页。

② E. M. Atkins and Thomas Williams(eds.), Thomas Aquinas Disputed Questions on the Virtues, New York: Cambridge University Press, 2005, pp. 48–49.

我们这里说的"自制",主要是在一种品质特性意义上所说的"自制",即我们这里所说的"自制"主要指的是一种自制品质。但也要看到的是,日常道德生活中所提到的"自制"实际上也可能会以非品质特性的面目出现,即"自制"一词也可能指向一种行为层面的自制行为。① 由于宽泛意义上的"自制"既可以指向人的一种特定品质特性的同时也可以指向人的一种特定行为,所以我们有必要首先谈谈从行为层面来看,自制行为与美德行为之间到底是怎样的一种基本关系。亚里士多德曾说过,美德是一种使人的行为与情感活动得以命中中道的品质,因此可以认为,人所拥有的美德对其行为与情感活动有着极为重要的作用。然而我们也知道,现实生活中,美德这一特定内在品质只是人的行为与情感活动的影响因素之一而非全部(尽管可能是其中最为重要的因素),也就是说,现实生活中,人的行为与情感活动实际上往往也难以避免受到其他因素的作用或影响,如此,出于美德的行动在具体表现方面就往往难以达到哲学家所说的那种完满性质。比如,一位遭遇巨大不幸的仁慈者,由于这种不幸的影响而很可能对周遭事物失去原有的道德敏感性,也难以对周遭事物提起任何的兴趣,② 那么在这样的情况下,他(或她)由于自身品质所造成的习惯倾向而依然能够对他人做出仁慈的行动,这种情况下其相应行动当然还可以说是一种真正的仁慈行动,但由于其所遭受的不幸之影响,他(或她)在做出相应的行动时很可能缺乏了相应的恰当情感体验。由此,这样的行动某种意义上实际上也可以说是一种自制的行动,因为在这种情况下行为主体身上似乎已产生了某种与仁慈美德不相协调的情感体验,只不过因为行为主体自身所具有的坚定意志,使得他

---

① N. J. H. 邓特认为,也许从意图层面来看自制并不属于人品质特性的范畴(N. J. H. Dent, The Moral Psychology of the Virtues, New York: Cambridge University Press, 1984, p. 10)。在我们看来,"自制"既可以指向一种在具体行为中的某种自我约束行为(即行为层面的自制),但也可以指向一种稳定的行为习性(即品质层面的自制),因而"自制"的具体含义需要依据上下文方能予以确定。

② 这里我们须提及的是,道德生活只不过是人类生活中的一个部分,那种以道德价值凌驾于其他价值之上,认为人无论在任何情况下都应以道德价值为优先的观点其实是一种道德霸权主义(相关观点参见:Bernard Williams, Ethics and the Limits of Philosophy, London: Fontana Press, 1985)。因此,我们不应过于奢求一位自身陷于不幸或其他事务下的人仍能够一如既往地关注其道德生活,这显然不符合事实,也违背一般情理。

（或她）能够克服这种不相协调的情感牵引而一如既往地做出好的行为举动。由此来看，美德行为有时似乎难以避免会以自制的行为方式呈现，因此从行为活动层面来看，美德行为与自制行为之间可以说并不存在本质性的冲突。

问题是，作为品质的自制与美德之间到底又是怎样的一种相互关系呢？在《尼各马可伦理学》中亚里士多德说道，我们要避开的品质有三种：恶性、不能自制和兽性；而应该追求的品质则是：美德、自制和超人的美德（亚氏又称之为英雄的或神似的美德）。① 在亚里士多德看来，自制与美德两者既有相同之处，同时又存在一定的差别，其中相同之处是拥有自制品质的人（简称自制者）与有美德者一样保存了善的始点。② 更具体来说，自制者与有美德者都可以说是以善为价值指向目标，因此两者在"始点"的拥有上可谓是相同的。当然，亚里士多德虽承认自制者与有美德者拥有相同的始点，但两者间的差别也是不容忽视的，主要体现在自制者身上具有与善相冲突的情感牵引，而这是在有美德者身上不可能发生的事情，亚氏由此认为自制者不可能拥有为有美德者所专有的实践智慧。③ 我们认为，亚里士多德对自制品质的理解存在可商榷的地方，至少可认为存在这样两个问题：一是亚里士多德为了强调自制与美德间的分辨，只凸显自制者具有与善的追求相冲突的情感牵引的一面，而忽视了自制者实际上还具有与善追求具有同向作用的情感因素的另一面。应该看到，自制者之所以在拥有与善相冲突的情感牵引的同时依然能够做出善的行为选择，这本身就说明了自制者身上还存在着某种非常强大的与善具有同向作用的情感趋向（具体表现为某种为善的意志），以使得他能够克服这种与善的追求相冲突的情感牵引。由此之故，我们认为即便是在情感作用方面，自制品质与美德之间也并非毫无共同之处，

---

① ［古希腊］亚里士多德：《尼各马可伦理学》，廖申白译，商务印书馆2003年版，第191页。

② 亚氏在分辨不自制与放纵两种品质时认为，不自制者好过放纵者，因为在前者那里始点还存在着（《尼各马可伦理学》，廖申白译，第213页）。这里的"始点"可理解为善的价值指向。如果说不自制者身上还保存有善的价值指向这一始点，那么，在自制者那里肯定也保存有该始点。

③ ［古希腊］亚里士多德：《尼各马可伦理学》，廖申白译，商务印书馆2003年版，第191—216页。

因而亚氏相应处理显然有值得进一步探讨的地方。二是亚里士多德认为自制者没能拥有实践智慧的观点也是值得商榷的,伊丽莎白·特尔弗已认识到这一点,在她看来,"自制者与完全有美德者之间的差别应该说并非一种理智上的不同,最多是在情感上存在一定差异。因此,要么承认自制者拥有实践智慧,要么承认——如亚里士多德不情愿说的——自制者拥有如实践智慧那样的道德知识"[1]。也就是说,既然说自制者与有美德者间的差异并非是理智上的不同,那么我们就需要承认自制者身上也具有实践智慧或与之相类似的道德知识。我们之所以认为自制品质中包含了实践智慧的因素,那是因为出于自制的行为往往总是能够在克服冲突性的情感欲求的情况下实现善的行为选择,在这一过程中如果欠缺了实践智慧的在场与作用,显然是难以做到的。当然,自制者所拥有的实践智慧与有美德者所拥有的实践智慧两者间难免会存在程度上的某种差异,自制者身上的实践智慧在发展程度或成熟稳定性等方面显然还有待进一步的完善。这样看来,自制品质尽管在某些方面存在相应的不足,比如它未能完全清除与善的价值指向相冲突的不良情感牵引,其所具实践智慧也很可能并非十分完善,但自制品质与美德之间从总体上来看可谓并不存在本质上的冲突,因而两者可认为能够共处于同一道德人格,或者这样说,一个总体品质状态卓越的有美德者,很可能在某些领域所拥有的只是自制品质。当然,虽然自制品质往往能够产生善,但毕竟存在与善追求相冲突的情感牵引。因而,一个夹杂着自制品质的有美德者可以说是一个在美德修养上仍需付出艰辛努力的人,其身上的不良情感牵引对于其总体性好品质来说显然是一个潜在的威胁。在这个意义上,可以说在美德修养问题上,人似乎总是处于一种"逆水行舟,不进则退"的境地,也就是说,人要么因其在美德修养上的努力而使得其总体品质状态趋于完善,要么因其在美德修养上的松懈而使得其总体品质状态趋于恶化。

---

[1] Elizabeth Telfer, "The Unity of the Moral Virtues in Aristotle's Nicomachean Ethics", Aristotelian Society Proceedings, 1989, 90, p. 40.

二　不自制品质与美德之基本关系

不自制品质是与自制品质相反的品质。在亚里士多德那里，其对不自制品质的考察往往将之与自制品质和放纵品质做相应的比较而展开。依据亚里士多德的观点，自制者指的是一个虽具有与善相冲突的情感牵引但却依然能够做出正确行为选择的人，与之不同，不自制者指的则是一个对善虽具有某种向往（即亚氏所谓的保存着好的始点）但却由于意志软弱而屈从自身情欲或冲动之牵引而做出错误行动的人，因此亚里士多德说，"不能自制者的行为是出于欲望，而自制者的行为则相反"[①]。在亚氏看来，不自制者虽然没有失去好的始点，但他由于无法抵御自身各种情感欲望的牵引而使得在行为选择上常常背弃了原有的价值承诺，因此不自制者虽非有意为恶，但却由于无法坚守善而容易滑向作恶之途，因而亚氏认为不自制是一种坏的品质。[②] 也就是说，一个不自制的人，意味他（或她）虽具有某种向善的意愿，但由于存在意志软弱的原因，使得自身容易被各种情感欲望所影响，最终在行为选择上走向了错误。

应该看到，不自制品质实际上既可指向人在总体行为倾向上的不自制，也可指向人在某特定事物上的不自制，一个人在总体行为倾向上的不自制即亚里士多德所说的"一般的不能自制"，而对某特定事物的不自制即亚氏所说的"与某些特定事物相关的不能自制"，前者属于总体性的不自制，后者属于局部性的不自制。一个在诸多方面都难以自制的人，可将之称为一个在总体上不能自制的人，人们通常所说的"这个人缺乏毅力""这个人意志软弱"往往指的就是这种在总体上的不能自制者。不自制者虽可以说具有好的"始点"，但容易受自身情感欲望的牵引而与"好始点"的相应要求背道而驰，所以说不自制者也可以说是一个意志软弱的人。由此来看，一个总体上不自制的人实际上也可以说是一个从总体上来看意志软弱无力的人，其意志如此软弱，以致缺乏足够的力量以

[①] ［古希腊］亚里士多德：《尼各马可伦理学》，廖申白译，商务印书馆2003年版，第65页。

[②] 同上书，第191—213页。

抵制自身感性欲求或本能冲动的影响。同时应该看到,作为人的一种卓越的内在品质,美德的取得并非是一件容易的事情,恰如有学者所说,"美德不是人性的自发倾向,而是人智慧作用的结果,因而它容易受到人本性自然倾向的侵蚀,也会受到外在诱惑或压力的冲击"①。由此来看,一个总体上不自制的人虽然可能会做出一些符合美德要求的行为举动,但他(或她)由于自身意志的软弱显然难以养成真正的美德,因为在这样的人身上,缺乏相应的坚强意志以克服与美德相冲突的各种情感欲望的牵引。概而言之,我们认为一个在总体上不自制的人显然难以养成任何一种真正的美德,因为其身上缺乏用以抵御自身各种情感欲望之牵引的意志力,使得其在任何一种美德的养成问题上都必然归于失败。不仅如此,我们还可以这样说,一个本来拥有健全品质特性的有美德之人,由于某种因素或自身慵懒的原因,使得他(或她)从一个总体上意志较为坚强的人转变为一个总体上意志软弱的人,这样的人原来所拥有的美德就会逐渐遭到削弱或破坏,最终可能蜕变为一个道德上的平庸之徒。

下面我们再来考察局部性的不自制与美德间的关系问题,这一问题讨论显然会更为复杂。局部性的不自制的问题讨论之所以会更为复杂,是因为这种类型的不自制不仅具有更为复杂的表现形式,而且它具体指向的对象也往往呈现极大的不同。

首先,从局部性不自制的表现形式方面来看,有间发性(或者说偶发性)的不自制,也有经常性(或者说常发性)的不自制;有程度较轻的不自制,也有程度较重的不自制。一般来说,就表现形式而言,严格意义上的局部不自制指的是经常性的、程度重的不自制。我们可以对之进行更为细致的分析。一个在某特定事物上具有间发性、程度较轻的不自制的人,应该说他并没有沉溺于由这种不自制所带来的感性快乐,相反常常在行事后伴随有强烈的自责与悔恨,对自己的过错常常懊恼不已。可以这样说,具有间发性、程度较轻的不自制品质的人不仅能够保存着所谓的好的"始点",而且他(或她)也并没有被自身的情感欲望所完全支配,可以说将之克服的困难程度相对较低。与此相应,这种不自制所具有的破坏作用也相对有限,其与美德间的冲突应该说是相对较轻的。

---

① 江畅:《德性论》,人民出版社2011年版,第46页。

与之不同,一个在多个领域体现出经常性、程度较重的不自制的人,虽然在行事后可能会有一定的悔恨心理,但往往容易沉浸于由不自制所带来的巨大感性快乐而难以自拔。在某种意义上来说,一个在多个领域表现出不自制的人在相当程度上对其所做出的不自制行为都会有一种极为强烈的喜欢甚或是迷恋的情感体验,他(或她)享受由这样的行为所带来的某种快乐体验,因而从现实生活的角度来看,人们往往将一个在多个领域体现出不自制的人看作是所谓的放纵者。应该看到,在多个领域表现出经常性、程度较重的不自制者虽然在一定程度上尚保存着好的"始点",但这样的人常常受其感性欲望的控制,可将之视为一个在总体上的不自制的人或者行为的放纵者,这样的人由此可被认为难以拥有真正的美德。

其次,从局部性不自制所指向的对象来看,有对本性属于高尚的事物之欲求的不自制,也有对本性属于中性的一般事物(主要指的是必要的感官享受与肉体快乐)之欲求的不自制。[①] 正如亚里士多德所说,人们在不同事物上的不自制所带来的结果并非都是相同的,比如,人在怒气上的不自制就要比欲望上的不自制为好,"欲望上的不能自制不仅更加耻辱,而且更不公正"[②]。怒气上的不自制之所以相对要好一点,无非是因为人在怒气上的不自制往往可能导向善的行为目标,如有正义美德之人常常伴随有某种对不正义之人与不正义之事的"怒气",这种"怒气"的存在对于正义美德的具体展开显然是有帮助的,虽然过度的"怒气"又往往可能使得相应的行为举动容易偏离正常的轨道。然而,

---

① 在《尼各马可伦理学》中,亚里士多德区分了三种引起快乐的事物:一是本性属于高尚的事物,产生于对这类事物喜爱的快乐因此本身即是善的,但追求得过度也并非好事,如对荣誉的过度追求会使人迷失本性;二是本性上属于中性的事物,如必要性的肉体快乐,对这类快乐的正常追求并非不妥,但追求得过度就会成为坏事;三是本性上就是恶的事物,产生于对这类事物喜爱的快乐本身就是恶的(《尼各马可伦理学》,廖申白译,第201—203页)。依据亚里士多德的中道理论,恰当的行为在于命中两个极端的中道,但有些事物(如本性为恶的事物)本身就不存在中道可言。因此,不难理解,一个人只有在追求高尚事物或必要肉体快乐方面才可能存在是否自制的问题,追求本性上为恶的事物只有大恶与小恶的程度问题,而不存在自制与否的问题。由此我们这里无须讨论对本性为恶的事物之追求的自制问题。

② [古希腊]亚里士多德:《尼各马可伦理学》,廖申白译,商务印书馆2003年版,第207页。

欲望上的不自制往往容易将人导向坏的行为目标，比如，一个人在金钱问题上的不自制就往往容易使其导向经济问题上的犯错。在这个意义上，亚里士多德往往将严格意义上的不自制看作一种欲望上的不自制，"自制与不自制其实就是同肉体欲望与快乐相关的"①。我们遵从亚里士多德在此问题上的看法，即认为一个人只有在欲望满足与追求中的不自制方是真正的不自制。之所以如此说，原因在于：第一，人们对本性高尚事物的过度追求很可能只是因为其所具有的是一种有待进一步完善的美德品质使然，而并非是一种不自制。第二，正如亚里士多德所说，"人最强烈的本能就是躲避痛苦和追求快乐"②，人在本性上具有强烈的趋乐避苦的自然倾向，特别是在肉体快乐问题上更是如此，在某种意义上，人们常常将肉体快乐当作是快乐的同义词，"肉体快乐占据快乐的总名"③。对人来说，肉体快乐的诱惑常常是频繁而强烈的，容易使人沉迷于其中而不知自拔，从而使得人在肉体快乐面前常常是难以自制的。如果说真正的不自制是人在欲望上的不自制，那么这样的不自制当然也有间发性与经常性、程度轻与程度重的分别，因此，关于指向对象不同的不自制与美德间之关系的讨论，实际上又需要返回至不同形式的不自制与美德间之关系问题的讨论，在此不再赘述。

现在回到对局部性的不自制与美德间关系问题的综合性考察。在《依赖性的理性动物》一书中，麦金太尔提醒我们在道德思考中不要忘记我们是来自于动物这一事实，我们只是动物进化的结果，因此我们在身与心两方面都存在一定的脆弱性与依赖性。④ 人来源于动物，当然也有动物所具有的基本特性，其中最为突出的特性便是所谓的趋乐避苦。可以

---

① ［古希腊］亚里士多德：《尼各马可伦理学》，廖申白译，商务印书馆2003年版，第207页。

② 同上书，第237页。边沁在《道德与立法原理导论》一书中也表达了类似的观点，参见［英］边沁：《道德与立法原理导论》，时殷弘译，商务印书馆2000年版，第57页。

③ ［古希腊］亚里士多德：《尼各马可伦理学》，廖申白译，商务印书馆2003年版，第222页。

④ 参见 1. Cf. 1. A. Macintyre, Dependent Rational Animals: Why Human Beings Need the Virtues, Illinois: Open Court, 1999; 2. 麦金太尔：《论人的脆弱性和依赖性》，《伦理学研究》2003年第3期。

这样认为，趋乐避苦实际上是人源于动物的所具有的一种本能，一个人无论其社会化发展程度有多高，实际上都难以摆脱这一本能所带来的影响，恰如边沁所说，"自然把人类置于快乐与痛苦的主宰之下"①。正如前述，在所有的快乐中，肉体快乐可以说其中最为常见也最为强烈的快乐，肉体快乐对每一个人来说在一定程度上都似乎属于一种经常性的诱惑，而人的道德化或社会化之关键在很大程度上就在于使得自身对肉体快乐的追求逐步趋于合理有序。问题是，道德对自然性的肉体快乐或本能冲动之节制与引导当然并非是绝对的，容易存在反弹或起伏不定的情况，也就是说，即便是一个道德修养很高的人，其也可能存在某种偶发性的不自制。因此我们认为，在某特定事物上的间发性、程度较轻的不自制尽管会给一个人的总体性健全品质状态带来一定的消极作用，但应该尚未构成实质的伤害，其与美德之间似难以看作绝对的对立关系，特别是当一个尚处于美德修养起步阶段的人来说更是如此。由此来看，我们认为一个具有健全品质状态的有美德者身上可能会在某个领域存在某种程度较低的不自制品质。至于在多个领域的程度较为严重的不自制品质与美德间的关系问题，这恐怕要视特定个体的具体情况而定，理论上的探究似乎难以穷尽所有的可能情况。但一般来说，即便是在有限领域上的较为严重的不自制品质也会给一个人的总体品质状态带来极大的伤害，如不能尽早将之克服，这样的不自制品质就极有可能形成某种扩散效应，腐蚀与消解人的心性与意志力，从而使人难以拥有真正的美德。② 当然，不自制品质与美德间的关系问题在实际生活中的具体表现显然要比我们所说的要更为复杂，我们的探讨当然也只能是粗略性的。

三　恶的品质与美德之基本关系

"恶的品质"是对英文"vice"一词的翻译。"vice"来自于拉丁文"vitium"，原义为"堕落""缺陷"，意指不道德的、堕落的或低劣的品

---

① ［英］边沁：《道德与立法原理导论》，时殷弘译，商务印书馆2000年版，第57页。
② 严重的不自制品质可能引起个体具有某种极为强烈的激情或仇恨心理，从而毁灭了个体自身所具有的理智，阻碍了对美德的养成或持有，如古希腊悲剧的典型人物美狄亚（Medea），由于被自身所具有的激情所累，先后将自己最亲的人杀死从而铸成人生大错。

质习惯，大致上与罪（sin）、邪恶（wickedness）为同义词，通俗来说即是恶劣的品质。关于"vice"的翻译问题，也有论者认为应将之译为"恶性""恶行"或"恶德"。应该看到，在中国传统伦理术语或中国人的日常用语习惯中，往往是将拥有特定品质的人作为直接的评价对象，而很少将评价直接指向特定的品质本身，比如，我们往往将具有良好品质的人称为"君子""大丈夫"等，而将具有不良品质或者恶劣品质状态的人称为"小人""恶人"等。因此严格说来，将恶劣的品质无论是称之为"恶的品质""恶德""恶性""恶习"或"恶行"实际上都有一定的道理，但也都存在并非完全符合国人的语言使用习惯这一问题。我们将恶劣的品质特性称为"恶的品质"，并以之作为与英文 vice 的对译，其主要目的是想要凸显这种品质状态的恶的属性。当然正如前面已提到过的，为了讨论方便，我们有时又将"恶的品质"简称"恶品质"或"恶"，它们指向的即是具有恶劣性质的品质特性。

如果说，需要对"美德"概念的使用进行必要的限定，那么"恶的品质"这一概念的使用显然也有着同样的问题。在日常生活中，人们往往将不值得拥有的品质特性笼统地称为"坏的品质""不好的品质"或"恶的品质"，这实际上需要进一步的解说。亚里士多德在《尼各马可伦理学》中曾提道，"需要避开的品质有三种：恶、不能自制和兽性"[①]。也就是说，恶的品质、不自制及兽性其实都属于不值得提倡拥有的坏品质。然而，虽然恶、不自制和兽性都可称为坏品质，但它们在恶劣程度上还是有一定差别的。亚里士多德说道，虽然同样属于坏品质，但恶、不自制与兽性在恶劣程度上是不同的，其中恶的品质在恶劣程度上最为严重。为什么这样说呢？在亚里士多德看来，不自制由于还保存着"好的始点"，自然要好于恶的品质。问题是，亚氏认为即便是兽性品质也要比恶的品质要好，兽性之所以要好过恶，是因为兽性本身并没有渗入努斯（即理性）的作用，因此在兽性品质那里灵魂中的理性认知并没有被

---

① ［古希腊］亚里士多德：《尼各马可伦理学》，廖申白译，商务印书馆2003年版，第191页。

扭曲而只是一种缺位。① 也就是说，在亚里士多德看来，出于兽性所引发的恶由于没有人灵魂中理性的参与和作用，因而由之而来的恶行很可能只是出于一种本能或冲动，而没有理智上的根源，因此由兽性而来的为害是"没有始因的"，因而其所造成的为害（至少从道德角度来说）也相对较小，"没有始因的恶总是为害较小，而努斯就是一个始因"②。这样来看，关于何谓恶的品质的问题，我们显然需要对之进行进一步的阐释，以避免由于语言使用习惯而带来的某种模糊性问题。

　　亚里士多德曾说过，"小恶就比大恶好些"③。因此，要认识到何谓真正的恶品质，显然就需要谈及恶品质的分类及恶品质所具有的基本特质等问题。从伦理学史的角度来看，在恶品质分类问题上做出较大贡献的首先是基督教。在基督教哲学家看来，从"恶"所产生的根源来看，"恶"可划分为源于肉体感官所产生的恶与源于精神而产生的恶。基督教哲学家认为，虽然源于肉体感官而产生的恶也属于有罪的范畴，但它在恶的程度问题上却要小于源于精神而产生的恶，作为纯粹的精神上的恶被看作是最为邪恶的东西。④ 也就是说，从基督教神学立场来看，源于肉体感官的恶要好于源于精神思想的恶，对感官肉体之恶的克服显然要比对精神思想之恶的克服要相对容易，而且肉体感官的恶往往是由人对自身情感欲望的某种不自制所造成的，这样的人虽然可恶，但并非是不可挽救的；与之不同，精神思想上的恶是人在灵魂深处对上帝的抗拒与亵渎，是人精神思想上的一种不敬，因此具有精神上恶品质的人与上帝之距离最为遥远。不难看出，基督教神学对恶品质的分类，主要是为其宗教信仰服务而做出的一种分类。罗伯特·亚当斯对恶品质的分类相比较来说要更加多样，在他看来，所谓的恶品质可以分为这样四种：第一种是软弱与过度之恶（vices of weakness and excess），前者是指由意志软弱、立场不够坚定与实际的或潜在的善相对立而导致的恶，后者是由于缺乏自我控制力而导致的恶；二是撒旦的邪恶（Satanic wickedness），实

---

① ［古希腊］亚里士多德：《尼各马可伦理学》，廖申白译，商务印书馆2003年版，第208页。
② 同上。
③ 同上书，第136页。
④ "vice", in Wikipedia, the Free Encyclopedia, http://en.wikipedia.org/wiki/vice.

际上指的是恶人之恶,其最值得注意之处是拥有这种恶品质的人是以一种平常心来看待所谓的恶,即在这样的人那里,恶与善之间被看作同样的东西,其典型形象是撒旦;三是恶毒(malice),是指并非是为了某种有用目的而追求恶,而是为了恶本身的缘故而追求恶,这一类型的恶有残忍、复仇与幸灾乐祸等;四是冷酷与冷漠之恶(vies of ruthlessness and indifference),指的是对可能引起的伤害无动于衷或对避免可能引起的伤害漠不关心。[1] 不难看出,亚当斯的分类主要是侧重于从恶品质本身所蕴含的恶在程度上的不同而做出的分类。江畅从具有恶品质之人所可能带来之为害对象出发,将恶的品质划分为害己的恶、害他的恶、害群的恶以及害(环)境的恶。其中害己的恶指的是那些有害于具有者自己更好生存的恶品质;害他的恶指的是有害于具有者有关的他人,从而有害于具有者本人生存所需要的和谐人际关系的恶品质;害群的恶指的是有害于群体和平稳定、繁荣昌盛的恶品质;害境的恶指的是有害于环境舒美和友好的恶品质。[2] 不难看出,江畅的分类主要是基于拥有恶品质的人所可能伤害的对象而对恶品质所做出的分类,这样的分类有助于我们把握具有不同的恶品质所可能形成的不同伤害。

在我们看来,上述关于恶的品质的不同分类实际上都有其合理之处,但当然也存在一定的问题,但这里我们不打算进行更为深入的探究,因为我们所需要的并非是一种关于恶品质的更加详尽合理的分类,我们所需要的实际上只是通过这样的一种分类,为我们对恶品质的基本特质之把握提供某种帮助。我们认为,作为一种能够持续地产生恶行的品质特性,恶品质本身当然有其特定的结构及相应的内在构成要素,正是这些内在构成要素及其作用决定了恶品质所具有的基本特质。我们知道,恶品质是一种与美德相对立的品质,因此,恶品质在所包含的基本构成要素问题上就应该是与美德所包含的基本构成要素形成一种相反的对应关系。更具体而言,第一,恶的品质具有不好的或者说邪恶的价值目标指

---

[1] Robert M. Adams, A Theory of Virtue: Excellence in Being for the Good, New York: Oxford University Press, 2006, pp. 36–47.

[2] 江畅:《德性论》,人民出版社2011年版,第95—96页。

向，或用亚里士多德的话说，"德性保存着始点，恶则毁灭始点"[1]。也就是说，具有恶品质的人其价值观念指向无疑是存在极大偏差的，其所向往与追求的并非是善的而是恶的事物，因而恶品质与善的价值指向可以说是完全抵牾的，或许是因为这个原因，亚氏认为不能自制者的作恶不是出于选择，而具有恶品质之人的作恶则是出于选择。[2] 恶品质拥有一种与善相对立的价值倾向或价值承诺，这一点已为珍妮·波特所认识到，在她看来，"真正的恶与美德之间的对立揭示了这一最为浅显而却又为真的道理：决定个人生活形象的并非是他所具有的系列品质特性，而是这些品质特性所蕴含的基本倾向和承诺"[3]。与之相关，我们不难知道，由于具有恶品质的人缺乏拥有善的价值指向这一观念因素，所以这样的人当然也不可能取得所谓的实践智慧，也就是说，恶人有可能会是聪明的，但不可能会是明智的。第二，恶品质往往具有相应的负面情感附着，这种负面的情感附着使得具有恶品质的人在其作恶过程中不是感到某种愧疚，相反是感到一种心安理得，"恶劣品质的一个关键性特征是，个人在他（或她）的为害行动中感到完全的心安理得"[4]。也就是说，在具有恶品质的人看来，作恶不仅被认为是难以抗拒的，而且还被认为是再为正常不过的事情。这样来看，在具有恶品质的人那里，他（或她）会对其恶行产生一种"自我辩解"（self-justification）的现象。因而，对他们来说，作恶之后并不会产生常人所具有的那种悔恨心理，由此可见其内心深处体现出对恶的完全接纳与认同，"邪恶之人在其意志与欲望之间并无冲突的存在，因为他们已经养成了某种第二天性，这种第二天性使得他们全身心地参与到各种恶行当中，他们认为这样的行动并无不妥"[5]。

以上讨论表明，恶的品质在价值指向、情感附着等方面均与美德形成了截然的对立，从这样的角度来看，我们认为恶品质与美德之间是一

---

[1] ［古希腊］亚里士多德：《尼各马可伦理学》，廖申白译，商务印书馆2003年版，第212页。

[2] 同上。

[3] Jean Porter, "The Unity of Virtues and the Ambiguity of Goodness", Journal of Religious Ethics, 1993, 21 (1), p. 159.

[4] Blaine J. Fowers, "From Continence to Virtue: Recovering Goodness, Character Unity, and Character Types of Positive Psychology", Theory of Psychology, 2008, p. 648.

[5] Ibid..

种完全的对抗或冲突关系。此外,之所以说恶品质与美德之间是一种完全的对抗或冲突关系,还在于恶品质之间也存在某程度上的相互关联的性质,我们可将其称之为"恶的关联性"(the connection of vices)①。应该看到,恶品质所具有的恶的价值指向、负面的情感附着本身当然也具有一定的跨领域性作用。在现实生活中,如果自暴自弃而任由自身的恶品质自由发展,那么恶品质就会由少而多、由弱而强,最后蔓延开来、不可收拾,比如贪婪往往容易导致不节制,不节制则又往往容易导致不正义。以此类推,有学者将这样的现象称之为"实践层面恶的统一性",即认为一种恶行往往容易导致另一种恶行,因此恶在实践活动领域具有某种扩散与渗透的效应。② 如果说恶的品质也和美德一样相互间具有一定相互关联的性质,且两者之间又是一种相互对抗的关系,那么就不难推断:一个具有恶品质的人显然难以拥有真正的美德,由此我们认为恶品质与美德之间难以共存于同一道德人格。当然,我们说恶品质与美德之间的不相容,更多是从一种根本性的本质层面而言的,而非是从一种具体的现象层面来说的,否则我们就难以解释一个不肖之徒经过努力而可能转化为一个好人或一个好人由于某种原因而转变为一个不肖之徒这一现象的存在。换言之,我们说一个具有恶品质的人难以拥有真正的美德,主要是指一个人如果养成了某种恶的品质,这一恶品质就会使得他(或她)形成对各种恶行的某种向往,恰是这种对恶的向往形成了对美德养成的某种阻遏作用,阿奎那已注意到了这一点,在他看来,一个人一旦有了恶的品质就意味着他"有了一种对其来说非常值得向往的目标,恰是由于对这一目标的向往,使得他不断地做出犯罪的行为举动"③。此外我们也可以看到,由于恶品质与美德之间是一种对抗性的关系,因此,养成任何一种恶品质都可以构成对既有的美德品质的某种破坏,"如果一个人具有一种恶品质,它就永远是实践任一美德的潜在障碍,而如果一

---

① 由于具体的恶品质之间实际上可能存在相互冲突的现象,所以尽管恶品质之间从根本上来说具有某种相互关联的性质,但我们却难以设想一个人可能具有所有的恶。因此我们在"恶"相互间的关系问题上,就不能说什么"'恶'的统一性",而只能说"'恶'的关联性"。

② Alexander Broadie, "Duns Scotus and the Unity of Virtues", Studies in Christian Ethics, 1999, 12 (1), p. 72.

③ Thomas Aquinas, Summa Theologiae, 2a2aeq. 153, art. 4.

种美德能被同一主体身上的某一道德品质所阻碍，那么它就不是真正的美德，因为它不能赋予主体以力量，这本是道德美德的本性所能做到的事情"①。

总的来看，在对自制、不自制及"恶"这三种非美德品质与美德间的相互关系进行分别考察的基础上，我们可以将先前所提出的美德统一论做进一步的完善，即我们认为美德间的统一是一种弱式的统一。更具体而言，在我们看来，一个人拥有任何一种主要美德，他（或她）将拥有与之相应的次要美德以及在很大程度上拥有其他的主要美德，并且在一定程度上拥有与其他主要美德相应的次要美德，除此之外，在其总体性的品质结构中还可能具有一定的自制品质及为数不多的且程度较轻的不自制品质，但这个人却不可能具有任何一种恶的品质。

第三节 道德个性与美德统一性的阈限

道德个性（moral personality）也可称之为道德风貌（moral style），一般指的是一个人在道德生活中所展现出的独特风格。从美德伦理的角度来看，我们又可以将所谓的道德个性理解为一个人在美德养成及美德行为中所展现出的独特风貌。我们前面提到，在强式美德统一论的语境下，人对各种美德的拥有是一种无差别的拥有，因此，不同的有德者相互间从理论上来看在美德的拥有问题上不应存在差别，也就是说，强式美德统一论在理论逻辑上否认了道德个性问题的存在。问题是，如果说美德的统一性学说难以容纳或解释现实道德生活中最为显明的道德个性的存在问题，那么，这样的学说之现实合理性显然也就值得存疑。

在我们看来，虽然强式美德统一论无法容纳道德个性的存在，但我们所主张的弱式美德统一论或有限美德统一论却并不存在这样的问题，也就是说，弱式美德统一论与道德个性问题之间可以说具有完全相容的关系。之所以说弱式美德统一论能够容纳道德个性的存在问题，是因为在弱式美德统一论的语境中，其所说的人对美德的拥有并非是无差别的

---

① Alexander Broadie, "Duns Scotus and the Unity of Virtues", Studies in Christian Ethics, 1999, 12 (1), p. 81.

拥有，因此，我们所主张的弱式美德统一论完全可以承认不同个体在美德的拥有问题上存在相应的个性差别。

从美德伦理的视域来看，所谓的道德个性有如下三个方面的表现形式：一是在不同道德主体那里其所突出地拥有的美德彼此间可谓并不相同；二是不同道德主体在同一美德的拥有上往往也存在程度不等的问题；三是同一道德主体的不同人生阶段在美德的具体拥有上往往也存在一定的差异。下面我们进行更为详细的讨论。首先，就不同的道德主体在其所突出地拥有的美德的不同来看，其所对应的是一个人在不同美德的拥有程度上所具有的个性。比如，有的人在仁慈美德的拥有上可能格外突出，但对正义美德的拥有程度则相对较低，而有的人则可能刚好与此相反，对正义美德的拥有比较突出，而在仁慈美德的拥有上则显得不足。其次，就不同道德主体在同一美德的拥有上存在程度不等的问题来看，其所对应的是即便是对相同美德的拥有，不同主体之间往往也呈现出较大的差异。比如，同样可称为拥有仁慈美德的人，不同的道德个体之间的仁慈美德在程度上往往是有所差异的，当然这也影响到他们在具体的仁慈行动中也有相应的不同表现。最后，就同一道德主体的不同人生阶段在美德的具体拥有上可能存在一定的差异来看，其所对应的是一个人在其不同人生阶段，所拥有的美德可能会发生各种可能的改变或变化，并由此影响其道德个性也可能随着时间的变化而有所不同，比如，一个人在年轻时候可能以其刚正不阿著称，但在年老时则可能变成一个以仁慈见长的老者。

从根源上来看，道德个性的产生主要有这样两个方面的原因：一是个体在美德修养上所付出的努力、对特定美德的重视程度等方面的差异；二是个人所处的特定环境、具体的人生际遇以及自身具有的先天禀赋等方面的差异，其中以所处的特定环境尤为关键。不难看出，道德个性产生的第一个根源与人的主观性因素具有较大的关联，而道德个性产生的第二个根源则主要与各种客观性因素有关。一般来说，对于与主观紧密相关的因素，人往往可通过自身觉悟与努力而可能加以改变，因此在这一方面人显然有较大的作用空间；与之不同，对于与客观性紧密相关的因素，人往往难以通过自个的单独努力而加以有效的改变，因此在这一方面人显然难有过大的作用空间。在我们看来，道德个性之产生根源及其特性的考察对美德统一性问题研究所带来的启示是：在现实道德生活中，美德间的统一存在着一定阈限的问题。为什么这样说呢？斯图亚特·汉普沙尔在论及萨特的自由选择案例时曾讨论了生活类型与美德养成间的关系问题。在他看来，不同的生活类型适合培养不同种类的美德，当然反过来不同的美德也只有在相应的生活类型中才能得到茁壮成长。比如，一个"二战"时的法国公民，如果他选择加入抵抗运动，那他很可能养成的是忠诚与献身的美德，但如果他选择留下来照顾家人，那他很可能养成的就是慈爱与奉献的美德。在汉普沙尔看来，这个世界上存在多样性的值得选择的且相互间无法替代的生活类型，每一种生活类型都适宜于养成相应特定种类的美德。① 汉普沙尔的分析表明：每一种生活类型都有其适宜养成的美德，因此将所有美德聚集于某一特定的生活类型显然是既无可能也无必要。应该看到，一个人在其有限的生命活动中，所可能选择的生活类型总是有限的，一个人对某一生活类型的选择，往往意味着对另一与之对立的生活类型的放弃。从这一角度来看，人所可能拥有的美德当然也不可能是没有条件的，即在现实生活中，一个人总是可能养成与某一生活类型相关的美德，而难以养成与所选择的生活类型相对立的另一生活类型所相关的其他美德，由此，尽管我们认为美德间具有某种统一性的关系，但美德间的统一显然也需要以人所可能选择的具体生活类型为其阈限。在我们看来，美德间的统一存在一种阈限的问题对于我们的美德统一性问题研究还有这样的启示：在现实的道德生活中，人对美德的拥有往往受某种客观因素之制约，因此我们不能以现实中人不可能拥有所有可能的美德而否弃美德的统一性学说，因为现实中人对某些美德的难以拥有很可能只是生活本身所存在的某种局限使然，而与美德自身的特性无关。②

---

① Cary Watson, "Virtues in Excess", Philosophical Studies, 1984, 46 (1), p.64.
② 在《迈向正义与美德：实践推理的建构性解释》一书中，奥诺拉·奥尼尔提到，真正的隐士不可能是一位喜好调查的记者，或者说与某些不同类型的"生活"之间实际上是相互排斥的，因此，选择某一"生活"意味着只能对另一"生活"的放弃，而不同的生活选择意味着对不同的"卓越"的养成，"我们不能同时追求约定俗成的妻子的卓越和边疆开发者的卓越，因为妻子着重于家庭的活动，而边疆开发者则着重于某些冒险活动"（参见［英］奥诺拉·奥尼尔：《迈向正义与美德：实践推理的建构性解释》，应奇等译，东方出版社2009年版，第216页）。

实际上，我们在第一章的相关讨论中曾提到，在美德的统一性辩护问题上，我们的主要目的不是要得出一种可为人们普遍接受的美德统一论模式，我们的主要目的毋宁是：通过对美德统一性的辩护与探讨，以实现对美德之本质、美德与其他非美德品质间的关系以及美德伦理所相关的其他理论问题的进一步把握。当然，美德的统一性问题研究不仅有其相应的理论价值，而且还有其特定的实践意义，也就是说，美德统一性问题研究与我们的道德生活与社会生活也有着十分密切的关联。

第 六 章

美德统一性学说之现实关切

美德的统一性学说之现实关切，指的是美德统一性问题研究及其理论成果对我们的道德生活乃至社会生活所可能具有的启示意义或指导价值。在我们看来，美德的统一性学说之现实关切主要体现在该学说对日常道德生活、美德教育以及人之自由全面发展具有相应的启示或指导。

第一节 美德的统一性与日常道德生活

前面提到，与有些论者主张美德的统一性学说与人们的日常道德生活相距甚远这一观点相反，美德的统一性学说与人们的日常道德生活实际上具有更为切近的联系，或者说，人们的日常道德生活实际上难以脱离美德间具有一定统一性关系的考虑。之所以说人们的日常道德生活脱离不了美德间具有一定统一性关系的考虑，主要有如下几个方面的原因。

第一，在日常道德生活中，我们关于人的整体性道德人格评价离不开美德统一性观念的支持。恰如我们在第三章"失去统一性的美德困局"的讨论中所提到的，在日常的人际交往活动中，我们对所要交往的对象往往是有所选择与偏好的，我们总是选择某一类型的人作为自身喜好交往的对象。一般来说，我们往往更愿意与"好人"亲近而与"坏人"保持距离，而对所谓"好人"与"坏人"的把握显然就难以脱离美德统一性观念的支持。为什么这样说呢？在日常道德生活中，我们往往将一个在道德上总体表现良好的人称为"好人"，而将一个在道德上总体表现令人失望的人称为"坏人"或"恶人"。对于一个被称为"好人"的人来说，我们不仅只是要肯定他（或她）拥有某一特定美德，而且我们还相信或期望他（或她）在拥有这一特定美德的同时也能够拥有其他的相关美德，"我们不只是期望一个拥有勇敢美德的人可靠地、可预期地做出勇敢的行为，而且我们还期望勇敢的人同时还具有仁慈或诚实的美德，我们确实是这样期待的"[①]。反之，如果我们发现一个一贯被认作"好人"的人突然之间做出某种极为卑鄙、恶劣之事，我们显然会感觉到某种惊讶或奇怪，觉得这应该是不可能发生的事情。这样看来，我们的日常道德评价活动实际上就隐含着美德间相互统一的承诺，即在日常道德生活中，我们在对一个人的整体道德人格进行评价或认定时，我们往往隐含了某种美德统一性的观念，而离开了这一观念的支持，我们在日常生活中对人之整体性道德人格评价就失去了相应的学理依据，而沦为无根的猜测。从这样的角度来看，在美德的统一性问题研究上，我们试图为美德的统一性提供一种更为合理的辩护，实际上也在客观上为我们日常的整体性道德人格评价与认定夯实相应的根基。

第二，认识到美德间具有某种统一性的关系，有利于我们在日常道德生活中秉承一种相对理性的道德态度，从而有利于我们自身道德理性的培养。我们知道，一方面，虽然美德本身不可用于邪恶或不正当的行为目的（即美德是不可被不正当使用的），但拥有美德的人却可能会由于某种原因而做出错误的行为举动；另一方面，即便是一个十恶不赦之徒，实际上也不可能总是明目张胆地去做坏事。相反，有时为了掩盖自身罪恶或为了达到某种目的，这样的人也会假装以好人所特有的方式行事。也就是说，有时好人难免会做出错事，而坏人有时也可能会假装行善。从这样的情况来看，我们如果仅仅以一个人的个别性外在行为来推断其自身人格的道德性质，显然难免会遇到一定的困难甚至容易犯下错误。在这样的情况下，我们往往需要有一种较为简便的方法来推断一个人整体道德人格的优劣性质，而对人道德人格的整体性把握显然又离不开美德统一性观念的支持。从这样的角度来看，借助于美德统一性的观念，我们在日常人际交往中实际上就能够取得一种道德上的辨别技能，或者说，借助于美德统一性的观念，我们在日常道德生活或人际交往中就可获得一种道德上的理性能力，当然也可将之称为一种道德上的"智慧之

[①] Rosalind Hursthouse, On Virtue Ethics, New York: Oxford University Press, 1999, p.155.

眼",借由这一"智慧之眼",能够帮助我们恰当地看待好人身上的"劣行"或恶徒身上所可能具有的"善行"。比如,当我们观察到一个一贯地表现良好的人突然做出某种被认为是不耻之事时,我们这时候就需要冷静地想一想:这到底发生了什么?我们需要核实一下这种情况下这位一贯表现良好的"好人"所做出的行为举动之具体缘由或背景,而不应急于做出判断,更不应急于对之加以痛斥而后快,正如赫斯特豪斯所提醒我们的,"可能是我们将它(指所观察到的意外性的劣行——引者)错认为是一种道德上的劣行,兴许它只是我们所罕见的非典型行为,或它兴许只是一个人在面对极端性诱惑或极端性环境下由于意志软弱所做出的行为"①。反之,一个平时劣迹斑斑、被众人认为是品质败坏之徒也可能为了某种目的而讨好他人,这时候他就很可能就会有针对性地假装"行善",对于这样的人我们就需要保持某种警惕,因为依据我们所辩护的学说来看,一个品质恶劣之徒当然不可能拥有真正的美德,因而其所谓的"行善"就很可能只是他所实施的一种有意行为而已。②

第三,我们主张美德间具有某种统一性的关系,但我们也认识到美德间的统一是一种弱式的统一或有限的统一,因此我们认为人在美德的拥有问题上并非是一种"全有或全无"式的拥有。由此来看,我们认为人对美德的拥有虽然并非是孤立零散式的拥有,但却又并非是一种无限的拥有。因此,对于一般的有美德者来说,其在美德的养成问题上似乎总是处于一个学习者的过程。③ 而从先前的论述可知,我们所辩护的美德统一性学说不仅承认真正的有美德者可能会由于某种原因而犯下道德上的错误,而且也承认真正的有美德者在其总体品质状态中还可能存在一定的"杂质"——即这样的有美德者在拥有美德品质的同时还可能具有一定的自制品质或轻度的不自制品质,甚至不能完全排除拥有少数较为严重的不自制品质的可能。因此,我们所辩护的美德统一性学说除了有

---

① Rosalind Hursthouse, On Virtue Ethics, New York: Oxford University Press, 1999, p.156.

② 我们这里并不是要否定一个人可存在"改过迁善""浪子回头"的可能,毋宁是说,在这样的一种情况下,我们应该对有如此表现的人保持警惕性的持续观察。

③ 这里我们并非是要否认所谓的道德圣贤(即完全的美德者)的存在与价值,我们所要表达的是:对于一般人来说,在其有限的生命活动与有限的精力付出的前提下,其对美德的追求应是无止境的。

助于人们在日常道德生活中养成某种道德理性能力之外,也有助于人们在日常道德生活中养成某种道德上的宽容之心。

总的来说,美德的统一性学说与我们日常道德生活并非是毫不相干的,美德的统一性观念应该说在我们的日常道德生活中时刻发挥着重要的作用,从而使得脱离开一种美德间相互统一的话语背景,我们的某些道德活动或道德认知实际上便因此而失去相应的理论辩护或观念支撑,最终可能对这些活动或认知造成某种不利的影响。

第二节　美德的统一性与美德教育

我们知道,人的美德养成及其完善离不开一定的美德教育,没有经受过有目的性的美德教育的人往往只能养成各种自发性的非成熟美德,而难以养成真正的美德。需提到的是,美德教育的讨论首先涉及美德是否可教的问题,而在美德是否可教的问题上,中西方传统哲人对此曾有过不同的看法。在我国传统儒家看来,人是万物之灵,人最为可贵之处即在于其道德价值与道德生命,而通过恰当的教育与积极的修养,理论上每个人最终都可以在美德的养成问题上实现最高的境界,恰如孟子所说,"人皆可以为尧舜"(《孟子·告子下》)。与我国传统儒家对美德教育持一种的乐观态度不同,古希腊哲学家苏格拉底曾在此问题上表达了一种相异的立场。在与智者普罗泰戈拉的争辩中,苏格拉底认为,如果说美德是可教的,那么我们就不仅需要承认美德是一种知识,而且还需要承认这个世界上存在能够将这种知识传授给学徒的教师。但在苏格拉底看来,即便我们承认美德是一种知识,我们也无法找到能够将这种知识传授给他人的教师,所以美德是不可教的。[①] 当然,关于苏格拉底为何一方面承认美德是一种"知识"而另一方面又否认美德是可教的,我们在第二章的相关讨论中已有论及,主要原因在于苏格拉底所说的"知识"

[①] 关于苏格拉底在"美德是否可教"这一问题上的具体立场,中外学界对此历来不乏争议,参见 1. 江畅《德性论》,人民出版社 2011 年版,第 600—603 页;2. 余友辉《美德可教吗?——苏格拉底哲学命题的美德教育悖论》,《道德与文明》2008 年第 3 期,第 62—65 页。

实际上包含了行动性的技能因素，所以并不能通过逻辑的讲授而"教"给他人。

从这样的角度来看，苏格拉底"美德不可教"的观点显然与其特定的哲学立场相关，在今天似已很难被视为一种合理的观点，相比较而言，中国传统儒家在美德教育问题上的看法显然具有更大的可取之处。应该看到，从一种宽泛的角度来看，现实生活中显然存在着各种各样的与美德相关的教育或锻炼。比如，人们往往通过语言鼓励、榜样示范、舆论影响、言语指摘等方式来对美德之养成施与一定的影响，这本身就可视为美德教育的一种方法或途径。此外，无论是美德自身抑或是各种具体美德其实都可以作为一种知识而存在，我们可以形成关于美德的知识，尽管对这样的知识之理解不可能取得绝对的一致，然而这样的知识显然是可教的——如在实际生活中，家长往往教导其小孩要诚实，并且告诉他们该怎样行动才能配称为一个诚实的孩子，这本身就说明各种具体美德在现实中显然可以作为一种知识而得到教授。当然，承认美德是可教的并不等于说美德可以通过教育而直接养成，更不等于说美德教育就一定可以收到预期的效果。美德教育要取得良好的效果，与美德教育的方法、受教育者所处的环境及其具体人生际遇甚或是偶然性运气等都存在一定的关系，特别是美德教育方法的是否科学与合理，可以说是决定美德教育能否取得预期效果之关键。

在我们看来，美德教育方法的是否科学合理，脱离不了对美德间具有一定统一性关系的考虑。我们可从以下两个方面进行具体的阐述。

首先，美德教育中的榜样示范法与美德的统一性观念具有极为紧密的关系。我们知道，美德教育在方法上往往需要借助于道德榜样或道德楷模的示范作用，通过道德榜样的垂范与人格魅力，为学习者提供一个学习与模仿的对象，恰是在这种学习与模仿过程中，使得学习者自身的美德养成不断趋于进步与完善。问题是，恰如我们已提到的，道德榜样之所以能够激起学习者的学习与模仿，所依赖的往往是其人格"美"所形成的某种吸引，否则就难以引起学习者的崇敬与向往。因此可以这样说，道德榜样可视为"真、善、美"的综合呈现，唯有可称之为"真、善、美"的道德榜样，才能够真正起到某种引领与示范作用，恰如有学者所言，"道德榜样具有感染人的强大力量。而道德榜样之所以能够感染人,就在于其内蕴着真、善、美三要素,是真、善、美的感性体现"①。从美德的存在与作用特征来看,一个人所拥有的美德越是丰富与完满,其所具有的美德就越是稳固,这样的美德所能起到的作用也就越是可靠;反之,一个人所拥有的美德越是不完满,则其所拥有的美德就越不稳固,这样的美德所起到的作用就越容易偏离常规。这样来看,一个人所拥有的美德越是完整与统一,则就越有可能保证所拥有美德的稳固与正常作用,因为这个人不仅获得了较为稳定的为善倾向,且其总体的道德人格还由于所拥有美德的完整与统一而呈现出某种美的特征。由此可以这样说,一个人所拥有美德越是完整与统一,则其总体的道德人格就越是能够呈现出"真、善、美"的特性,由此这样的人就越是有资格成为他人学习的道德榜样。易言之,道德榜样与美德拥有的完整与统一实际上是一体而两面的关系。这样来看,道德榜样之所以能够起到某种榜样或示范的作用,就在于其在美德拥有问题上的完整与统一,恰是其在美德拥有上的完整与统一,构成了他人学习与模仿的对象,中国传统所说的"见贤思齐焉"② 即为此意。在我们看来,贤者之所以能够让他人见而"思齐",无非就在于其所具有的是完整与统一的美德而使得自身总体人格形象呈现出某种美感,正是由于这种道德之美使得"贤者"具有某种感人的力量,从而使得他人产生一种崇敬与向往的趋向,促使他人致力于在美德养成方面向"贤者"看齐。当然,如果说所倡导的榜样或楷模本身并非为一个美德修养出众的人,相反在其总体的品质状态中存在这样或那样的缺陷,则这样的榜样或楷模就显然难以起到积极的引领作用。从这样的角度来看,脱离开一种美的统一性的观念,道德榜样的存在与作用便由此而丧失了理论上的依傍。

道德榜样在美德的拥有问题上需体现出完整而统一的特征方能起到其所应有的垂范作用,这一点对于我们的讨论具有极为重要的启发。第一,我们要树立与选择的道德榜样,应该是一个在美德拥有之数量与质量方面均为极为优秀的人,"道德榜样必须是在美德的数量与稳固程度上

---

① 吕耀怀:《道德榜样三要素及其局限》,《道德与文明》2008年第2期,第26页。
② "见贤思齐焉"这句话原出自《论语·里仁》,但常常也作为我们一般的日常生活用语出现。

都是最优秀的,我们在树立道德榜样时一定要谨慎,评判标准必须严格控制,宁缺毋滥"①。也就是说,我们在选择道德榜样时,必须选择在美德拥有问题上能体现高度统一的完满美德者。第二,我们应该避免将具有某种品质缺陷的人树立为道德榜样或道德楷模,哪怕这样的人在某一方面为社会做出了较大贡献或在某一方面有突出的表现,也就是说,我们所选择的道德榜样,主要应考虑的是其在美德养成上的优劣,而不应掺杂较多的功利性考虑。应该承认,道德榜样之所以能够作为榜样而起到使人向善的引领作用,显然并不在于榜样本身在现实生活中所取得的具体成就或为社会所带来的现实利益,而在于其总体品质状态的完满。在现实生活中,如果为了某种目的而将一个在某一方面(如成就或贡献)有突出表现、但总体品质状态尚难以令人满意(或尚未得到确定)的人树立为广大民众的学习榜样,这样不仅难以起到有效的引领作用,甚至还存在巨大的风险,因为这样的"榜样"一旦由于自身品质方面而出现道德上的问题,就很容易引起人们的某种反感,给社会总体道德风尚的塑造带来极大的伤害。总的来说,由于美德间具有某种相互统一的关系,因而,只有在美德拥有问题上体现完整与统一特征的人才有可能拥有较为完美的道德人格,也只有这样的人才应该被树立为供他人学习与模仿的榜样或楷模。

其次,美德教育的方法与美德的统一性问题也有极为紧密的关联,也就是说,考虑到美德间所具有的某种相互统一的关系,我们在美德教育方法的问题上也要对此有所回应。第一,由于美德间具有某种相互统一的关系,某一美德的存在与作用在一定程度上难以离开其他美德的在场与作用,那么我们在美德教育问题上就应采取一种相对全面而平衡的教育方法,而应避免某种片面而失衡的美德教育。在现实生活中,有些家长为了培养自个孩子某一方面的能力,可能会在孩子的美德教育问题上体现出某种选择性的偏爱,由此导致在美德教育问题上的某种片面化取向。比如,有的家长往往只强调孩子在某一美德(如勇敢美德)上的锻炼与实践,而忽视对其进行其他美德相关的教育,这样的做法不仅可

---

① 赵永刚:《道德榜样背后的两个伦理学理论问题——论美德的统一性与连贯性》,《北京交通大学学报》2010 年第 3 期,第 96 页。

能造成孩子难以真正养成真正的勇敢美德,而且还容易给孩子的总体人格成长带来某种不利的影响。第二,如果说美德之间不仅具有某种相互统一的关系,而且这种统一在不同种类的美德那里有不同的具体呈现——比如,主要美德不仅在美德体系中具有引领性的支配作用,而且它们相互间所具有的是一种更为紧密的统一性关系,我们的美德教育方法就应该要有所侧重与取舍,将培养的重心放在主要美德的教育问题上。更具体来说,我们似乎更应侧重于主要美德的养成与教育,侧重于在主要美德之间实施一种相对均衡的养成与教育。而对于相应的次要美德,我们则应该依据学习者自身的特定情况而采取相对灵活的安排,最终目的是要在美德的教育问题上做到"因材施教",从而提高我们美德教育的实效性与科学性。

总的来说,我们认为美德是可教的,当然美德教育也要注意方法上的科学与合理问题,而美德间所具有的一定程度的相互统一显然是实现科学与合理的美德教育所应考虑的重要因素。

第三节 美德的统一性与人的自由全面发展

从词源学上来看,今天的 virtue 一词可追溯至古希腊的 αρετη,该词词根 Αρηξ 是指希腊战神阿瑞斯,为了方便讨论,我们常常取其拉丁写法 arete,因此 arete 从词根上来说有男子气概、英武神勇之意等。随着历史的发展,arete 的含义逐渐地得到拓展,用来泛指任何事物在各自功能上的卓越或优长,从这个意义来说,arete 之原意实际上可等同于宽泛意义上的卓越(excellence)。[①] 作为一种宽泛意义上的卓越,希腊人认为每一事物都可以说有自身特定的 arete,指的是某一事物自身特定功能的一种卓越状态或完满实现,如一匹赛马的 arete 在于其速度,而一把刀的 arete 则是其锋利,所有事物都有其特定的作用或功能,因此所有事物都应有自己的 arete,"一个履行社会指派给他的职责的人,就具有相应的 arete。具有不同职责或角色的人具有不同的 arete,比如,国王的 arete 是治理的

[①] 赵永刚:《美德的实在性研究》,武汉大学出版社 2017 年版,第 252—253 页。

才能，武士的 arete 是勇敢，妻子的 arete 是忠诚，等等"①。当然，当 arete 被应用于类层面的人时，它就意味着一个人拥有尽可能多的优点，正如基托所指出的，如果 arete 这个词用在人身上，在一般语境中，"它意味着人所能有的所有方面的优点，包括道德、心智、肉体、实践各个方面"②。从希腊人的观点来看，一个人的 arete 越是突出，则表明他在各个方面就越是拥有了卓越或优秀，这样的人实际上也可以说是一位全能者，如《奥德赛》中的主人翁奥德赛（又译奥德修斯）便是一个无所不通、无所不精的人物，这表明他所拥有的 arete 是无与伦比的。作为 arete 一词的现代继承，virtue 虽在含义上已与之有较大差别，但 virtue 显然保留了 arete 一词最为核心的东西——卓越，虽然 virtue 意指的仅是人在道德品质上的卓越而不再的是人在所有领域中的卓越。由于美德（virtue）本质上是一种卓越，由此来看，一个人所拥有的美德越是完整与完善，则我们可以说这个人在道德品质方面上越是卓越，与此相应，这样的人的总体人格当然也可以说就越是健全。人格健全是一个人实现自由与全面发展的重要保障，由此我们认为，一个人所拥有的美德越是完整与完善，就可以说这个人就越有机会实现自身的自由全面发展，反之则不然。由先前的讨论可知，美德拥有的完整与完善实际上也可以说是人对美德拥有的完整与统一，或者这样说，美德拥有的完整与完善可看作是美德的统一性在现实中的具体落实，而美德统一性观念把握之主要意义实际上就在于它有助于人在美德养成问题上的完整与完善。由此可以这样推断：美德的统一性观念与人的自由全面发展之间存在着一种紧密的关系，即通过对美德统一性观念的把握，有助于我们对美德拥有的完善，进而有助于实现我们自身的自由全面发展。

应该提到，关于美德拥有与人的自由全面发展间的关系问题，当然也有一些学者提出不同的看法或质疑，可归结为这样的两种观点：第一种观点认为尽管承认美德的拥有有助于一个人实现其自身的自由全面发展，但认为在现代社会里，人在美德的拥有问题上遭遇到了极大的问题，认为现代社会中人们似乎难以获得所谓的真正美德，更不用说是对美德

---

① ［美］麦金太尔：《伦理学简史》，龚群译，商务印书馆2003年版，第31页。
② ［英］基托：《希腊人》，徐卫翔、黄韬译，上海人民出版社1998年版，第222页。

的完备拥有了,其所指向的是美德拥有在现代社会中的可能性问题;第二种观点相比于第一种观点来说显得更加激进,这种观点认为美德伦理之所以在近代以来遭遇边缘化的命运,其原因就在于美德伦理与现代社会存在诸多抵牾之处,美德的拥有不仅缺乏可能性,实际上也无太大必要,其所指向的美德拥有在现代社会中的价值合理性问题。不难看出,如果在现代社会中美德的拥有既无可能也无必要,那么我们关于美德拥有与人自由全面发展间的关系探讨实际上也就失去了相应的意义,因此有必要对这样的观点予以相应的回应。

首先是美德拥有在现代社会中的可能性问题。应该看到,相比于传统社会,现代社会在社会分工、职业划分、生活领域等方面都呈现出结构性和深层次的分化状态,其结果不仅造成人的生活世界的部门化,而且还造成了人际生活的相对封闭,导致现代社会中人与人间关系的原子化倾向(即所谓的陌生人社会),使得在这样的一种社会环境里,美德所赖以生长的土壤似已悄然丧失。更为严重的是,在现代社会的生活背景中,一个人所可能扮演的角色以及所可能占据的社会地位很可能面临着频繁的变换而呈现出较大的不确定性,如此,现代社会中个人的生活似乎已丧失了其连续的统一性的特征。个人生活在现代社会所呈现出的某种非统一性特征,使得个人在这样的生活状态中,其自身的统一性特征似乎就难有保障,已有论者认识到这一点,"现代社会生活节奏不断加快,社会交往变得空前广泛和普遍,这导致了人们角色身份由基本确定转变为不断变换状态……如此,个人的一生就可能被分割为不同时期甚至不同部分,人生的统一性也很难真正完成"[①]。应该看到,所谓的"人生的统一性"指的是个人在角色身份、自我认同与社会地位等方面的统一与连贯,也可以理解为通常所说的"自我的同一性"。对于在现代社会中自我之同一性有丧失之危险,麦金太尔在《追寻美德》一书中也有论及,在他看来,现代社会的自我可被称之为一种"情感主义者的自我","这种不具有任何必然的社会内容和必然的社会身份的、民主化了的自我,可以是任何东西,可以扮演任何角色、采纳任何观点,因为它本身

---

① 李建华、胡祎赟:《德性伦理的现代困境》,《哲学动态》2009 年第 5 期,第 38 页。

什么也不是、什么目的也没有"①。依据麦金太尔的理解，所谓的"情感主义者的自我"是一种已丧失了确然身份与历史依附的自我，这样的自我没有先前所有的统一与连贯的特征，只不过是角色之衣借以悬挂的一个"衣架"，因此这样的自我可以是任何东西，实际上也可以反过来说，这样的自我什么都不是，所以说这种"情感主义者的自我"已丧失了任何必然的社会身份。②如果说现代社会中的自我已丧失了任何必然的社会身份，自我可以充当任何角色，个人在不断变化的角色生活中，其自身由此被认为失去了相应的同一性特征。在自我丧失同一性的语境下，原来所强调的通过养成某种稳定连贯的内在意向现在已经失去了依傍，与此相应，伦理致思就自然由强调特定内在品质的养成而转向外在行为的规范。由此可以看出，从伦理致思的视角来看，现代社会对自我同一性的破坏之逻辑结果是伦理致思由内而转向外，特定的内在品质要么被认为仅仅是起到某种辅助性的作用，要么被认为它们的生成在现代社会已丧失了相应的土壤。不难看出，后一种观点所指向的实际上就是美德拥有在现代社会中的可能性问题。

　　问题是，现代社会的种种变化是否真的构成了对人自身同一性之消解？或者说，在现代社会里，随着社会公共生活的不断扩张与个体私人生活的不断萎缩，人对美德的养成是否已失去了可能？我们对此表示怀疑。在《美德伦理与现代社会——回应美德伦理的现代困境论》一文中，龚群对所谓的美德伦理的现代困境问题做出过回应。在他看来，现代社会之巨大变迁实际上并没有真正铲除美德得以生长的土壤，"由于现代社会生活性质的变迁使得现代人与古代人在美德生活的特性上有了不同，也并不意味着现代生活的区分消解了美德……这是因为，不论是现代人的公共生活还是私人生活，就具有一定道德品性的个人而言，同样需要美德来维持"③。之所以如此说，在龚群看来，那是因为现代社会里，人的自我同一性实际上并没有随着现代社会的到来而完全消解，"现代社会

---

① [美]麦金太尔：《追寻美德》，宋继杰译，译林出版社2003年版，第40页。
② 同上书，第39—42页。
③ 龚群：《德性伦理与现代社会——回应德性伦理的现代困境论》，《哲学动态》2009年第5期，第42页。

生活领域的区分，并不意味着自我在人格上的碎片化，或自我同一性的消解……如果我们从个人的心理同一性、道德同一性、行为习惯的同一性这些精神心理上来看，情形似乎并不是这样"①。也就是说，在龚群看来，现代社会的种种变化实际上并不能构成对人自我同一性的真正消解。还应该看到，虽然以品质特性为料理中心的美德伦理学在进入近现代以来遭遇到种种责难，但随着社会的发展，美德伦理学不仅没有完全凋败，反而得到了强劲的复兴。在我们看来，从美德伦理由衰败而复兴的近现代发展历史来看：即便是现代社会，以品质特性为料理中心的美德伦理学仍然有其存在的正当理由与不可取代的价值。由此我们认为，如果说现代社会中美德伦理学遭遇到了困境，那恐怕只是某种特定类型的美德伦理学遭遇到了困境，而不是说美德伦理学本身遭遇到了困境。② 应该看到，就人作为一种在精神和心理方面均具有一定绵延与连贯特征的能动主体来说，现代社会的种种变化可能会给人精神和心理上的绵延性与连贯性带来某种冲击，但却不可能构成人精神和心理上的绵延性与连贯性本身的消解。此外，随着公共生活领域的不断拓展，私人生活空间在现代生活中受到了前所未有的挤压，但我们也不容否认的是，现代社会生活依然保留有私人生活空间的位置。实际上，不仅私人生活空间不可能因为公共生活领域的扩展而完全消解，即便是公共生活领域本身，实际上也难以完全抹除私人生活的渗入。由此来看，虽然现代社会的到来给美德的生长带来了一定挑战或不利，但却不能据此认为现代社会已完全铲除了美德生长的土壤。美德的养成与拥有在现代社会无疑是可能的，一个人所具有的内在品质状态依然是人们在交往活动中所要考虑的重要因素。总而言之，可以认为美德拥有在现代社会完全是可能的，人的内在品质状态在人们的日常交往活动中依然发挥着重要的作用，这也就解释了为何在历尽劫难之后，美德伦理学最终能以雄健之姿而迈上复兴之路。

---

① 龚群：《德性伦理与现代社会——回应德性伦理的现代困境论》，《哲学动态》2009 年第 5 期，第 43 页。

② 参见 1. 龚群《德性伦理与现代社会——回应德性伦理的现代困境论》，《哲学动态》2009 年第 5 期，第 43 页；2. 万俊人《关于美德伦理学研究的几个理论问题》，《道德与文明》2008 年第 3 期，第 23 页。

其次是美德拥有在现代社会中的价值合理性问题。我们知道，美德拥有是决定个体道德人格是否健全的关键因素，一个人所拥有的美德越是完整与完善，则其相应道德人格就越是值得赞慕，因此，如何才能拥有美德似乎从来就是哲学家们所极为关心的问题。然而，美德拥有之价值合理性问题在近现代以来受到了某些哲学家的质疑，极端者如尼采，在他看来，现实所鼓吹的各种美德无不意味着其拥有者的某种负担，因此，人们总是会通过鼓励他人拥有美德的方式来使得自己从中受利。尼采的非道德主义的美德观虽然并不罕见，[①] 但它却对传统的美德观念构成了鲜明的挑战——对行为主体来说，美德的拥有不是有利的，相反却是有害的。应该承认，相比于古代相对静态式的等级社会，现代社会是一个动态性的契约社会，也可以说它是一个强调个人本位与多元共存的社会，个人的自立自决及利益追求得到前所未有的推崇。同时我们也应该看到，正如前面已提到的，作为一种值得赞赏的特定品质特性，美德本身当然也可以看作是由社会所倡导的一种规范力量，美德之为"美德"，首先在于这样的"德"蕴含了个人所应担负的某种职责或义务，从这样的角度来看，美德的拥有某种意义上首先意味着个人对责任或义务的某种承诺，同时也意味着个人需对自身情感欲望有某种合理的节制。从道德与利益间的关系来看，伦理学往往面临着人我之间的不对称问题，即从伦理学的角度来看，道德常常将抑制自我而将他人放在一个更加优先的位置，此所谓道德的为他性特征。美德伦理学家或倾向于美德伦理的学者往往认为，人我不对称的问题仅适用于以义务为料理中心的规则伦理学，但却似乎并不适用于以品质特性为料理中心的美德伦理学，[②] 我们认为这显然是值得商榷的。虽然我们并不完全赞同美德只是外在规范内化的结果，但也应该看到，在各种不同的德目清单中，其中的主要美德

---

① 实际上，尼采的非道德主义美德观也可看作为一种极端利己主义的美德观，它们共同的地方在于认为美德之所以受到赞赏，是因为美德有利于他人而不是拥有者本人，对拥有者来说，美德实际上是一种负担或责任。如此，如果他人拥有美德而自己奉行利己性的行事准则，那么就可以起到某种"搭便车"的效应，对个人来说，就会得出"美德是好的，但应该在别人身上出现"的论断。

② 杨国荣：《伦理与存在——道德哲学研究》，华东师范大学出版社2009年版，第151—152页。

往往与社会的一些重要规范具有某种对应的关系，由此来看，道德上的人我不对称性问题显然也适用于美德，至少对大多数美德项目来说应是如此。如果说美德的拥有总是意味着某种责任，总是意味着自我对自身利益的某种放弃（或至少是节制），那么就难免会有人认为，在激烈的社会竞争环境下，美德拥有实际上就意味着某种自我淘汰。① 如果说美德的拥有总是自我的一种付出或牺牲，那么这实际上就意味着一个人所拥有的美德越是完善，其对相应主体来说就越是缺乏吸引人之处。② 也就是说，如果说美德拥有总是意味着相应拥有者的某种牺牲，那么所拥有的美德越是完整与完善，则意味着这样人所可能受到的禁锢就越大，其自身的自由全面发展就越是显得更加困难。

这里我们不打算对美德与利益间的复杂关系展开详细的讨论，③ 而仅就美德拥有与人的自由全面发展间的关系问题稍作展开。我们认为，现代社会中人的自由全面发展显然难以离开美德的完整与完善拥有。为什么这样说呢？由前述可知，美德不仅仅是人的一种品质特性，而是人一种卓越的品质特性，因此，美德的完善拥有是人格健全的重要保证，没有相对完整与完善的美德拥有，一个人就不可能取得相对健全的道德人格，而没有相对健全的道德人格，一个人当然也无从实现自身的自由全面发展。由此来看，美德拥有不仅不是对人自由全面发展的某种压制，相反，一个人所拥有的美德越是完整与完善，他（或她）就越是有可能

---

① 依据 Garret Hardin 的"公地悲剧"（the tragedy of commons）理论，在外部规范失序的情况下，对行为者来说拥有美德实际上意味着自我淘汰。从某种意义上可以说，现代社会虽然不失规定与规范，但总会存在失序的可能，因此有论者认为 Garret Hardin 的"公地悲剧"理论从一定意义上可应用于整个现代社会。

② 参见苏珊·沃尔夫：《道德圣贤》，载徐向东编《美德伦理学与道德要求》，江苏人民出版社 2007 年版，第 174—175 页。

③ 有的学者认为美德拥有只有"有利"的价值维度，我们认为这似乎有过度乐观之嫌，或至少应该具体情况具体分析。应该说，美德与利益间的关系问题极为复杂，我们拟在此问题上做概略性的探讨。一方面，正如我们所说的，美德自身包含着善的价值指向因素，由此，特定的美德往往有其特定的价值（利益）指向，但这样的价值（利益）所指向的首先是所在的群体与社会，其次才是相应的主体自身，甚至在有些情况下，美德的实施对相应主体来说往往有其相应的"代价"，这种情况下，我们如简单地说美德的拥有有利于或不利于其拥有者实际上都不合适；另一方面，至少是就某些美德来说，拥有它们又是人得以应对各种困难与弱点的依靠，美德的拥有从某种意义上来说又是个人成功不可或缺的条件，然而也应该看到，美德有助于个人成功只是从概然性的角度来说的。

获得自身的自由全面发展。前面提到，美德的完整与完善拥有难以离开对美德统一性观念的把握，美德的完整与完善拥有实际上也可以看作是美德统一性观念在现实的某种落实。从这样的角度来看，美德统一性观念的把握显然有助于人的自由全面发展的实现。也就是说，美德统一性观念的把握有助于一个人拥有的美德走向完整与完善，从而有助于实现人自身的自由全面发展。我们认为，美德的统一性观念及相应的理想人格，其最终指向的是一个自由全面发展的个性丰满之人。实际上，将美德的养成与拥有看作是个性发展的某种桎梏的论者，往往和他们所持有的某种错误的美德观念相关。在这些论者看来，所谓的"美德"就是"被赞美或被弘扬的品质"，如此，美德的清单就被等同于依据社会发展需要所陈列的规范清单，因此对这些美德的养成与拥有就意味着人的发展需被特定的具体社会发展任务所框定，如此美德的养成与拥有当然也就意味着对人的自由与全面发展的某种限定。应该看到，美德认定与普遍性的社会规范、人内在的道德理性以及一定社会的历史传承等都有着极为复杂的关联，所以我们所说的美德当然并不能简单地等同于所谓的"被赞美或被弘扬的品质"，或至少不能等同于依据某特定社会发展任务而被"赞美与弘扬的品质"。这样来看，将美德的养成与拥有与人的个性发展被禁锢相等同，实际上只是一种错误的美德观所作祟。

在我们看来，美德的拥有不仅并非现代社会中人的自由全面发展之桎梏；相反，现代社会本身的健康有序实际上也难以离开其社会成员的美德养成与拥有。我们知道，人类在进入现代社会以来的短短时间里就爆发了规模与惨烈程度都空前的两次世界大战以及惨绝人寰的种族大屠杀，这无情的事实促使哲人们思考这样的一个问题：人类的生存与发展问题是否已随着现代社会的到来而得到解决了呢，还是说现代社会的到来本身就加剧了人类所面对的生存与发展问题？不幸的是，通过对两次世界大战特别是第二次世界大战的观察与反思，哲人们倾向于一种较为悲观的论断。

在《道德的人与不道德的社会》一书中，尼布尔说道，"个体虽然有极为强烈的利己性的自然冲动，但由于人同时拥有理性的反思能力，且在个体的私人领域完全客观地运用理性是可能的，加之宗教信仰的帮助，人在个体领域可以很好地处理所出现的各种冲突；但我们却不能将对个体所持有的这种期待转移到社会（群体）身上，因为在社会领域，完全客观地运用理性是不可能的，利己的倾向在社会中难以得到克服，所以，社会领域的冲突不可避免"。[1] 与之相关，尼布尔认为，个人道德与社会道德之间存在着不可避免的冲突，我们应该发扬个人道德的力量，以抵制源于群体或社会所可能带来的各种破坏，"我们不能将个人之梯架到天国，但也不能不从不公正的暴政和腐败统治下拯救整个人类事业"[2]。也就是说，在尼布尔看来，克服社会的"不道德"要依赖于"有道德"的个人。无独有偶，在《现代性与大屠杀》一书中，齐格蒙·鲍曼针对人们对现代社会的某种过度乐观发出了警告，在他看来，通常人们认为大屠杀只是现代文明社会发展偏离常轨的结果，但实际上大屠杀只是现代文明社会发展的一个"正常产品"，是现代文明社会对理性计算的极端推崇之产物，"大屠杀的现象必须被看成是文明化趋势的合理产物和永久潜在可能"[3]。在对大屠杀所带来教训的总结中，鲍曼一方面向我们提出了警告，告诫现代社会中大屠杀从未真正远离我们，因此，需要对现代文明社会所可能具有的各种邪恶保持高度的警惕；另一方面，鲍曼又为我们指出了希望，这个希望就在我们每一个个人身上，是个人对邪恶的一种由衷的厌恶与拒斥。在鲍曼看来，哪怕对邪恶的拒斥可能会给我们造成高昂的代价，也总会有人由于自身的操守而选择道德而拒斥邪恶。不难看出，有的个人之所以能够坚持操守而拒斥邪恶，甚至为此付出惨重的代价也在所不惜，其中最为重要的原因无非就在于这样的个人属于美德拥有的卓越分子。可以这样认为，正是因为坚信现代文明社会中不乏众多的有美德者，鲍曼才敢于断言："邪恶不是全能的。它能够被拒之千里之外。"[4] 从以上的讨论中我们可以看到，现代社会的健康有序如脱离开其成员个体在美德拥有上的完整与完善就只能沦为空中楼阁，又或者说，个体的美德拥有本身可以看作是现代社会所可能具有的各种危害的

---

[1] ［美］R. 尼布尔：《道德的人与不道德的社会》，蒋庆等译，贵州人民出版社2009年第2版，第3—5页。

[2] 同上书，第162页。

[3] ［英］齐格蒙·鲍曼：《现代性与大屠杀》，杨渝东等译，译林出版社2002年版，第38页。

[4] 同上书，第268—269页。

解毒剂。总而言之，提高个人在美德拥有上的总体水平，促使个人在美德拥有上尽可能地走向一种完满的理想状态，既是个人的自由全面发展所需要，同时也是社会的健康有序发展所需要。

参考文献

中文文献

［1］［德］包尔生：《伦理学体系》，何怀宏等译，中国社会科学出版社1988年版。

［2］［英］齐格蒙·鲍曼：《现代性与大屠杀》，杨渝东等译，译林出版社2002年版。

［3］［英］齐格蒙·鲍曼：《生活在碎片之中——论后现代伦理》，郁建兴等译，学林出版社2002年版。

［4］［古希腊］柏拉图：《柏拉图对话集》（第一卷、第二卷），王晓朝译，人民出版社2002年版。

［5］陈来：《古代宗教与伦理》，生活·读书·新知三联书店2009年版。

［6］陈来：《宋明理学》，华东师范大学出版社2004年版。

［7］陈少峰编著：《中国伦理学名著导读》，北京大学出版社2004年版。

［8］［美］大卫·福莱：《从亚里士多德到奥古斯丁》，冯俊等译，中国人民大学出版社2004年版。

［9］高国希：《当代西方的德性伦理学运动》，《学术动态》2004年第5期。

［10］高国希：《德性的结构》，《道德与文明》2008年第3期。

［11］高兆明：《伦理学：理论与方法》，人民出版社2005年版。

［12］高恒天：《道德与人的幸福》，中国社会科学出版社2004年版。

［13］邓晓芒：《康德哲学讲演录》，广西师范大学出版社2006年版。

［14］弗洛姆：《为自己的人》，孙依依译，生活·读书·新知三联书店1988年版。

［15］［德］古斯塔夫·施瓦布：《希腊古典神话》，曹乃云译，译林出版社2010年版。

［16］龚群：《德性思想的新维度》，《哲学动态》2003年第7期。

［17］龚群：《德性伦理与现代社会——回应德性伦理的现代困境论》，《哲学动态》2009年第5期。

［18］黄希庭：《人格心理学》，浙江教育出版社2002年版。

［19］［英］基托：《希腊人》，徐卫翔、黄韬译，上海人民出版社2006年版。

［20］江畅：《德性论》，人民出版社2011年版。

［21］江畅：《西方德性思想史》，人民出版社2016年版。

［22］［英］安东尼·吉登斯：《现代性的后果》，译林出版社2011年版。

［23］［德］康德：《实践理性批判》，韩水法译，商务印书馆1999年版。

［24］［德］康德：《道德形而上学原理》，苗力田译，上海人民出版社2005年版。

［25］［美］克里斯蒂娜·科尔斯戈德：《规范性的来源》，杨顺利译，上海译文出版社2010年版。

［26］寇东亮：《德性概念的三层内涵》，《理论与现代化》2006年第6期。

［27］寇东亮：《德性伦理研究的当代视野》，《安徽大学学报》2003年第5期。

［28］劳思光：《新编中国哲学史》（1—3卷），广西师范大学出版社2005年版。

［29］李建华、胡祎赟：《德性伦理的现代困境》，《哲学动态》2009年第5期。

［30］李义天：《当代国内美德伦理学研究综述》，《南京政治学院学报》2006年第2期。

［31］李义天：《当代国外美德伦理学研究综述》，《南京政治学院学报》2007年第6期。

［32］李义天：《美德伦理学与道德多样性》，中央编译出版社2012年版。

［33］刘玮：《亚里士多德与当代美德伦理学》，《哲学研究》2008年第12期。

[34] 吕耀怀:《道德建设:从制度伦理,伦理制度到德性伦理》,《学习与探索》2002 年第 2 期。

[35] 吕耀怀:《道德单元》,湖南人民出版社 2008 年版。

[36] 吕耀怀:《道德榜样三要素及其局限》,《道德与文明》2008 年第 2 期。

[37] 吕耀怀:《规范伦理、德性伦理及其关联》,《哲学动态》2009 年第 5 期。

[38] [英] 罗素:《西方哲学史》(上卷),何兆武、李约瑟译,商务印书馆 1963 年版。

[39] [英] 罗素:《西方哲学史》(下卷),马元德译,商务印书馆 1976 年版。

[40] 黎良华:《美德与幸福:有益、阻碍抑或同一》,《齐鲁学刊》2011 年第 3 期。

[41] 黎良华:《苏格拉底的美德统一论探析》,《江汉论坛》2012 年第 5 期。

[42] 黎良华:《论柏拉图在美德的统一性问题上的矛盾立场及其缘由》,《大理学院学报》2014 年第 3 期。

[43] 黎良华:《论自然美德的界定、特征与意义》,《道德与文明》2017 年第 4 期。

[44] 黎良华:《朱熹天理观研究》,河南人民出版社 2017 年版。

[45] [美] 麦金太尔:《谁之正义?何种合理性?》,万俊人等译,当代中国出版社 1996 年版。

[46] [美] 麦金太尔:《三种对立的道德探究观》,万俊人等译,中国社会科学出版社 1999 年版。

[47] [美] 麦金太尔:《伦理学简史》,龚群译,商务印书馆 2003 年版。

[48] [美] 麦金太尔:《追寻美德》,宋继杰译,译林出版社 2003 年版。

[49] 石敏敏:《希腊人文主义》,上海人民出版社 2003 年版。

[50] 石敏敏、章雪富,《斯多亚主义(Ⅱ)》中国社会科学出版社 2009 年版。

[51] [美] 迈克尔·桑德尔:《自由主义与正义的局限》,万俊人等译,译林出版社 2001 年版。

[52] 田海平：《论柏拉图的美德伦理学》，《东南大学学报》1999 年第 3 期。

[53] 汤剑波：《追寻德性的统一——古希腊美德统一性问题》，《伦理学研究》2006 年第 4 期。

[54] ［加］查尔斯·泰勒：《现代性之隐忧》，程炼译，中央编译出版社 2001 年版。

[55] ［加］查尔斯·泰勒：《自我的根源：现代认同的形成》，韩震等译，译林出版社 2001 年版。

[56] 万俊人：《现代西方伦理学史》（上卷），北京大学出版社 1990 年版。

[57] 万俊人：《何处追寻美德》，河北大学出版社 2004 年版。

[58] 万俊人：《关于美德伦理学研究的几个理论问题》，《道德与文明》2008 年第 3 期。

[59] 万俊人：《美德伦理的现代意义——以麦金太尔的美德理论为中心》，《社会科学战线》2008 年第 5 期。

[60] 万俊人：《寻求普世伦理》，北京大学出版社 2009 年版。

[61] ［美］威·盖斯敦：《自由多元主义》，佟德志译，江苏人民出版社 2008 年版。

[62] ［英］休谟：《道德原则研究》，曾晓平译，商务印书馆 2001 年版。

[63] ［英］休谟：《人性论》，关文运、郑之骧译，商务印书馆 2005 年版。

[64] 肖群忠：《美德诠释与美德伦理学研究》，《广西民族大学学报》2006 年第 5 期。

[65] 徐向东：《美德伦理学与道德要求》，江苏人民出版社 2007 年版。

[66] ［英］亚当·斯密：《道德情操论》，余涌译，中国社会科学出版社 2003 年版。

[67] ［古希腊］亚里士多德：《政治学》，吴寿彭译，商务印书馆 1965 年版。

[68] ［古希腊］亚里士多德：《亚里士多德选集·伦理学卷》，苗力田编，中国人民大学出版社 1992 年版。

[69] ［古希腊］亚里士多德：《尼各马可伦理学》，廖申白译，商务印书

馆 2003 年版。

[70] 杨国荣：《伦理与存在——道德哲学研究》，华东师范大学出版社 2009 年版。

[71] 杨国荣：《孟子的哲学思想》，华东师范大学出版社 2009 年版。

[72] 杨豹：《当代西方德性伦理思想探讨》，《重庆社会科学》2007 年第 7 期。

[73] 杨豹：《当代西方德性伦理的思想特色》，《道德与文明》2008 年第 3 期。

[74] 余纪元：《德性之镜：孔子与亚里士多德的伦理学》，林航译，中国人民大学出版社 2009 年版。

[75] 余纪元：《新儒学的〈宣言〉与德性伦理学的复兴》，《山东大学学报》2007 年第 1 期。

[76] [美] 约翰·罗尔斯：《正义论》，何怀宏等译，中国社会科学出版社 1988 年版。

[77] [英] 约翰·穆勒：《功利主义》，徐大建译，上海人民出版社 2007 年版。

[78] 曾钊新、李建华：《道德心理学》，中南大学出版社 2002 年版。

[79] 詹世友：《对道德美德的哲学分析》，《人文杂志》2001 年第 2 期。

[80] 詹世友：《论美德的特征及其意义》，《道德与文明》2006 年第 2 期。

[81] 赵永刚、吕耀怀：《美德伦理学与情境主义》，《道德与文明》2009 年第 4 期。

[82] 赵永刚：《道德榜样背后的两个伦理学问题——论美德的统一性与连贯性》，《北京交通大学学报》2010 年第 3 期。

[83] 赵永刚：《美德伦理学与"自我—他人不对称"观点》，《河北大学学报》2010 年第 3 期。

[84] 赵永刚：《美德伦理学：作为一种道德类型的独立性》，湖南师范大学出版社 2011 年版。

[85] 赵永刚：《美德的实在性研究》，武汉大学出版社 2017 年版。

[86] 赵汀阳：《论可能生活》，中国人民大学出版社 2010 年版。

[87] 张传有：《伦理学引论》，人民出版社 2006 年版。

[88] 张传有:《托马斯:德性伦理学向规范伦理学转化的中介》,《华中科技大学学报》2005年第5期。

[89] 张传有:《亚里士多德伦理学与现代德性伦理学的建构》,《社会科学》2009年第7期。

[90] 张春兴:《现代心理学——现代人研究自身问题的科学》,上海人民出版社2005年第2版。

[91] 张国立、赵永刚:《论三种美德伦理学观》,《江西社会科学》2009年第6期。

[92] 朱贻庭主编:《中国传统伦理思想史》,华东师范大学出版社1989年版。

[93] 张光华:《论德性的统一性》,《江汉论坛》2008年第9期。

英文文献

[1] Robert M. Adams, A Theory of Virtue: Excellence in Being for the Good, New York: Oxford University Press, 2006.

[2] Julia Annas, The Morality of Happiness, New York: Oxford University Press, 1993.

[3] G. E. M. Anscombe, "Modern Moral Philosophy", Philosophy, 1958, 33 (124), pp. 1 – 19.

[4] Robert Audi, "Acting From Virtue", Mind, 1995, 104, pp. 215 – 221.

[5] E. M. Atkins and Williams Thomas (eds.), Thomas Aquinas Disputed on the Virtues, Cambridge: Cambridge University Press, 2005.

[6] Neera K. Badhwar, "The Limited Unity of Virtue", Noûs, 1996, 30 (3), pp. 306 – 329.

[7] Jonathan Barnes (ed.), The Cambridge Companion to Aristotle, New York: Cambridge University Press, 1995.

[8] A. M. Baxley, "The Price of Virtue", Pacific Philosophical Quarterly, 2007, 22, pp. 403 – 423.

[9] Lawrence C. Becker, "The Neglect of Virtue", Ethics, 1975, 85 (21), pp. 110 – 122.

[10] Lawrence C. Becker, "Unity, Coincidence and Conflict in the Virtues",

Philosophia, 1990, 20 (1 – 2), pp. 127 – 143.

[11] Lorraine Besser-Jones, "Social Psychology, Moral Character, and Moral Fallibility", Philosophy and Phenomenological Research, 2008, 76, pp. 310 – 332.

[12] Michael S. Brady, "The Value of the Virtues", Philosophical Studies, 2005, 125, pp. 85 – 113.

[13] Alexander Brodie, "Duns Scotus and the Unity of the Virtues", Studies in Christian Ethics, 1999, 12 (1), pp. 70 – 83.

[14] T. C. Brickhouse and N. D. Smith, "Socrates and the Unity of the Virtues", The Journal of Ethics, 1997, 1 (4), pp. 311 – 324.

[15] Ben Bryan, "A Feminist Defense of the Unity of the Virtues", Philosophy, 2013, 41 (3), pp. 693 – 702.

[16] Robert F. Card, "Pure Aretaic Ethics and Character", Journal of Value Inquiry, 2004, 38, pp. 473 – 484.

[17] David Carr, "Two Kinds of Virtue", Proceedings of the Aristotelian Society, 1985, 85, pp. 47 – 61.

[18] David Carr and Jan Steutel (eds.), Virtue Ethics and Moral Education, London and New York: Routledge, 1999.

[19] David Carr, "Character and Moral Choice in the Cultivation of Virtue", Philosophy, 2003, 78, pp. 219 – 232.

[20] John M. Cooper, "The Unity of Virtue", Social Philosophy and Policy, 1998, 15 (1), pp. 233 – 274.

[21] Chritopher Cordner, "Aristotelian Virtue and Its Limitations", Philosophy, 1994, 69, pp. 291 – 316.

[22] Roger Crisp and Michael Slote (eds.), Virtue Ethics, New York: Oxford University Press, 1997.

[23] Stephen Darwall (ed.), Virtue Ethics, M. A.: Blackwell Publishing Company, 2003.

[24] Marguerite Deslauriers, "How to Distinguish Aristotle's Virtues", Phronesis, 2001, 47 (2), pp. 101 – 126.

[25] N. J. H. Dent, The Moral Psychology of the Virtues, New York: Cam-

bridge University Press, 1984.

[26] Daniel T. Devereux, "The Unity of the Virtues in Plato's Protagoras and Laches", The Philosophical Review, 1992, 101 (4), pp. 765 – 789.

[27] John M. Doris, "Persons, Situations, and Virtue Ethics", Noûs, 1998, 32, pp. 504 – 530.

[28] John M. Doris, Lack of Character: Personality and Moral Behavior, Cambridge: Cambridge University Press, 2002.

[29] Daniel Doviak, "Virtue, Satisfaction and Welfare Enhancement", Utilitas, 2009, 21 (1), pp. 59 – 71.

[30] Shane Drefcinski, A Defense of Aristotle's Doctrine of the Unity of the Virtues, Doctoral thesis of University Minnesota, 1996.

[31] Shane Drefcinski, "A Very Short Primer on St. Thomas Aquinas' Account of the Various Virtues", 2013, http://www.uwplatt.edu/~drefcinski/233 Aquinas—virtues.html.

[32] Julia Driver, Uneasy Virtue, New York: Cambridge University Press, 2001.

[33] David Elliot, "The Nature of Virtue and the Question of Its Primacy", Journal of Value Inquiry, 1993, 27, pp. 317 – 330.

[34] Nicholas Everitt, "Some Problem with Virtue Theory", Philosophy, 2007, 82, pp. 275 – 299.

[35] Gail Fine, "Inquiry in the Meno", in Richard Kraut (ed.), The Cambridge Companion to Plato, New York: Cambridge University Press, 1992, pp. 200 – 226.

[36] Diana Fleming, "The Character of Virtue: Answering the Situationist Challenge to Virtue Ethics", Ratio (new series), 2006, 19 (1), pp. 24 – 42.

[37] Blaine J. Fowers, "From Continence to Virtue: Recovering Goodness, Character Unity, and Character Types for Positive Psychology", Theory of Psychology, 2008, 18, pp. 629 – 652.

[38] John G. Giuliano, Virtue and Action: A Study of the Unity of the Virtues, Doctoral Thesis of University of Califonia, 1978.

[39] Pamela M. Hall, "Limits of the Story: Tragedy in Recent Virtue Ethics", Study in Christian Ethics, 2004, 17, pp. 1 – 10.

[40] Gibert Harman, "Moral Philosophy Meets Social Psychology: Virtue Ethics and the Fundamental Attribution Error", Proceedings of the Aristotelian Society, 1999, 99, pp. 315 – 331.

[41] Gilbert Harman, "The Nonexistence of Character Traits", Proceedings of the Aristotlian Society, 2000, 100, pp. 223 – 226.

[42] Gilbert Harman, "No Character or Personality", Business Ethics Quarterly, 2003, 13, pp. 87 – 94.

[43] Daniel M. Haybron, "Happiness, the Self and Human Flourishing", Utilitas, 2008, 20 (1), pp. 21 – 49.

[44] Brad Hooker, "The Collapse of Virtue Ethics", Utilitas, 2002, 14 (1), pp. 22 – 40.

[45] Thomas Hurka, Virtue, Vice and Value, New York: Oxford University Press, 2001.

[46] Thomas Hurka, "The Common Structure of Virtue and Desert", Ethics, 2001, 112, pp. 6 – 31.

[47] Rosalind Hursthouse, On Virtue Ethics, New York: Oxford University Press, 1999.

[48] D. S. Hutchinson, Ethics, in Jonathan Barnes (ed.), The Cambridge Companion to Aristotle, New York: Cambridge University Press, 1995, pp. 195 – 232.

[49] Brad Inwood (ed.), The Cambridge Companion to Stoics, New York: Cambridge University Press, 2003.

[50] T. H. Irwin, "Happiness, Virtue and Morality", Ethics, 1994, 105, pp. 153 – 177.

[51] Daniel Jacobson, "Seeing by Feeling: Virtues, Skills, and Moral perception", Ethical Theory and Moral Practice, 2005, 8, pp. 387 – 409.

[52] Rachana Kamtekar, "Situationism and Virtue Ethics on the Content of Our Character", Ethics, 2004, 114 (3), pp. 458 – 491.

[53] Douglas Kremin, "The Unity of Virtue: Toward a Middle Ground Between Identiy and Inseparability in Socratic Virtue", Arche, 2009, 3 (1), pp. 15 – 30.

[54] Joel J. Kupperman, "The Indispensability of Character", Philosophy, 2001, 76, pp. 239 – 250.

[55] John Lemos, "The Unity of the Virtues and Its Recent Defenses", Southern Journal of Philosophy, 1994, 32, pp. 85 – 106.

[56] Alasdair C. MacIntyre, Dependent Rational Animals: Why Human Being Need the Virtues, Illinois: Open Court, 1999.

[57] Mark McPherran, "Piety, Justice, and the Unity of Virtue", Journal of the History of Philosophy, 2000, 38, pp. 299 – 328.

[58] Maria Merrit, "Virtue Ethics and Situationist Personality Psychology", Ethical Theory and Moral Practice, 2000, 3, pp. 365 – 383.

[59] Christian B. Miller, "Social Psychology and Virtue Ethics", Journal of Ethics, 2003, 7, pp. 365 – 392.

[60] Monica Mueller, "Calculation Deliberation is Insufficient for Practical Wisdom", The Journal of Value Inquiry, 2009, 43, pp. 149 – 164.

[61] Martha C. Nussbaum, The Fragility of Goodness: Luck and Ethics in Greek Tragedy and Philosophy, New York: Cambridge University Press, 2001.

[62] Kristjan Kristjansson, "An Aristotelian Critique of Situationism", Philosophy, 2008, 83 (323), pp. 55 – 76.

[63] Tony Lynch, "Deliberating from One's Virtues", Philosophy, 2010, 85 (332), pp. 259 – 272.

[64] Justin P. McBrayer, "A Limited Defense of Moral Perception", Philosophy Study, 2010, 149, pp. 305 – 320.

[65] Jean Porter, "The Unity of the Virtues and the Ambiguity of Goodness: a Reappraisal of Aquinas's Theory of the Virtues", The Journal of Religious Ethics, 1993, 21(1), pp. 137 – 163.

[66] Jean Porter, "Virtue and Sin: the Connection of the Virtues and the Case of the Flawed Saint", The Journal of Religion, 1995, 75 (4),

pp. 521 – 539.

[67] Luke Russell, "Is Situationism All Bad News?", Utilitas, 2009, 21 (4), pp. 443 – 463.

[68] Ronald Sandler, "What Make a Character Trait a Virtue?", Journal of Value Inquiry, 2005, 39, pp. 383 – 397.

[69] J. B. Schneewind, "The Misfortunes of Virtue", Ethics, 1990, 101, pp. 42 – 63.

[70] Nancy Sherman, The Fabric of Character: Aristotle's Virtue Ethics, New York: Oxford University Press, 1989.

[71] Nancy Sherman, Making a Necessity of Virtue, Cambridge: Cambridge University Press, 1997.

[72] Michael Slote, "Is Virtue Possible?", Analysis, 1982, 42, pp. 70 – 76.

[73] Michael Slote, Goods and Virtues, New York: Oxford University Press, 1983.

[74] Michael Slote, From Morality to Virtue, New York: Oxford University Press, 1992.

[75] Michael Slote, Moral from Motives, New York: Oxford University Press, 2001.

[76] Gopal Sreenivasan, "Errors about Errors: Virtue Theory and Trait Attribution", Mind, 2002, 111, pp. 47 – 68.

[77] Gopal Sreenivasan, "Character and Consistency: Still More Errors", Mind, 2008, 117, pp. 603 – 612.

[78] Gopal Sreenivasan, "Disunity of Virtue", the Journal of Ethics, 2009, 13 (2 – 3), pp. 195 – 212.

[79] Daniel Statman, "Virtue Ethics and Psychology", International Journal of Applied Philosophy, 1995, 9, pp. 43 – 50.

[80] Susan Stark, "Virtue and Emotion", Noûs, 2001, 35 (3), pp. 440 – 455.

[81] Michael Stocker, "Self-Other Asymmetries and Virtue Theory", Philosophy and Phenomenological Research, 1994, 54 (3), pp. 689 – 694.

[82] Eleonore Stump and Norman Kretzmann (eds.), The Cambridge Companion to Augustine, New York: Cambridge University Press, 2001.

[83] Christine Swanton, Virtue Ethics: A Pluralistic View, New York: Oxford University Press, 2003.

[84] Elizabeth Telfer, "The Unity of the Moral Virtues in Aristotle's 'Nicomachean Ethics'", Proceedings of the Aristotelian Society, New Series, 1989, 90, pp. 35-48.

[85] Geoge N. Terzis, "Human Flourishing: A Psychological Critique of Virtue Ethics", American Philosophical Quarterly, 1994, 31, pp. 333-342.

[86] Chritopher Toner, "The Full Unity of the Virtues", the Journal of Ethics, 2014, 18 (3), pp. 207-227.

[87] Gregory Vlastos, "The Unity of the Virtues in Protagoras", The Review of Metaphysics, 1972, 25 (3), pp. 415-458.

[88] A. D. M. Walker, "Virtue and Character", Philosophy, 1989, 64 (249), pp. 349-362.

[89] A. D. M. Walker, "The Incompatibility of the Virtues", Ratio (new series), 1993, 6, pp. 44-62.

[90] Gary Watson, "Virtues in Excess", Philosophical Studies, 1984, 46 (1), pp. 57-74.

[91] Jonathan Webber, "Virtue, Consistency and Classification", Mind, 2006, 115, pp. 651-658.

[92] Bernard Williams, Ethics and the Limits of Philosophy, London: Fontana Press, 1985.

[93] Susan Wolf, "Moral Psychology and the Unity of Virtues", Ratio (new series), 2007, 20 (2), pp. 145-167.

[94] Linda T. Zagzebski, Virtues of the Mind: an Inquiry into the Nature of Virtue and the Ethical Foundation of Knowledge, New York: Cambridge University Press, 1996.